# 메가 드라이브

MEGA DRIVE PERFECT CATALOGUE

## 퍼펙트 카탈로그

# 머리말

1988년 10월 29일 세가 엔터프라이지스에서 발매했던 한 게임기가, 2018년으로 세상에 나온 지 30년째를 맞았다.

최초의 16비트 CPU 탑재
최초의 트윈 스크롤 기능
최초의 스테레오 FM 음원 + PCM 음원

'스피드 쇼크!', '비주얼 쇼크!', '사운드 쇼크!'라는 강렬한 광고 문구와 함께 출시된 이 게임기는 그 당시 하드웨어 성능의 벽을 부술 만큼의, 아케이드 기기에 버금가는 야심 찬 스펙을 내걸고 나타났다.
황금빛 문자로 새겨진 '16-BIT' 마크가 찬란히 빛나는 검은색 바디. 그 안에는 '오락실에서 즐겼던 그 게임을 그대로 집에서도 즐기고 싶다'라는 꿈이 무한히 담겨있는 것처럼 느껴졌다.

"패미컴? 하긴 「그라디우스 Ⅱ」의 이식은 훌륭했지만, 그런 구시대 게임기로는 이제 성에 안 찬다고!"

"PC엔진? 아케이드 완전 이식을 운운하려면 당연히 FM 음원과 PCM 드럼 정도는 넣었어야지!"

"슈퍼 패미컴? 회전확대축소 기능이 대단하다지만, 그런 건 메가 CD도 다 되는 거라고!"

요즘 젊은이들은 믿기지 않을지도 모르겠지만, 그 옛날에도 게임기 배틀(당시엔 그런 단어도 없었지만)은 실로 처절했다. 하지만 적어도 이 게임기의 유저였던 우리는, 다른 경쟁 게임기를 가진 그 누구보다도 자랑스러웠다. 그랬기에 그 치열한 전쟁을, 이 게임기를 파트너 삼아 함께 헤쳐 나갈 수 있었으리라.
그 후 시간은 흘러, 이 게임기의 성능을 훨씬 상회하는 새로운 게임기들이 차례차례 발매되고, 또 사라져갔다. 지금의 우리는 이 게임기의 성능 한계를 괴로울 만큼 잘 알고 있다. 하지만 이 검은색 머신을 다시금 손에 잡을 때마다, 그때 이를 악물고 게임을 파고들던 기억, 무리라고 여겼던 하드웨어의 한계를 가뿐히 뛰어넘은 게임을 보았을 때의 놀라움 등 다양한 추억들이 지금도 선명하게 되살아난다.
발매 30주년을 맞은 나의 파트너, 메가 드라이브! 정말 축하한다. 그리고 고마웠다. 이젠 나도 적잖이 나이를 먹어버렸지만, 기념해 마땅할 너의 30주년을 맞아 감사의 마음을 꽉꽉 눌러 담은 이 책을 네 앞에 바치고자 한다.

2018년 5월
마에다 히로유키

# CONTENTS

## Chapter 1
# 메가 드라이브 하드웨어 대연구

**MEGA DRIVE HARDWARE CATALOGUE**

# Chapter 2
# 메가 드라이브 일본 소프트 올 카탈로그

MEGA DRIVE JAPANESE SOFTWARE ALL CATALOGUE

# Chapter 3
# 메가 드라이브 서양 소프트 카탈로그

MEGA DRIVE OVERSEAS SOFTWARE CATALOGUE

# Chapter 4
# 메가 드라이브 한국 소프트 카탈로그

MEGA DRIVE KOREAN SOFTWARE CATALOGUE

- 본문 안에서 다루는 게임기, 소프트, 기타 각 상품은 ™ 및 ©, ® 표기를 생략했으나, 각종 권리는 해당 회사의 소유이며, 각 회사의 상표 또는 등록상표입니다.
- 본문 안에서 다루는 게임기, 소프트, 기타 각 상품은 일부를 제외하고 현재 판매가 종료되었습니다. 문의처가 게재된 상품을 제외하고, 이 책의 정보를 근거로 각 회사에 직접 문의하시는 것은 삼가 부탁드립니다.
- 회사명 및 상품명은 발매 당시를 기준으로 표기하였습니다. 또한, 일부 회사명 및 상품명이 정확하지 않은 경우가 있습니다만, 가독성을 위해 조정한 것이며 오독, 오해 유발 목적이 아닙니다.
- 회사명 표기 시에는 '주식회사' 등의 표기를 생략했습니다. 또한 개인 이름의 경칭은 생략했습니다.
- 가격 표시는 원칙적으로 일본의 소비세 제외 가격 기준이지만, 당시 표기를 따라 소비세가 포함된 상품이 일부 있습니다.
- '아시아 지역'(54페이지)의 한국 메가 드라이브 관련 서술 일부는 역자가 원저자의 동의를 얻어 사실에 맞게 수정하였습니다. 또한 한국어판의 추가 페이지는 모두 역자가 집필하였습니다.

MEGADORAIBU PAFUEKUTO KATAROGU by Hiroyuki Maeda

Copyright © G-WALK publishing.co., ltd. 2018

All rights reserved.

Original Japanese edition published by G-WALK publishing.co., ltd.

Korean translation copyright © 2019 by Samho Media.

This Korean edition published by arrangement with G-WALK publishing.co., ltd., Tokyo, through HonnoKizuna, Inc., Tokyo, and Botong Agency

## Special Thanks To

| | |
|---|---|
| 게임샵 트레더 | |
| 꿀단지곰 | 고전게임 컬럼니스트, 유튜브 채널 '꿀단지곰의 게임탐정사무소' 운영 |
| 문홍주 | |
| 에너제틱 | 유튜브 채널 '게임라이프GameLife' 운영 |
| 이승준 | '레트로장터' 행사 주최자 |
| 정세윤 | http://blog.naver.com/plaire0 |
| 타잔 | 레트로 게임 컬렉터, 네이버 카페 '추억의 게임 여행' 운영자 |
| 홍성보 | 월간 GAMER'Z 수석기자 |

# Chapter 1
# 메가 드라이브
# 하드웨어 대연구

MEGA DRIVE HARDWARE CATALOGUE

## 해설 유저들의 뜨거운 마음으로 버텨온 메가 드라이브
### COMMENTARY OF MEGA DRIVE #1

## 메가 드라이브를 향한 사랑을 긍지 높게 표현한 단어, '메가 드라이버'

느닷없지만, 혹시 '메가 드라이버'라는 단어를 알고 계시는지? 일본 소프트뱅크 출판사업부(현 SB크리에이티브)가 발행했던 일본 최초의 게임 전문 정보지 'Beep' 내에서 자연 발생으로 태어난, 메가 드라이브 유저 혹은 메가 드라이브 매니아를 이르는 총칭이다.

따지고 보면 지금까지 세상에 발매된 가정용 게임기 중에서 특정 기종의 유저를 가리키는 고유명사라는 게 이것 외에 또 있었던가? 기껏해야 메가 드라이브 발매 이전에 세가 팬을 총칭 삼아 'Beep'지 안에서 쓰이던 '세가인(人)', 또는 이에 대항해 PC엔진 유저를 가리키던 'PC엔지니어' 정도밖에 필자는 떠오르지 않는다. 그 정도로 뜨거운 팬들을 거느리던 게임기가, 바로 메가 드라이브다.

메가 드라이버란 검은 바탕색 위 '16-BIT'라는 황금 문자에 홀리고, '세~↑가~↓'를 대합창하며, 「바람돌이 소닉」의 스피드에 취하고, 「슈퍼 시노비」와 「베어 너클」의 배경음악 멜로디를 흥얼거리며, 흔들면 '달그락달그락' 소리가 나는 초기형 메가 드라이브가 한없이 사랑스러운 인종인 것이다. 쓰다 보니 본론에서 좀 벗어난 듯해 죄송하지만, 이렇게까지 유저들에게 깊이 사랑을 받은 게임기는 결코 흔치 않으리라 생각한다.

딱히 비주류 게임기 유저였기에 소수자 포지션에 취해 삐딱선을 타는 것은 아니다(그런 이유가 전혀 아니라고는 못하겠지만). 메가 드라이브의 매력을 누구보다 깊이 이해하고, 결점이나 한계도 분명 알고 있지만 메가 드라이버들은 그것조차 포용하여, 자신의 의지로 메가 드라이브 팬을 자인하는 것이다.

메가 드라이버. 이만큼이나 한 게임기를 향한 사랑을 긍지 높게 표현한 단어는 좀처럼 찾기 힘들지 않을까.

## 메가 드라이버들의 여론을 선도한 'Beep'

그런 메가 드라이버들의 여론을 이끄는 역할을 맡았던 'Beep'이란 과연 어떤 잡지였을까. 이 화제로 들어가기 전에, 먼저 당시의 일본 가정용 게임 잡지들을 둘러싼 배경부터 설명해야겠다.

메가 드라이브가 발매된 1988년엔, 게임 잡지라는 존재는 있었으나 다들 '패밀리 컴퓨터 Magazine'(토쿠마쇼텐 인터미디어), '패미컴 통신'(아스키), '마루카츠 패미컴'(카도카와쇼텐), '패미컴 필승본'(JICC 출판국) 등등 패미컴 붐에 편승해 창간된 패미컴 전문지뿐이었고, 세가를 위시한 타 회사 게임기들의 정보를 다루는 전문 매체는 아직 없었다.

유일하게 하나 있던 종합지가 앞서 언급한 'Beep'이었지만, 타 잡지에 비해 정보력이 약한(즉 칼럼과 기획 기사가 많고, 컬처 잡지 성격이 강한) 이 잡지는 경쟁에서 고전을 거듭하고 있었다. 그리하여 고민 끝에 아예 패미컴이라는 주류 시장에서 이탈해, 세가 게임이나 MSX 등에 집중하여 안티 닌텐도 노선을 걷는 편집방침을 굳히게 된 것이다. 덕분에 패미컴 외 비주류 기기 유저들의 지지를 한 몸에 받아, 부수는 저조했을지언정 첨예한 개성을 무기로 시장을 돌파하게 되었다.

이 잡지의 결정적인 전환점은 메가 드라이브 발표 특집 기사를 게재했던 1988년 11월호였다. 다른 패미컴 전문지들이 짤막한 단신으로만 다룬 데 반해, 'Beep'은 평소 하던대로 메가 드라이브의 성능부터 확장성, 앞으로 발매될 소프트 예상 기사에 세가 홍보부 인터뷰까지, 그야말로 세가 전문지로 착각할 만큼 대량의 기사를 투입했다. 물론 이 정도 캠페인은 그런 방향성을 바라는 독자들이 있었기에 취한 행

◀ 메가 드라이브 발표 특집이 첫머리를 장식한 'Beep' 1988년 11월호

동이지만, 메가 드라이브 정보에 목말라 있던 독자들은 달마다 새로운 정보를 애타게 요구하기에 이르렀다. 결국 첫 특집으로부터 7개월 후, 'Beep' 편집부는 중대한 결단 하나를 내린다. 잡지 이름을 변경하고 완전히 메가 드라이브 전문지로 가는 길이었다.

1989년 6월호 'Beep'은 표지에 '신 잡지 창간준비호'라고 못을 박고 'BEEP! 메가 드라이브'로 잡지명을 변경한다고 공표했다. 이제까지의 특집 기사 흐름상 그런 징조를 감지하기엔 충분했지만, 세가 게임기를 전담하는

전문지를 만든다는 건 전례없는 대파격이었다. 타 출판사가 PC엔진 전문지를 창간하는 등으로 분위기가 무르익긴 했어도, 자칫하면 그대로 멀쩡한 잡지 하나의 명맥을 끊었을지도 모를 위험천만한 결단이었다.

결과적으로 이 대파격은 대성공을 이끌어내, PC엔진 전문지를 발간한 다른 출판사들도 메가 드라이브 전문지 분야로 속속 진출하여 창간하기에 이른다. 이리하여 메가 드라이브는 전문 게임 매체들을 거느린 어엿한 하나의 플랫폼으로 자리매김하게 되었다.

한편, 메가 드라이브 시장의 개척자가 된 'BEEP! 메가 드라이브'는 후일 메가 드라이브 시장이 막을 내린 후에도 세가의 새 게임기가 발매될 때마다 'SEGA SATURN MAGAZINE', 'Dreamcast Magazine', '도리마가', '게마가' 순으로 적절히 잡지명을 바꾸며 꾸준히 유지된다. 최종적으로는 햇수로 28년을 채워, 소프트뱅크가 발간한 역대 최장수 잡지가 되었다.

## 왜 메가 드라이브는 메가 드라이버들에게 사랑을 받았는가?

메가 드라이버는 유저로만 한정되지 않고 출판 관계자나 게임 개발자들 사이에도 다수 존재했기에, 메가 드라이브 관련 기사·기획을 자청해 열정을 불태우던 인물이 어디에나 있었을 정도였다.

다른 기종에 비해, 메가 드라이브는

왜 이렇게까지 사랑을 받았을까? 소유욕을 만족시켜준 검은 바디 탓일까? 타의 추종을 불허하는 '아케이드 지향' 게임기여서일까? 찬란하게 빛나는 '16-BIT' 때문일까? 과연 무엇 때문이었는지는 필자에게도 의문이지만, 메가 드라이브라는 이름을 듣기만 해도

가슴속에서 고양감이 용솟음치는 것은 분명한 사실이다.

그 뜨거운 열정이 죽지 않고 현재까지 여전히 이어지고 있기에, 무려 30년이 지났음에도 메가 드라이브를 테마로 한 새로운 움직임이 곳곳에서 보이는 것일 터이다.

## 메가 드라이브 시장에 활기를 불어넣은 여러 전문지들

### BEEP! 메가 드라이브
발행 일본 소프트뱅크

첫 메가 드라이브 전문지로서 1989년 리뉴얼하여 창간된 잡지이다. 독자들이 게임에 점수를 매기는 'BE메가 독자 레이스'가 인기 기획이었다.

### 메가 드라이브 FAN
발행 토쿠마쇼텐 인터미디어

'PC Engine FAN'의 증간호 형태로 'BEEP! 메가 드라이브'에 이어 1989년 창간된 잡지이다. 독자 의견을 게재한 단색 페이지가 좋은 읽을거리였다.

### 마루카츠 메가 드라이브
발행 카도카와쇼텐

앞서 두 잡지보다 뒤늦은 1992년에 창간한 잡지이다. 카도카와라는 출판사의 특성 탓인지, 미디어믹스나 원작물 게임 소개 비중이 높은 경향이 있었다.

### 전격 메가 드라이브
발행 미디어웍스

소개된 네 잡지 중 가장 후발인 1993년에 창간한 잡지이다. '마루카츠 메가 드라이브'의 경쟁지로 포지션을 잡아서인지, 지면 구성이 비슷했다.

HARDWARE | 1988's SOFT | 1989's SOFT | 1990's SOFT | 1991's SOFT | 1992's SOFT | 1993's SOFT | 1994's SOFT | 1995's SOFT | 1996's SOFT | OVERSEA SOFT

009

HARDWARE

1988's SOFT
1989's SOFT
1990's SOFT
1991's SOFT
1992's SOFT
1993's SOFT
1994's SOFT
1995's SOFT
1996's SOFT
OVERSEA SOFT

## 타사보다 한 발 앞서 발매된 16비트 게임 머신

# 메가 드라이브 MEGA DRIVE

세가 엔터프라이지스  1988년 10월 29일  21,000엔

### 검은 바디에 16-BIT라는 금빛 문자

메가 드라이브는 일본산 가정용 게임기로는 처음으로 16비트 CPU를 탑재한 게임기이다(일본 외 기기로는 1980년의 '인텔리비전'이 최초). 본체에도 큼지막한 '16-BIT'라는 금빛 문자가 양각되어, 검은 바디 위에 돋보이게 빛나는 위용이 메가 드라이버들의 긍지이기도 했다.

과거 역대 세가 게임기의 바디 컬러는 세가 마크 Ⅲ(이후 마크 Ⅲ로 표기)까지 백색 기조였지만, 서구 전용으로 발매했던 검은색 본체의 세가 마스터 시스템(이후 마스터 시스템으로 표기)이 호평을 받았고, 뒤이어 발매한 일본판 마스터 시스템도 평가가 좋았기 때문에, 당시 개발 중이었던 차세대 게임기(메가 드라이브)도 일본과 서구가 동일한 흑색 기조의 유니버설 디자인을 도입하게 된 것이다.

또한 이 당시에는 아직 게임기가 아동용 장난감이라는 이미지가 강했는데, 그런 인상을 뒤집어 마치 AV 가전기기를 연상케 하는 선이 굵은 디자인은 실로 고급스러운 느낌이 넘쳤다. 그럼에도 불구하고 가격은 당시의 라이벌 기기로서 1년 전에 먼저 발매된 24,800엔짜리 NEC 일렉트로닉스의 PC엔진을 밑도는 21,000엔을 실현했다. 게다가 키보드와 태블릿, 플로피디스크 드라이브 등의 주변기기도 동시에 발표했을 만큼(다만 시장성 검토 끝에, 아쉽게도 이들의 상품화는 취소되었다), 확장성도 충분히 배려한 설계였다. 이 확장성이 훗날 메가 CD 등의 제품 전개로도 이어지게 된다.

### 메가 드라이브의 사양

| 형식번호 | HAA-2500 |
|---|---|
| CPU | MAIN : 68000 (7.67MHz), SUB : Z80A (3.58MHz) |
| 메모리 | RAM : 64KB (68000용) + 8KB (Z80용), VRAM : 64KB |
| 그래픽 | 512색 중 64색 동시발색 가능, 스프라이트 80개, 스크롤 2장 탑재 |
| 사운드 | FM 음원 6음 + PSG 3음 + 노이즈 1음 (FM 음원 중 1ch을 PCM으로 사용 가능) |
| 헤드폰 단자 | 스테레오 헤드폰 탈착 가능 |
| 컨트롤 단자 | 2개 (컨트롤 패드 등 탈착 가능) |
| 확장컨트롤 단자 | 확장 옵션 탈착 가능 |
| 리셋 버튼 | 게임 재시작 기능 |
| 슬롯 | 카트리지/확장 각 1개씩 |
| 전원/소비전력 | 전용AC 어댑터 (DC 9V) / 약 13W |
| 외형 치수 | 280(가로) × 212(세로) × 70(높이) mm |
| 부속품 | 컨트롤패드 × 1, DIN 플러그 코드, AC 어댑터, 취급설명서 |

**TOP VIEW**

**BOTTOM VIEW**

**FRONT VIEW**

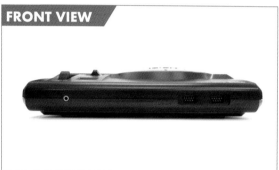

**REAR VIEW**

**LEFT SIDE VIEW**

**RIGHT SIDE VIEW**

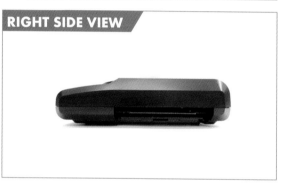

HARDWARE | 1988's SOFT | 1989's SOFT | 1990's SOFT | 1991's SOFT | 1992's SOFT | 1993's SOFT | 1994's SOFT | 1995's SOFT | 1996's SOFT | OVERSEA SOFT

## 세가 최초의 본격적인 서드파티 제도 도입

세가는 본래 아케이드 게임 개발사였기에 자사의 인기 타이틀 이식이라는 자산을 활용할 수 있었으므로, '세가의 인기 아케이드 게임을 집에서도 즐길 수 있다'는 점이 세가 게임기 최대의 강점이었다. 게다가 세가에겐 독자적으로 이를 만족시킬 수 있을 만큼의 소프트 공급 능력이 있었으므로, 메가 드라이브 이전까지는 적극적으로 서드파티를 영입하지 않았었다(예외는 살리오의 「솔로몬의 열쇠: 왕녀 리히타의 눈물」, 「아르고스의 십자검」 2작품뿐).

하지만 개발자 몇 명만으로도 게임 하나를 만들 수 있었던 과거와는 달리, 더욱 고도의 기술력이 필요해진 아케이드 게임 이식이나, 패미컴 급의 기기에서는 처리속도나 표현력 문제로 어려웠던 PC용 RPG, 시뮬레이션 게임의 이식 등을 세가 홀로 전담하기에는 무리였다.

그리하여 세가는 메가 드라이브 발매에 맞춰, 좋은 컨텐츠를 가진 소프트 개발사들에게 문호를 개방해 자사 브랜드로의 소프트 발매를 허용하는 방침으로 전환하게 되었다.

하지만 보급 초기에는 세가 스스로조차 메가 드라이브를 다루는 데 서툴렀던데다, 개발기재와 매뉴얼을 충분히 보급하지 못해 소프트 부족에 시달렸다. 이후에는 개발사들이 노하우를 점점 축적해감에 따라 메가 드라이브의 성능을 서서히 끌어낼 수 있게 되어, 서드파티도 순조롭게 증가했다. 세가 혼자서는 불가능했던 풍부한 소프트 라인업이 다양하게 갖추어진 것이다.

최종적으로 세가를 포함한 서드파티 수는 총 77개사(동일 법인의 별개 브랜드는 개별로 계산)로, 1988년부터 1996년까지 총 578종의 소프트가 일본 내에서 발매되었다.

# CHECK POINT 1 *SPEED SHOCK!*

## 아케이드와 동일한 16비트 CPU

메가 드라이브의 핵심 키워드라면, 역시 16비트 CPU의 탑재를 먼저 꼽아야 할 것이다.

CPU 앞에 붙는 '~비트'라는 수치는 CPU가 한 번에 다룰 수 있는 정보량을 뜻한다. 주소 버스와 데이터 버스라는 신호선이 각각 16개씩 이어져 있는 CPU를 16비트 CPU라 부르며, 패미컴이나 PC엔진에 탑재된 8비트 CPU에 비해 2배의 버스 폭(정보량으로 환산하면 무려 256배!)만큼의 데이터를 한 번에 보낼 수 있다. 특히 다채로운 색과 고품질 사운드, 복잡한 계산처리를 실현하려면 필요한 데이터량이 대폭 늘어나기 때문에, 대용량 처리가 가능한 CPU는 게임 개발자라면 누구나 환영하는 부분이었다.

세가는 아케이드 게임에 수만 색 단위의 그래픽 처리나 FM 음원, PCM 음원을 탑재해온 덕분에 그 필요성을 잘 알고 있어, 타사보다 빠르게 16비트로 게임 개발을 이행했다. 또한 가정용 게임기에서도 일찍이 16비트 CPU의 필요성을 예견하여, 타사보다 앞선 16비트 CPU 탑재에 이르게 된 것이다.

가정용 게임기로는 처음으로 채용된 메가 드라이브용 16비트 CPU인 '68000'은 일찍이 초대 매킨토시나 아미가, PC 중에서는 샤프의 X68000에 탑재된 바 있고, 세가의 아케이드 게임 기판에도 다수 탑재된 실적이 있

▲ 메가 드라이브의 메인 기판 내에서 유독 큼지막하게 눈에 띄는 칩이 68000

는 CPU(제조사 정식 용어로는 MPU이지만, 본 지면에서는 알기 쉽도록 CPU로 표기한다)이다. 참고로, 세가의 아케이드 게임 기판 중 세가 시스템 16 계열에도 68000이 채용되어 있다.

68000은 처음엔 군용이나 워크스테이션(고성능 업무용 컴퓨터)용으로 개발된 칩이라, 원래는 대량으로 유통하는 부품이 아니었다. 세가는 이 CPU를 가정용 게임기에 채용하겠다며 제조사인 미국 모토로라(현 프리스케일 세미컨덕터) 사에 100만 개 단위로 발주를 했었는데, 당시 인지도가 높지 않았던 동양의 한 기업이 넣은 대량발주 사태에 경계심을 품은 모토로라는 일부러 68000의 호환품을 제조하던 시그네틱스 사를 통해 우회 공급을 했다는 일화가 있다. 아마 당시의 모토로라 입장에서는 처음 보는 고객으로부터 짜장면 100인분 배달주문을 받은 듯한 기분이 아니었을까.

이후 메가 드라이브는 순조롭게 출하대수가 늘어갔기에, 후기형인 메가 드라이브 2에는 모토로라의 순정 68000이 사용되었다. 게다가 당시의 세가는 거물 고객으로 우대를 받아, 애플과 함께 모토로라로부터 표창도 받았다고 한다.

한편 모토로라는 세가의 대량·일괄 발주 덕에 칩의 개발비와 생산설비 상각을 완료하여, 68000의 단가를 대폭 인하함으로써 임베디드 시스템용 CPU로 인기를 얻어 일거에 메이저 상품이 되었다. 가정용 게임기의 성공이

산업구조에까지 영향을 미친 일례라 하겠다.

## 8비트 Z80도 동시에 탑재

메가 드라이브는 16비트 CPU 외에도, 세가 마크 III나 마스터 시스템에 탑재되었던 Z80이라는 8비트 CPU도 함께 탑재했다. 이 2개의 CPU는 메인 처리를 68000, 배경음악 연주 등의 서브 처리를 Z80이 맡는 식으로 일을 분담하는데, 이러한 구성은 앞서 언급한 세가의 아케이드 게임 기판에서도 자주 이용되었다.

재미있는 점은, 이 두 CPU의 메인-서브 역할은 고정되어 있지 않고 같은 버스라인에 직결되어 있다는 것이다. 즉 Z80을 메인 CPU로 쓰는 사용법도 가능해, 실제로 메가 드라이브에서 세가 마크 III나 마스터 시스템용 소프트를 작동시키는 주변기기인 메가 어댑터(21p)를 장착하면 Z80을 메인 CPU로 삼아서 기동된다. 이러한 설계사상은 테라 드라이브(38p)에도 계승되었다.

▲ 자일로그 사의 Z80. 당시의 8비트 PC에도 널리 탑재된 인기 CPU이다.

## 뱅크 전환이 필요 없는 광대한 주소 공간

메가 드라이브에 탑재된 68000에는 16MB(메가바이트)의 주소 공간이 있으며, 이를 비트로 환산하면 128M(메가비트)이다. 이중 ROM 카트리지용 주소 영역에 32M가 할당된다. 이 용량은 1988년 당시 기준으로는 상당히 광대해, 패미컴의 32KB(0.25M)에 비하면 무려 128배에 달한다.

패미컴 중기 이후에는 '메가 롬'이라 하여 1M, 2M 등으로 ROM 카트리지 용량을 경쟁했지만, 패미컴 본체의 주소 영역은 앞서 쓴 대로 0.25M에 불과했으므로, 실은 0.25M 단위로 페이지를 추가하는 '뱅크 전환' 기법으로 대용량 ROM을 실현한 것이었다. 참고로 뱅크 전환 시에는 '액세스 도중에는 페이지를 넘길 수 없다'라는 대원칙이 있기에, 대용량이라고 해도 1페이지 분인 0.25M이라는 상한선 장벽이 존재했다.

반면 메가 드라이브는 뱅크 전환 없이도 32M까지라면 ROM 전역에 액세스(이를 리니어 어드레싱이라 한다)할 수 있었으므로, 아무리 대용량의 메가 드라이브 소프트라도 뱅크 전환을 사용한 예가 없다. 유일한 예외가 40M ROM을 채용한 「슈퍼 스트리트 파이터 II」(153p) 단 한 작품뿐이다.

이건 여담이지만, 메가 드라이브에 탑재된 Z80 쪽에서 ROM 카트리지 전체에 액세스하는 것도 가능한데, 이 경우엔 당연히 뱅크 전환이 필요하다. 1페이지 분이 패미컴과 동일한 32KB(0.25M)로 할당되므로, ROM 영역은 총 128페이지 분량이 된다.

## 최초로 채용된 듀얼 포트 VRAM

메가 드라이브의 처리속도를 논하려면, CPU의 처리능력을 말하기 전에 고속화에 가장 크게 공헌한 듀얼 포트 VRAM을 그냥 지나쳐서는 안 된다.

VRAM이란 일반적인 메인 메모리와 달리 영상표시 용도로만 사용되는 특수한 RAM으로, 비단 게임기뿐만 아니라 오늘날의 컴퓨터에 이르기까지, 이 VRAM에 영상 데이터를 기록해야 모니터 화면에 영상이 표시된다. 즉, CPU가 아무리 고속 처리를 한들 VRAM의 액세스 속도가 느리면 '표시 지연으로 발목을 잡히는' 상태가 되어 버린다는 것이다.

메가 드라이브 이전 게임기의 경우 VRAM은 기본적으로 VDP(14p)가 완전히 점유했으므로, CPU가 VRAM에 액세스하려면 VDP가 화면표시를 잠시 쉬는 극히 짧은 타이밍(수직 블랭킹)에 끼어들어 기록하는 수밖에 없었다. 특히 메가 드라이브처럼 패미컴보다 VRAM 사이즈가 훨씬 큰 하드웨어라면 기록하는 시간이 더 필요하다. 이 때문에, 읽기용과 쓰기용으로 포트 2개를 마련해 CPU와 VDP의 동시 액세스를 가능하게 한 듀얼 포트 VRAM의 존재는 전체적인 처리속도 향상에 크게 기여한 '숨은 조력자'라 할 만하다.

또한 이 듀얼 포트 VRAM은 당시의 세가 아케이드 기판에서도 채용된 예가 없었기에, 세가 사내에서도 첫 채용 사례였다고 한다. 아케이드 기판은 가정용 게임기와 달리 RAM을 얼마든지 늘릴 수 있었기에, VRAM 하나를 CPU와 VDP가 서로 쟁탈할 필요가 드물었기 때문이다. 메가 드라이브 발매 이후의 아케이드 기판에는 빈번하게 듀얼 포트 VRAM이 채용되었다.

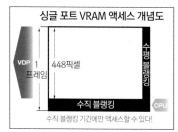

**싱글 포트 VRAM 액세스 개념도**

VDP 1 프레임 / 448픽셀 / 수평 블랭킹 / 수직 블랭킹 / CPU

수직 블랭킹 기간에만 액세스할 수 있다!

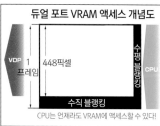

**듀얼 포트 VRAM 액세스 개념도**

VDP 1 프레임 / 448픽셀 / 수평 블랭킹 / CPU / 수직 블랭킹

CPU는 언제라도 VRAM에 액세스할 수 있다!

HARDWARE | 1988's SOFT | 1989's SOFT | 1990's SOFT | 1991's SOFT | 1992's SOFT | 1993's SOFT | 1994's SOFT | 1995's SOFT | 1996's SOFT | OVERSEA SOFT

# 당시 게이머들 사이에 동경의 존재였던 X68000

메가 드라이브 출시 전년인 1987년에 발매되어, 당시 일본 게이머들이 동경하던 PC가 샤프의 X68000이다. CPU로 메가 드라이브와 동일한 68000을 채용하고 당시 아케이드 게임의 수준을 능가할 정도의 스프라이트 기능을 탑재한 덕분에 수많은 아케이드 게임이 거의 완전한 형태로 이식된, 그야말로 '꿈의 PC'였다. 메가 드라이브에도 「썬더 포스 II」나 「그라나다」 등, X68000에서 이식된 게임이 여럿 있다.

HARDWARE

1988's SOFT

1989's SOFT

1990's SOFT

1991's SOFT

1992's SOFT

1993's SOFT

1994's SOFT

1995's SOFT

1996's SOFT

OVERSEA SOFT

# CHECK POINT 2 VISUAL SHOCK!

## ■ 대망의 BG 2장 구성과 강력한 스프라이트 처리

그래픽 측면에서 메가 드라이브를 빛나게 하는 최대 강점이라면, 바로 BG(배경화면)를 2장이나 쓸 수 있다는 것이 아닐까. 메가 드라이브가 발매된 1988년 당시의 아케이드 게임에서는 BG를 여러 장 겹쳐 움직여 입체감을 주는 '다중 스크롤'은 당연하리만치 널리 사용되던 기법으로서, 먼저 발매된 패미컴이나 PC엔진에서는 래스터 스크롤이나 스프라이트 병용 등의 눈물겨운 테크닉을 연구하여 구현해왔다. BG가 2장 있으면 2중 스크롤이 기본으로 가능한데다, BG 1장을 거대 캐릭터로 띄워놓고서 다른 한 장으로 배경을 그려낼 수도 있으므로, 당시에는 모든 개발자가 원하는 기능이었다.

게다가 스프라이트 처리 역시 이전의 세가 게임기보다 대폭 강화되어, 최대 32×32픽셀의 스프라이트를 80장까지 동시(가로 방향으로는 20장까지)에 표시가 가능했다. 단순 계산으로도 320×224픽셀의 화면을 2화면분 이상 가득 채울 수 있으므로, 게임으로서의 실용성을 논외로 하면 4중 스크롤마저도 가능하다. 한편 세가의 아케

▲ CPU인 68000 다음으로 존재감이 강한, 세가와 야마하의 공동개발로 만들어진 메가 드라이브용 VDP 315-5313

이드 기판에서 매우 인기가 있었던 회전화대축소 기능은, 설계 당시엔 검토 대상에 올라있었지만 아쉽게도 단가 문제로 인해 제외되었다고 한다.

## ■ 호환성을 중시하면서도 아케이드를 지향

메가 드라이브의 그래픽 기능을 맡은 VDP(비디오 디스플레이 프로세서)로는 야마하와 공동 개발한 315-5313이 탑재되어 있다. 이 VDP는 과거의 세가 가정용 게임기와 호환성을 유지

하면서도 메가 드라이브용으로 독자적인 확장기능을 추가한 칩으로, 구 기종과의 호환성을 위한 모드를 다수 준비했다. 구체적으로는 모드 0 ~ 모드 3이 SG-1000 / SG-1000Ⅱ, 모드 4가 마크 Ⅲ / 마스터 시스템의 호환 모드에 해당한다.

메가 드라이브에 추가된 모드 5는 당시의 세가 아케이드 기판인 시스템 16에 맞먹는 그래픽 성능을 목표로 설계되었으므로, 320×224픽셀이라는 해상도도 이 기판의 스펙을 따른 것이다. 덕분에 아케이드용 게임을 이식할 때 억지로 화면 구성을 무너뜨리

### 315-5313의 화면 모드

모드 0 : 256×192픽셀, 2색 (TMS9918의 TEXT1 호환)
모드 1 : 256×192픽셀, 16색 (TMS9918의 GRAPHIC1 호환)
모드 2 : 256×192픽셀, 16색 (TMS9918의 GRAPHIC2 호환)
모드 3 : 64×48픽셀, 16색 (TMS9918의 MULTI COLOR 호환)
모드 4 : 256×192픽셀, 64색 (마크 Ⅲ / 마스터 시스템 호환)
모드 5 : 320×224픽셀, 512색 중 64색 (메가 드라이브에서 신설된 모드)
이후의 각 설명은 모드 5를 기준으로 한다.

### 메가 드라이브 화면표시 개념도

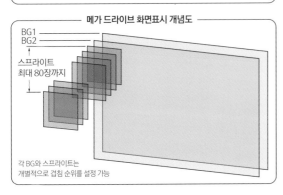

BG1
BG2
스프라이트
최대 80장까지

각 BG와 스프라이트는 개별적으로 겹침 순위를 설정 가능

### 사용 가능한 스프라이트 사이즈

화면 내에서 표시할 수 있는 스프라이트 수는 최대 80개 (가로 방향으로는 최대 20개)

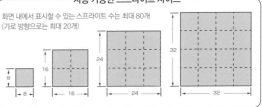

8  16  24  32

### 패턴 정의 개수에 대하여

패턴 정의 개수의 최대치는 8×8픽셀을 1패턴으로 셀 경우 최대 2048개까지.
1패턴 당 32바이트를 사용하므로, 2048개라면 64킬로바이트(이것이 VRAM 사이즈).
단, 패턴 네임 테이블(즉 팔레트나 상하좌우반전 정보의 플래그 정보 등)도 정의 개수에 포함되므로, 실제 캐릭터로 등록 가능한 패턴 수는 2048개보다 밑돌게 된다.

### 컬러 팔레트의 예시

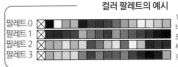

팔레트 0
팔레트 1
팔레트 2
팔레트 3

16색짜리 컬러 팔레트가 4개 준비되어 최대 64색까지 동시에 표시 가능. 하지만 대개 색 하나는 투명색에 배당되므로, 실질적으로는 60색을 표시하게 된다.

지 않아도 그대로 재현할 수 있었다.

반면, 그래픽 측면에서 메가 드라이브의 최대 약점은 16색짜리 컬러 팔레트를 불과 4개밖에 쓸 수 없다는 점이다. 반면 슈퍼 패미컴은 16색 팔레트를 16개, PC엔진에 이르면 16색 팔레트를 32개나 쓸 수 있다는 큰 차이가 있으므로, 결국 두 기종에 비해 메가 드라이브 게임의 배색은 단조로워질 수밖에 없었다.

떨어지는 최대 발색수에도 불구하고, VDP에 내장된 DMA(CPU를 경유하지 않고 직접 메모리 간에 데이터를 전송하는 기능) 덕분에 VRAM에 고속 액세스가 가능하기에, 특히 슈팅 게임 등에서 중요시되는 우수한 반응속도는 메가 드라이브의 최대 자랑거리가 되었다.

## 아케이드를 능가하는 특수화면 기능

메가 드라이브는 또한, 자사의 아케이드 기판에도 넣은 적이 없던 특수화면 기능(아래 박스 설명 참조)을 다수 내장했고, 심지어는 이 기능들의 응용폭도 매우 넓었다(즉, 연구하는 보람이 있었다). 덕분에, 하드웨어를 어느 정도 능숙하게 사용하는 레벨까지 올라온 여러 개발사들은 연구 끝에 만들어낸 다양한 화면연출 기법들을 남김없이 자사의 게임에 집어넣어, 마치 신기술 전시장처럼 활용했다. 이렇게 나온 연출 기법 중엔 타 경쟁사의 게임기로는 구현이 불가능한 것도 많아, 메가 드라이브 유저의 소유욕을 한껏 만족시켜 주기도 했다.

## 윈도우 기능

BG 화면의 일부를 스크롤시키지 않고 고정할 수 있는 기능. 원래 RPG 등에서 스테이터스 화면 용도로의 사용을 상정한 기능이지만, 상하좌우로 분할시킨 화면을 고정하면 슈팅 게임 등의 점수나 게이지 표시를 구현할 수 있다.

▲ 「대마계촌」의 한 장면. 세로 스크롤 도중이지만, 발밑의 지면만 윈도우 기능으로 고정시켰다.

## 섀도우·하이라이트 기능

BG, 혹은 스프라이트에 마스킹을 걸고 해당 픽셀의 휘도를 조정하여 유사 반투명 표현이 가능한 기능. 휘도 유무를 조합하는 방식으로 동시 발색수의 2배인 128색을 표현해낸 「엑스랜자」 등의 사용례가 있다.

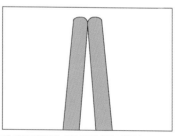

▲ 「원더 도그」의 한 장면. 두 줄의 스포트라이트 빛줄기를 섀도우·하이라이트 기능으로 휘도를 올려 표현했다.

## 세로 분할 스크롤 기능

16픽셀(2캐릭터) 단위로 세로 방향의 표시 위치를 변경할 수 있는 기능. 수평 방향의 래스터 스크롤과 병행하여 사용하면 물체의 회전을 유사하게 표현할 수 있다. 「뱀파이어 킬러」, 「건스타 히어로즈」 등 다수의 소프트가 활용했다.

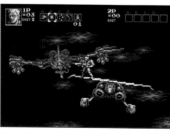
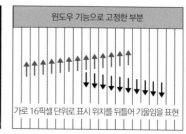

가로 16픽셀 단위로 표시 위치를 뒤틀어 기울임을 표현

▲ 「혼두라 더 하드코어」의 한 장면. BG 2장에 각각 하나씩 비행기를 그리고, 세로 분할 스크롤로 유사 회전을 구현했다.

HARDWARE

1988's SOFT

1989's SOFT

1990's SOFT

1991's SOFT

1992's SOFT

1993's SOFT

1994's SOFT

1995's SOFT

1996's SOFT

OVERSEA SOFT

## CHECK POINT 3 SOUND SHOCK!

### ■ FM 6음 + PSG 3음 + 노이즈에 PCM까지!

메가 드라이브에는 야마하가 제조한 FM 음원 칩 'YM2612'가 탑재되어, 이전의 가정용 게임기보다 크게 진보된 리얼한 음을 즐길 수 있었다. YM2612는 스테레오 FM 음원 6음 + PSG(야마하는 SSG라 부름) 3음 + 노이즈 1음을 동시에 낼 수 있으며, FM 음원 1음 대신 모노럴 PCM 1음을 재생할 수도 있다. 이 음원은 같은 시기 NEC 사의 PC인 PC-8801 및 PC-9801계 일부 기종에 채용되었던 'YM2608(OPNA)'과 같은 계보의 칩이라, 특히 「썬더 포스」 시리즈의 테크노 소프트 등 PC게임을 개발해온 서드파티에게는 노하우를 살리는 데 다소 도움이 되기도 했다.

메가 드라이브는 가정용 게임기로는 처음으로 PCM 음원을 채용한 기기로서 서드파티의 환영을 받았지만, 불만 역시 그 PCM 음원에서 나왔다. PCM 재생에는 서브 CPU인 Z80을 이용하는 것이 일반적이었는데, 하드웨어 구조상 타이머 인터럽트가 안정적이지 않았기에 불안정한 지연이 자주 발생해, '감기 들린 목소리'나 '탁한 목소리'로 비유될 만큼 노이즈가 섞인 음이 나왔던 것이다. 이 결점 때문에 메가 드라이브 후기에는 개발사들이 아예 독자적으로 음원 드라이버를 개량했고, 덕분에 극적으로 음질이 개선되었다.

또한, 소프트웨어 폴리포닉 기술을 이용해, 1음뿐이었던 PCM 음원으로 복수 음을 동시에 재생하는 기술도 드라이버 개량으로 가능해졌다. 이 덕분에 「스트리트 파이터 II 대시 플러스」, 「슈퍼 스트리트 파이터 II」 등에서 'PCM 드럼과 보이스의 동시 출력'이나 '여러 캐릭터의 보이스를 믹스하여 출력'하는 것도 할 수 있게 된 것이다.

▲ 야마하의 FM 음원 칩 'YM2612'. 이 칩이 메가 드라이브 사운드 파워의 원천이다.

### ■ 전면에 배치된 헤드폰 단자

메가 드라이브의 음원은 스테레오 지원이긴 하나, 마크 III / 마스터 시스템과 후면 A/V 출력 단자 규격이 공통이었기 때문에 TV에는 모노럴로만 출력된다. 대신, 아까운 스테레오 사운드를 유저들이 즐길 수 있도록 하자는 배려로서 가정용 게임기로는 최초로 스테레오 헤드폰 단자와 전용 음량 볼륨 노브를 추가했다.

하지만 이만큼 의욕적으로 배려했음에도 불구하고, 아쉽게도 음질 면에서는 그에 걸맞은 찬사를 받기에 턱없이 부족했다. 탑재된 FM 음원의 성능은 충분히 높았음에도 음원이 아깝다며 평가 절하된 이유는 바로 품질이 낮은 앰프 회로로서, 아예 앰프를 교체해 고음질로 개조하는 유저까지 있었을 정도다. 생산 단가를 고려하다 보니 이런 설계가 되었겠지만, 기본 성능이 높은 머신이었던 만큼 그때 조금만 더 욕심을 내주었다면 어땠을까 싶다.

▲ 게임의 스테레오 FM 사운드를 헤드폰으로 들을 수 있다니 최고다! …하지만, 볼륨 노브를 조금만 움직여도 노이즈가 걸리는 게 좀 아쉬웠다.

### 메가 드라이브는 '트윈 음원' 머신이었다

메가 어댑터(21p)는 FM 음원을 지원하지 않는 것으로 유명한데, 그 이유는 메가 드라이브에 탑재된 YM2612와 마크 III / 마스터 시스템의 YM2413이 계통이 달라 호환성이 없기 때문이다. 실은 PSG 음원조차도 메가 드라이브 쪽의 YM2612를 쓰지 않고, VDP(14p) 칩 내에 SN76489 상당의 PSG 음원을 통째로 내장시켜 메가 어댑터로 기동할 때는 이를 음원으로 사용한다. 즉, 메가 드라이브는 스펙 상으로 YM2612뿐만 아니라 SN76489도 탑재된 트윈 음원 머신인 것이다.

# CHECK POINT 4 CONTROL PAD

## 가정용 게임기 최초의 3버튼 컨트롤러

메가 드라이브의 컨트롤 패드는 가정용 게임기로는 처음으로 3버튼식 트리거 버튼을 채용한 컨트롤러이다. 아케이드 게임 쪽에서 날로 늘어가던 3버튼 조작계를 무리 없이 이식하기 위해 도입한 것이지만, 같은 세대의 패미컴이나 PC엔진에는 있는 SELECT 버튼이 없기에 물리적인 총 버튼 수는 동일하다. 또한 START 버튼의 도입도 세가 게임기로는 처음이다.

트리거 버튼이 3개가 됨으로써 움켜쥐는 감각이 나빠지는 것을 막기 위해, 인체공학 기반의 에르고노믹스 디자인을 채용했다. 윗면은 손에 착 감기는 곡면으로 하고, 아랫면은 중앙부를 오목하게 판 독특한 디자인이다. 현대의 컨트롤러에서는 당연해진 그립 형태의 돌기 디자인이 도입된 것도 이 컨트롤 패드가 처음이라고 할 수 있다.

반면, '컨트롤 패드가 너무 커서 손에 잘 맞지 않는다', '방향키를 분명 정

▲ 메가 드라이브를 상징하는 둥글넓적한 형태의 컨트롤 패드. 버튼 배열은 왼쪽부터 A, B, C로서, 패미컴과는 정반대다.

방향으로 눌렀는데 대각선 방향으로 입력되어버린다' 등의 불만점도 많은 개발사들로부터 받게 되었다. 방향키 문제는 후기 생산품에서 내부 부품 교체로 다소 개선되었지만, 근본적인 해결은 훗날 발매되는 파이팅 패드 6B에 이르러서야 완료되었다.

컨트롤 패드 단자는 기기 전면에 2개가 준비되어, 2명까지 동시에 플레이 가능하다(후일 다인 플레이를 위한 세

가 탭(30p)도 발매되었다). 커넥터 형태는 속칭 '아타리 규격'이라 불리는 9핀 D-SUB 수 단자가 채용되었다. 이는 메가 어댑터(21p)를 장착했을 때 기존의 마크 III나 마스터 시스템용 각종 컨트롤러를 연결하기 위해서로, MSX 등 타 기종용으로 개발된 타사의 아타리 규격 조이스틱은 단자 모양이 동일해도 사용할 수 없으니 주의해야 한다.

▲ 컨트롤 패드의 뒷면은 오목하게 들어가 있다.

▲ SEGA 마크가 각인된 컨트롤 패드의 접속 커넥터.

▲ 본체 전면에 보이는 컨트롤 단자.

## 확장 컨트롤 단자는 실은 3번째 컨트롤 단자였다?

생산 초기의 메가 드라이브 및 원더 메가 후면에는, 실제로는 메가 모뎀 외에 사용하는 주변기기가 전혀 없었던 확장 컨트롤 단자(EXT.)가 있다. 이 단자는 컨트롤 단자와는 암수가 반대이지만, 단자 수부터 핀 배열까지 전면 컨트롤 단자 1·2와 동일하다. 심지어

는 하드웨어적으로도 완전히 동일한 I/O 포트이자 '3번째 포트'로 할당되어 있다.

즉, 암수 전환 커넥터를 준비하고 게임 프로그램을 개조해 포트 번호를 지정할 수 있다면, 이 단자에 3번째 컨트롤러를 접속할 수도 있다는 의미다.

▲ 메가 드라이브 2부터는 삭제된 확장 컨트롤 단자. 전면의 컨트롤 단자와 달리, 착오로 연결하는 것을 막기 위해 이것만 암 단자를 사용했다

HARDWARE

1988's SOFT | 1989's SOFT | 1990's SOFT | 1991's SOFT | 1992's SOFT | 1993's SOFT | 1994's SOFT | 1995's SOFT | 1996's SOFT | OVERSEA SOFT

# CHECK POINT 5 ROM CARTRIDGE

## ■ 본체와 색깔을 맞춘
## ■ 검은 카트리지

메가 드라이브의 소프트 매체로는, 이 당시의 가정용 게임기에서는 일반적이었던 ROM 카트리지가 채용되었다. 꽂고 빼기 쉽도록 측면에 요철을 넣었고, 뒷면에는 손가락으로 움켜잡을 수 있게끔 움푹한 홈을 마련했다.

ROM 카트리지 왼쪽 면에는 이가 빠진 듯한 부분이 있는데, 이는 카트리지의 잠김 구조 때문이다. 생산 초기의 메가 드라이브에만 해당되지만, 전원 스위치를 켜면 돌기가 튀어나와 이 부분에 걸리므로 ROM 카트리지를 도중에 뽑을 수 없도록 했다.

일본 내에서 생산된 ROM 카트리지의 색상·형태는 모두 통일되어 있어, 「버추어 레이싱」이나 「소닉 & 너클즈」 등의 특수 카트리지(하단 박스 해설 참조)를 제외하고는 동일하다. 다

▲ 메가 드라이브용 ROM 카트리지. 메가 드라이브의 본체 색에 맞춰 성형색을 흑색 한 종류로 통일했다.

만 일본 외 국가에선 지역제한을 위해 타국의 게임이 직접 꽂히지 않도록 ROM 카트리지 형태를 의도적으로 바꾸었다.

또한, 남코 등 일부 서드파티는 독

자적으로 카트리지를 생산한 듯해, 카트리지 자체의 형태는 동일하지만 뒷면의 SEGA 로고 부분이 변경되는 등 금형을 별도로 제작한 경우가 있었다. 만약 소장 중인 ROM 카트리지가 있

▲ 소프트의 플라스틱 패키지. 일본의 경우 슈퍼 32X용 소프트 외에는 모두 이 디자인의 패키지가 사용되었다.

▲ ROM 카트리지의 뒷면. 사진은 세가 순정품.

## 「버추어 레이싱」의 특수 칩 내장 카트리지

「버추어 레이싱」의 경우 메가 드라이브 상에서 고속 폴리곤 표현을 구현하기 위해 전용 칩을 탑재한 특수 카트리지를 개발해, 일반 카트리지보다 세로 길이가 1.5배나 되는 대형 카트리지가 되었다. 물론 수납 패키지도 전용으로 제작되었다.

SEGA VIRTUA PROCESSOR

カスタム演算チップ 「セガ バーチャ プロセッサー」とは?

● 1秒間に9000ポリゴンを表示!
● メガドライブの12倍の高速演算処理!
「セガ バーチャ プロセッサー」なくして このバーチャ レーシングは実現不可能!!

▲ 패키지 뒷면에 인쇄된 '세가 버추어 프로세서'의 설명문. 자부심이 흘러 넘치는 문구에서 세가의 자신감이 엿보인다.

## CATALOGUE

일본에서는 대중매체 CM에 당대의 멀티 탤런트였던 이토 세이코 씨를 기용해, 메가 드라이브의 강점인 '스피드 쇼크', '비주얼 쇼크', '사운드 쇼크'의 세 가지 포인트를 랩으로 흥겹게 어필하는 광고를 전개했다. TV에서도 이토 씨의 랩이 방송되었기에, 아직 기억하는 사람도 많을 것이다.

다면 꺼내서 서로 비교해보는 것도 재미있을 것이다.

패키지로는 B6 사이즈를 약간 축소한 플라스틱 케이스가 사용되었는데,

침수나 오염에 강한 우수한 포장이었다. 커버 안쪽 왼편에는 매뉴얼을 꽂기 위한 슬럿이 마련되어 대부분은 거기에 소프트 매뉴얼이 꽂히지만, 「어

드밴스드 대전략」처럼 매뉴얼이 너무 두꺼운 경우에는 케이스 바깥에 겹쳐 함께 비닐로 포장된 사례도 있다.

# 「소닉&너클즈」의 락온 카트리지

「소닉&너클즈」는 '락온(lock-on) 카트리지'라는 특수 형태의 ROM 카트리지로 발매되었다. 카트리지 상단에 추가로 카트리지 슬롯이 있다는 의미로, 여기에 「소닉 더 헤지혹 3」를 장착하면 대전 전용 캐릭터인 너클즈를 플레이어로도 사용할 수 있게 된다.

서양에서는 이 '&KNUCKLES' 표기가 묘하게 유행어처럼 쓰여, 한때는 인터넷에 무차별로 '&KNUCKLES'를 갖다 붙인 합성사진이 대량으로 돌기도 했다.

▲ 원래는 다소 어정쩡한 볼륨이었던 「소닉 더 헤지혹 3」의 확장판 형태로 만들어진 이 카트리지, 실은 다른 소프트에도 대응되는 것이 있다.

▶ 「소닉&너클즈」 카트리지에 「소닉 더 헤지혹 3」를 연결하면 '& 너클즈'로 타이틀이 바뀐다.

HARDWARE
1988's SOFT
1989's SOFT
1990's SOFT
1991's SOFT
1992's SOFT
1993's SOFT
1994's SOFT
1995's SOFT
1996's SOFT
OVERSEA SOFT

HARDWARE

1988's SOFT
1989's SOFT
1990's SOFT
1991's SOFT
1992's SOFT
1993's SOFT
1994's SOFT
1995's SOFT
1996's SOFT
OVERSEA SOFT

# 메가 드라이브의 주변기기

## 컨트롤 패드 CONTROL PAD

세가 엔터프라이지스 1988년 10월 29일 2,000엔

메가 드라이브 본체의 표준 부속품과 동일한 별매품 컨트롤 패드. 2명이 플레이할 때는 물론 필수이지만, 소모성 기기의 숙명이란 게 있으니 예비로 몇 개 더 사두면 든든하다. 메가 드라이브 유저에겐 기본 중의 기본 아이템.

▲ 순정품 외에 타 회사도 여러 패드를 발매했었다.

## 아케이드 파워 스틱 ARCADE POWER STICK

세가 엔터프라이지스 1990년 8월 10일 6,800엔

세가 순정품인 메가 드라이브용 3버튼 대응 조이스틱. A, B, C 버튼 각각에 연사기능 ON/OFF가 가능할 뿐 아니라, 슬라이드 볼륨으로 연사속도를 미세하게 조정할 수도 있다. 내구성도 높아, 게이머에게 최적화된 본격파 스틱.

▲ 마이크로 스위치의 감도가 적절한 아케이드 스타일 조이스틱.

## 아날로그 조이패드 XE-1 AP ANALOG JOYPAD XE-1AP

전파신문사 1990년 3월 23일 13,800엔

전파신문사의 「애프터 버너 Ⅱ」와 동시에 발매된 전용 아날로그 조이패드. 레버 1개 + 스로틀 1개를 추가해, 각각 256단계의 아날로그 검출이 가능하다.

얼핏 기발한 모양새이지만 잡아보면 의외로 그립감이 좋아, 양손에 착 감기는 감각이 제법 양호하다. 3D 시점 슈팅 게임 위주로 이를 지원하는 소프트도 다수 있으므로, 본격적으로 즐기려면 하나 구비해둘 만하다.

▲ 전파신문사는 이 패드 외에도 여러 메가 드라이브용 주변기기를 발매했다.

# 메가 어댑터 MEGA ADAPTER

세가 엔터프라이지스 1989년 1월 26일 4,500엔

메가 어댑터는 메가 드라이브에 장착하면 자사의 세가 마크 Ⅲ 및 세가 마스터 시스템용(이하 각각 마크 Ⅲ, 마스터 시스템으로 표기) 게임 소프트와 주변기기를 이용할 수 있는 주변기기이다. 메가 드라이브 자체가 마크 Ⅲ 등과의 호환성을 어느 정도 상정하고 설계되었기에, 메가 어댑터는 문자 그대로 메가 드라이브 내부의 모드를 전환하기 위한 단순한 어댑터에 지나지 않는다.

컨트롤 패드는 마크 Ⅲ 전용 외에 메가 드라이브용 컨트롤 패드도 사용 가능하며, 이 경우에는 C 버튼이 ① 버튼, B 버튼이 ② 버튼으로 인식된다. START 버튼과 A 버튼은 사용되지 않으므로, 일시정지 기능을 쓰려면 메가 어댑터 상의 PAUSE 버튼을 눌러야만 한다.

메가 어댑터는 형태상 실질적으로 초기형 메가 드라이브 전용이며, 메가 드라이브2 이후의 후속 기종에는 사용할 수 없다. 또한 접속 위치상 서로 간섭하기 때문에 메가 모뎀과의 동시접속도 불가능하므로 주의해야 한다.

## SIDE VIEW

## REAR VIEW

## 동작하는 것

●마이 카드 마크 Ⅲ

●골드 카트리지

●실버 카트리지

● 조이패드
SJ-150, SJ-151, SJ-152
● 컨트롤 패드
SJ-3020
● 조이스틱
SJ-300, SJ-300M
● 패들 컨트롤러
HPD-200
● 3D 안경
● 연사 유닛

## 동작하긴 하나 일부 문제가 발생하는 것

● 「SHINOBI」
● 「이스」
● FM 음원 대응 소프트는 FM 음원 출력이 불가능

## 동작하지 않는 것

● 「F-16 파이팅 팰컨」
● 「로레타의 초상화」
● 「스포츠 패드 사커」

HARDWARE
1988's SOFT
1989's SOFT
1990's SOFT
1991's SOFT
1992's SOFT
1993's SOFT
1994's SOFT
1995's SOFT
1996's SOFT
OVERSEA SOFT

HARDWARE

1988's SOFT
1989's SOFT
1990's SOFT
1991's SOFT
1992's SOFT
1993's SOFT
1994's SOFT
1995's SOFT
1996's SOFT
OVERSEA SOFT

# 메가 모뎀 MEGA MODEM

세가 엔터프라이지스 1990년 11월 3일 9,800엔

메가 모뎀은 메가 드라이브 및 원더 메가에 장착하여 전화선을 통해 네트워크 환경을 제공하는 주변기기다. 「게임 도서관」 등 네트워크 서비스로 제공되는 전용 소프트 외에, 일반 소프트 중에도 메가 모뎀 지원 소프트로서 스쿠어 정보의 교환이나 네트워크를 통한 통신대전을 실현한 게임이 있었다.

기기 개발 자체는 선 전자가 맡았는데, 선 전자의 게임 소프트 브랜드인 선 소프트가 대응 소프트를 적극적으로 발매한 이유도 그 때문이다.

메가 드라이브 본체 발매 당시부터 주변기기 라인업에 올라와 있었지만, 실제 발매까지는 딱 2년이 더 걸렸다. 그동안 개발사에 메가 모뎀을 대여하여 필드 테스트 및 테스트 플레이를 충실히 거쳐 출시했음에도, 당시는 전화 요금이 고액이었던데다 네트워크를 사용하는 게임의 실체가

유저에게 잘 와 닿지 않은 탓에, 결국 보급은 소규모에 그쳤다. 훗날의 새턴, 드림캐스트로 이어지는 네트워크 게임의 시조로 불리는 제품이다.

▲ 메가 드라이브 본체에 장착한 모습. 의외로 크다.

## 메가 모뎀 지원 타이틀

- 「게임 도서관」
- 「TEL·TEL 마작」
- 「TEL·TEL 스타디움」
- 「일간스포츠 프로야구 VAN」
- 「사이버볼」
- 「어드밴스드 대전략」
- 「자금성」
- 「선선 ~바둑 통신대국 네트워크~」
- 「GO-NET」

▲ 제품 패키지. 메가 모뎀 단품(왼쪽)과, 세가 게임 도서관을 동봉한 세트(오른쪽).

## TOP VIEW

## SIDE VIEW

# 게임 도서관 GAME LIBRARY

세가 엔터프라이지스 1990년 11월 3일 12,800엔(메가 모뎀·게임 도서관 동봉 세트)

「세가 게임 도서관」은 매월 800엔의 정액제로 게임을 다운로드하여 즐기는 서비스이다. 가입신청서를 우편으로 보내 서비스를 신청하고, 가입되면 전국 10개소의 액세스 포인트에 접속하여 등록된 게임들을 무제한으로 즐긴다는(통화요금은 별도 지불) 시스템이었다.

이 서비스에서 제공된 소프트 중엔 소품이면서도 호평을 받은 게임이 많아, 서비스 종료 후에 「게임 통조림」 Vol.1, Vol.2(144p)라는 메가 CD용 타이틀로 합본 발매되었다.

▼ 총 18홀에 도전할 수 있는 다운로드 타이틀 「퍼터 골프」.

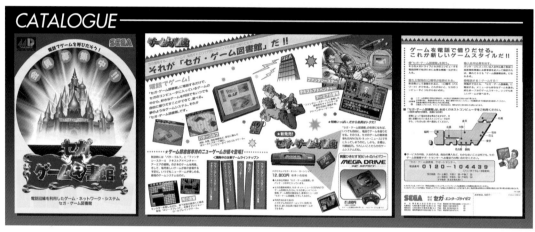

CATALOGUE

# 메가 앤서 MEGA ANSWER

세가 엔터프라이지스 1990년 34,000엔(기본 세트), 72,800엔(기본 세트+프린터)

금융기관의 호스트 컴퓨터에 전화 회선으로 접속하여 계좌 조회 및 이체를 간편하게 할 수 있는 온라인 뱅킹 서비스. 메가 드라이브 본체 + 전용 소프트 + 텐 키 패드 + 메가 모뎀의 세트 판매로 제공되었다.

◀ 전용 회선을 신청해야 하는 등 비용이 꽤 들지만, 선구적인 서비스였다.

CATALOGUE

HARDWARE

1988's SOFT
1989's SOFT
1990's SOFT
1991's SOFT
1992's SOFT
1993's SOFT
1994's SOFT
1995's SOFT
1996's SOFT
OVERSEA SOFT

HARDWARE

1988's SOFT 1989's SOFT 1990's SOFT 1991's SOFT 1992's SOFT 1993's SOFT 1994's SOFT 1995's SOFT 1996's SOFT OVERSEA SOFT

단순한 CD-ROM 드라이브가 아닌, 업그레이드 부스터

# 메가 CD MEGA-CD

세가 엔터프라이지스  1991년 12월 12일  49,800엔

## 검은 바디가 아름다운 CD-ROM 드라이브

메가 CD는 메가 드라이브에서 CD-ROM 미디어 게임을 즐길 수 있도록 하는 외부확장기기이다. 이 기기에는 앞서 발매되었던 PC엔진의 탑

로딩 방식과는 달리, 모터 구동으로 CD 트레이가 밀려 나오는 프론트 로딩 방식을 채용해, 검은 바디와 맞물려 AV 가전기기를 방불케 하는 고급스러움이 넘치는 외관이 특징이다.

접속은 메가 드라이브 우측면에 마련된 확장 슬롯을 이용한다. 다만 확

장 슬롯으로는 스테레오 음성 출력이 나오지 않기 때문에, 메가 드라이브 전면의 헤드폰 단자와 메가 CD를 연결하여 믹싱해야 했다.

메가 CD용 게임 소프트의 플레이 외에 음악 CD와, 영상도 함께 수록되는 CD 그래픽스(CDG)의 재생도 가능하지만, 메가 CD 자체에는 버튼이 전혀 없기 때문에 단독으로는 CD 플레이어로 사용할 수 없다. 또한 PC용 CD-ROM 드라이브에는 흔한 긴급 추출용 핀홀도 없기 때문에, 전원 OFF 시엔 디스크 강제 추출이 불가능한 점도 주의해야 한다.

### 메가 CD의 사양

| 형식번호 | HAA-2910 |
|---|---|
| CPU | 68000 (12.5MHz) |
| 메모리 | RAM : 6Mbit(프로그램, 픽처 데이터, 사운드 데이터), 512Kbit(PCM 파형용 메모리), 128Kbit(CD-ROM 데이터 캐시 메모리), 64Kbit(백업용 메모리)<br>BOOT-ROM : 1Mbit(CD 게임 BIOS, CD 플레이어 소프트, CDG 대응) |
| 사운드 | PCM 음원 : 스테레오 8채널(샘플링 주파수 최대 32KHz)<br>D/A 컨버터 : 16bit D/A 컨버터<br>8배 오버샘플링 디지털 필터 내장<br>PCM과 CD 음의 믹싱, 또는 믹싱 단자와의 믹싱도 가능 |
| 음성 | 특성주파수 특성 : 20Hz ~ 20KHz<br>신호 대 잡음비(S/N비) : 80dB 이상 (1KHz)(LINE OUT)<br>다이내믹 레인지 : 90dB 이상 |
| 백업용 2차전지 | 백업 기간 약 1개월 |
| CD-DRIVE UNIT | CD 지름 : 12cm 혹은 8cm<br>회전방향 : 반시계방향(데이터 면 기준)<br>액세스 타임 : 가장 안쪽부터 가장 바깥쪽까지 최대 1.4sec    1/3스트로크 최대 0.8sec |
| 음성 출력 | RCA 핀잭×2 (L/R) |
| 음성 입력 | 스테레오 미니 잭 (믹싱용) |
| 전원/소비전력 | 전용 AC 어댑터 (DC 9V 1.2A) / 10W |
| 외형 치수 | 301(가로) × 212.5(세로) × 112.5(높이) mm |
| 부속품 | AC 어댑터, 취급설명서, 접속용 철판, 철판 부착용 나사 |

▲ 메가 드라이브 본체 박스보다도 커다란 메가 CD의 박스. 디자인은 메가 드라이브 후기 패키지를 따르고 있다.

HARDWARE : MEGA-CD

HARDWARE
1988's SOFT
1989's SOFT
1990's SOFT
1991's SOFT
1992's SOFT
1993's SOFT
1994's SOFT
1995's SOFT
1996's SOFT
OVERSEA SOFT

## FRONT VIEW

## REAR VIEW

    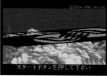

▲ 전원을 켜고 잠시 기다리면, 메가 CD 로고가 회전확대축소하는 데모가 나온다. 이 영상 처리는 메가 CD 쪽의 68000을 사용해 구현하고 있다.

## 회전확대축소를 구현한 확장기능

메가 CD는 단순한 CD-ROM 드라이브가 아니라 메가 드라이브 본체의 기능을 확장하는 파워 업 부스터 기능도 겸비하고 있어, 2축 회전확대축소 기능, 스테레오 8채널 PCM 음원, 그리고 이를 처리하기 위한 CPU로서 메가 드라이브 본체보다 클럭이 빠른 12.5MHz로 구동되는 68000이 탑재되어 있다.

메가 CD의 회전확대축소 기능은 전용 VDP를 따로 탑재해서가 아니라, 변형시킨 이미지를 생성하는 단계까지를 메가 CD가 처리하고 실제로 화면에 그리는 작업은 메가 드라이브 본체 내의 VDP로 넘겨 완료하는 방식으로 구현하는 것이다. 거칠게 표현하자면, 메가 CD의 그래픽 확장 기능은 프레임 버퍼와 마찬가지 발상이라고 할 수 있다.

또한, 이 방법을 응용하여 CD에서 데이터를 실시간 로딩하면서 이미지를 생성하는 식으로 배경에 동영상을 돌리는 것도 가능해, 「실피드」를 시작으로 다수의 게임이 이 기술을 사용했고, 배경 동영상을 사용하는 게임들은 메가 CD의 대표작이 되었다. 특히 북미에서는 본격적으로 배우들을 기용한 인터랙티브 시네마 형식의 게임이 인기를 얻었고, 이중 일부 타이틀은 일본어화 되어 일본에서도 발매되었다.

메가 CD의 그래픽 확장기능을 독특하게 활용한 예로는 타이토의 「나이트 스트라이커」가 꼽힌다. 원작인 아케이드판은 거대한 스프라이트가 화면을 가득 메울 듯이 표현되는 3D 슈팅이지만, 메가 CD의 이식판에서는 본체 내장 스프라이트는 거의 쓰지 않고 메가 CD를 프레임 버퍼 삼아 이미지를 생성해 본체의 VDP로 전송하여 표시하는 기법으로 재현했다. 화면 표시속도의 한계는 대담하게도 수직으로 2배 확대하는 방법으로 해결해, 실제 화면에서 세로 해상도가 반절이 되어버리기는 하지만 즐기는 맛으로는 그리 신경이 쓰이지 않는 하이레벨 이식을 실현했다.

메가 CD에 탑재된 버퍼 RAM은 당시로서는 대용량인 6메가비트(PC엔진 슈퍼 CD-ROM²의 3배). 대용량 메모리는 앞서 서술한 확장기능들에 필수불가결이었지만, 본체 가격을 크게 끌어올린 요인이기도 했다.

## 메가 드라이브 및 메가 드라이브 2와의 장착 이미지

메가 CD는 메가 드라이브, 메가 드라이브 2 어느 쪽과도 결합이 가능하다. 하지만 원래는 메가 드라이브용 기준으로 디자인되었기에, 2와 결합시키면 좌측 공간이 허전해지게 된다.

## 메가 CD의 소프트웨어 매체

메가 CD의 미디어는 두말 할 것 없이 CD-ROM. 소프트 케이스도 일반적인 CD 수납에 사용되는 주얼 케이스가 채용되었다. 시뮬레이션 게임 등 두터운 매뉴얼이 필요한 게임에는 멀티 주얼 케이스를 사용하기도 했다.

## ■ 세가는 메가 CD에 적극적이지 않았다?

PC엔진 CD-ROM²으로 발매된 「이스 I·II」가 기폭제가 되어 음성과 비주얼을 풍부하게 사용할 수 있는 CD-ROM의 특성이 호평을 받아, 메가 CD에서도 마찬가지로 비주얼 데모를 활용한 타이틀이 다수 발매되었다.

하지만, PC엔진 진영의 미디어가 거의 CD-ROM으로 굳어진 것과는 정반대로 메가 드라이브 쪽은 최후까지 ROM 카트리지 소프트가 꾸준히 공급되고, 슈퍼 32X에 이르러서는 CD-ROM 타이틀이 하나도 발매되지 않았다(서양에서는 발매되었다). 이는 세가가 본질적으로 아케이드 게임 개발사이

▲ 메뉴의 'OPEN' 버튼을 누르면 트레이가 튀어나온다. 이게 또 AV기기 같아서 멋졌다!

▲ 메인 메뉴 화면. 메가 CD 소프트(CD-ROM) 외에 음악 CD, CD 그래픽스도 재생 가능하다.

기에, 세가의 아케이드 게임 이식을 바라던 유저가 많았던 데 기인한다.

오히려 메가 CD에 적극적으로 소프트를 공급한 쪽은 게임 아츠나 울프 팀 등의 서드파티였고, 특히 게임 아츠는 앞서 서술한 「실피드」 외에도 「유미미 믹스」, 「루나 더 실버 스타」

등 메가 CD를 대표하는 타이틀을 다수 내놓았다.

또한 메가 CD의 대용량 버퍼 RAM은 게임 아츠가 강하게 요망해 탑재된 것이기도 해, 게임 아츠는 사실상 메가 CD의 세컨드파티였다고도 할 수 있다.

## CATALOGUE

▲ 본체의 세이브 데이터 영역 용량은 그리 많지 않다. 데이터를 관리하려면 별매품인 백업 RAM 카트리지가 필요하다.

▲ 내장된 백업 RAM 유틸리티. 여기에서 카트리지로의 카피나 삭제 등의 데이터 관리가 가능하다.

## 본체와 카트리지로 게임 진행을 기록

메가 CD 게임의 세이브 데이터는 본체 내에 탑재된 백업 RAM에 저장된다. 다만 용량이 불과 64킬로비트(8KB)였기에, 세이브 데이터를 다수 보존하기 위해 별매품으로 백업 RAM 카트리지가 발매되었다. 이 카트리지엔 본체 백업 RAM의 16배에 해당하는 1메가비트 용량이 탑재되어, 특히 시뮬레이션 게임을 즐길 때 필수적인 아이템이었다.

본체 내와 카트리지 사이의 백업 데이터 카피 및 삭제 관리는 메가 CD 메뉴에 내장된 백업 RAM 유틸리티에서 할 수 있으며, 메인 메뉴 화면 내에 있는 'OPTION'에서 관리 화면으로 들어가야 한다.

유틸리티 내의 데이터 용량은 블록이라는 단위로 계산되며, 세이브에 필요한 블록 수는 소프트마다 별도로 표기되었다.

▲ 별매품인 백업 RAM 카트리지. 하얀 레이블 스티커가 동봉되어, 세이브 내용을 스스로 기록할 수 있다.

# 메가 CD용 주변기기

## 메가 CD 가라오케 MEGA-CD KARAOKE

세가 엔터프라이지스 1992년 11월 18일 19,800엔

메가 CD의 CD 그래픽스 재생 기능을 활용하여 가정에서 가라오케(노래방 기능)를 즐기는 주변기기. 오디오 입출력과 마이크를 이용하는 기기이므로, 꼭 메가 CD가 필수인 것은 아니다.

▼ 메가 CD의 좌측에 붙도록 통일된 디자인으로 만들어져 있지만, 결합 시스템은 아니다.

HARDWARE

1988's SOFT | 1989's SOFT | 1990's SOFT | 1991's SOFT | 1992's SOFT | 1993's SOFT | 1994's SOFT | 1995's SOFT | 1996's SOFT | OVERSEAS SOFT

## 성능은 그대로, 다운사이징 & 단가절감을 행한 보급기

# 메가 드라이브 2　MEGA DRIVE 2

세가 엔터프라이지스　1993년 4월 23일　12,800엔

▲ 메가 드라이브 2의 본체 패키지. 「소닉 더 헤지혹」의 패키지 디자인과 맞췄기 때문에, 전체적으로 팝 스타일이 되었다.

### ■ 패키지까지 리뉴얼한 신생 메가 드라이브

메가 드라이브 2는 메가 드라이브와의 소프트 완전 호환을 유지하면서 대폭 단가절감을 행한 보급형 모델이다. 메가 드라이브 당시에도 내부설계를 간략화하며 단계적인 단가절감을 지속해왔지만, 메가 드라이브 2는 일거에 1만 엔 가까운 가격인하를 단행

해 당시의 게임 팬들을 놀라게 했다.

카탈로그에서도 당시의 킬러 타이틀이었던 소닉을 마스코트로 내세우고, 본체와 주변기기의 패키지 디자인도 「소닉 더 헤지혹」에 맞춰 팝 이미지로 일신시켰다. 다시 말하면, 메가 드라이브 2는 「소닉」을 즐길 수 있는 게임기'라는 세가의 강한 의지가 느껴지는 이미지 전략으로 탄생한 기기인 것이다.

또한, 이 기종부터 표준 동봉된 파이팅 패드 6B도 커다란 변경점이다. 당시 대인기였던 격투 게임 붐에 대응하는 것이 본래 목적이었지만, 기존의 컨트롤 패드는 '손으로 잡기에 너무 크다', '방향 키를 의도대로 입력하기 어렵다'라는 결점이 있었기에(후기 생산분에서는 어느 정도 개량되었다), 신규 설계인 파이팅 패드 6B의 발매로 이러한 불만점을 해소하려는 측면도 있었다.

기존의 컨트롤 패드처럼 이용할 수 있는 MODE 버튼이 추가되고(MODE 버튼을 누른 상태에서 전원을 넣는다.) 조작감이 남다르게 향상된 파이팅 패드 6B는 이후의 메가 드라이브용 표준 컨트롤러로 정착했다. 6버튼 대응 게임에는 파이팅 패드 전용 아이콘이 패키지 뒷면에 붙었다.

### 메가 드라이브 2의 사양

| | |
|---|---|
| 형식번호 | HAA-2502 |
| CPU | MAIN : 68000 (7.67MHz), SUB : Z80A (3.58MHz) |
| 메모리 | RAM : 64KB (68000용) + 8KB (Z80용), VRAM : 64KB |
| 그래픽 | 512색 중 64색 동시발색 가능, 스프라이트 80개, 스크롤 2장 탑재 |
| 사운드 | FM 음원 6음 + PSG 3음 + 노이즈 1음 (FM 음원 중 1ch을 PCM으로 사용 가능) |
| 컨트롤 단자 | 2개 (컨트롤 패드 등 탈착 가능) |
| 리셋 버튼 | 게임 재시작 기능 |
| 슬롯 | 카트리지/확장 각 1개씩 |
| 전원 / 소비전력 | 전용 AC 어댑터 (DC 10V, EIAJ 규격) / 약 7W |
| 외형 치수 | 220(가로) × 212(세로) × 59(높이) mm |
| 부속품 | 컨트롤 패드 × 1, DIN 플러그 코드, AC 어댑터, 취급설명서 |

## FRONT VIEW

## REAR VIEW

## RIGHT SIDE VIEW

## CONTROL PAD FRONT VIEW

HARDWARE

1988's SOFT
1989's SOFT
1990's SOFT
1991's SOFT
1992's SOFT
1993's SOFT
1994's SOFT
1995's SOFT
1996's SOFT
OVERSEA SOFT

## 기존의 주변기기와 호환성 단절

반면, 하드웨어 측면에서는 본체의 형태 변경과 각종 단자 폐지·변경의 영향으로 메가 CD와 컨트롤러를 제외한 기존의 주변기기를 대부분 이용할 수 없게 되었다. 구체적으로는 카트리지의 고정 메커니즘, 헤드폰 단자 및 볼륨 노브, 메가 모뎀이 사용했던 확장 컨트롤 단자가 폐지되고, DIN 커넥터 형태와 AC 어댑터 규격이 변경

되었다.

기존 메가 드라이브는 DIN 커넥터의 음성출력이 모노럴이었지만, 메가 드라이브 2는 스테레오 출력이 가능해졌다. 하지만 본체 부속 DIN 플러그 코드는 모노럴이므로, 스테레오로 출력하려면 별매품인 스테레오 DIN 플러그도 구입해야 했다. 또한 이후부터의 영상 케이블과 AC 어댑터는 메가 드라이브 2를 기준으로 생산되었으므로, 지금 기기 입수를 고려 중인 사람은 메가 드라이브와 메가 드라이브 2를 혼동

하지 않도록 충분히 주의하기 바란다.

뒷면 DIN 커넥터 변경에 따라 앞면의 헤드폰 단자는 폐지되었지만, 메가 드라이브 2의 앰프 회로 품질은 결코 좋다고는 못할 수준이어서, DIN 커넥터를 통해 출력되는 음질의 평판은 기기 팬들 사이에서도 낮은 편이다. 개중에는 앰프 회로를 자작하여 고음질로 개조하는 유저도 있을 정도이다.

## CATALOGUE

HARDWARE

1988's SOFT 1989's SOFT 1990's SOFT 1991's SOFT 1992's SOFT 1993's SOFT 1994's SOFT 1995's SOFT 1996's SOFT OVERSEA SOFT

# 메가 드라이브 2의 주변기기

## 파이팅 패드 6B  FIGHTING PAD 6B

세가 엔터프라이지스  1993년 1월 29일  2,500엔

이전 페이지에서 소개했던 파이팅 패드 6B의 별매품. 2명이 동시 플레이할 경우나, 초기형 메가 드라이브 등의 기존 기기에서 6버튼을 사용하는 게임을 즐기려면 필요하다. 메가 드라이브 유저라면 꼭 구비해 두자.

▲ 모든 메가 드라이브 모델을 지원하는 6버튼 패드. 손에 잘 잡히는 디자인으로 평판이 높다.

## 아케이드 파워 스틱 6B  ARCADE POWER STICK 6B

세가 엔터프라이지스  1993년 12월 17일  6,800엔

20p에서 소개했던 아케이드 파워 스틱의 6버튼 모델. 기존의 양호한 조작감은 그대로 계승하면서, 격투 게임을 즐길 때의 과격한 사용도 잘 견디는 본격파 조이스틱이다.

▲ 아케이드 파워 스틱과 마찬가지로, 스틸의 중량감이 기분 좋다.

## 세가 탭  SEGA TAP

세가 엔터프라이지스  1993년 4월 23일  3,000엔

제품 하나에 4개까지 컨트롤 패드를 연결할 수 있는 확장 탭. 2개를 사용하면 최대 8명까지 동시에 즐길 수 있다.
또한 이 제품은 셀렉터 기능도 겸하므로, 위쪽에 있는 스위치를 전환하여 플레이어 한 명이 4개까지 컨트롤러를 연결한 채로 언제든 전환하여 플레이할 수 있다. 특히 서양의 스포츠 게임 중에 대응하는 소프트가 많아, 이런 게임들을 즐기겠다면 꼭 구비해둘 만한 아이템이다.

▲ 전용 스티커가 동봉되어 있어, 단자와 케이블이 혼동되지 않도록 스티커 색으로 구별할 수도 있다.

HARDWARE

1988's SOFT | 1989's SOFT | 1990's SOFT | 1991's SOFT | 1992's SOFT | 1993's SOFT | 1994's SOFT | 1995's SOFT | 1996's SOFT | OVERSEA SOFT

# 세가 마우스 SEGA MOUSE

세가 엔터프라이지스 1993년 4월 23일 5,000엔

PC에서 이식된 타이틀을 쾌적하게 즐기고 싶을 때 위력을 발휘하는 전용 마우스. 뒤집으면 트랙볼로도 사용할 수 있는 독특한 기능도 있다. 전용 마우스 패드도 동봉되었다.

▶ 둥글넓적한 형태가 귀여운 독자적인 디자인의 마우스.

# 세가 코드리스 패드 세트 SEGA WIRELESS PAD SET

세가 엔터프라이지스 1993년 11월 26일 4,800엔

적외선 통신으로 무선화를 실현한 파이팅 패드 6B와, 메가 드라이브 본체에 장착하는 리시버의 세트. 리시버의 단자 형태 때문에, 대응 기종은 메가 드라이브와 메가 드라이브 2뿐이다.

패드 쪽에는 전원 공급용으로 AAA형 전지 2개가 별도로 필요하다. ▶

# 세가 코드리스 패드 SEGA WIRELESS PAD

세가 엔터프라이지스 1993년 11월 26일 3,000엔

위에 서술한 코드리스 패드를 사용해 2명이 즐기기 위해 필요한 추가 컨트롤 패드. 아랫면에는 플레이어 1 / 플레이어 2를 전환하는 스위치가 있다.

형태는 파이팅 패드 6B와 매우 닮았지만 약간 크다. ▶

# 스테레오 DIN 플러그 코드 STEREO DINPLUG CABLE

세가 엔터프라이지스 1993년 4월 23일 2,000엔

메가 드라이브 2에서 스테레오 사운드를 즐기기 위해 필요한 전용 케이블. 본체 부속품과 동일한 모노럴 DIN 플러그 코드도 발매되었으므로 혼동하지 않도록 주의하자.

◀ 메가 드라이브 2 유저라면 일단 사고 봐야 할 케이블.

HARDWARE

1988's SOFT | 1989's SOFT | 1990's SOFT | 1991's SOFT | 1992's SOFT | 1993's SOFT | 1994's SOFT | 1995's SOFT | 1996's SOFT | OVERSEA SOFT

메가 드라이브 2와 동시에 발매된 하이 코스트 퍼포먼스 모델

# 메가 CD 2 MEGA-CD 2

세가 엔터프라이지스　1993년 4월 23일　29,800엔

## 탑 로딩 식 후속 모델

　메가 CD 2는 메가 드라이브 2와 동시에 발매된 메가 CD의 후속 모델 이다. 단가가 높아진 최대 요인이었던 프론트 로딩을 폐지하고 탑 로딩 방식

을 채용한데다 각 부분의 부품 수를 대폭 간소화함으로써, 성능은 그대로 이면서도 기존 기종보다 2만 엔 저렴 한 29,800엔을 실현하는 데 성공했다.

　외장 디자인은 기존의 메가 CD에 서 크게 바뀌어, 메가 드라이브 본체 아래에 설치하는 방식을 버리고 메가

드라이브의 오른쪽에 배치하는 방식 으로 변경되었다. 같은 시기의 경쟁 기종이었던 NEC 홈 일렉트로닉스의 PC엔진 CD-ROM$^2$ 시스템과 유사하 지만, CD-ROM$^2$가 왼쪽에 붙이는 식 인 데 비해 메가 CD 2는 오른쪽에 붙 인다. 이는 메가 드라이브의 외부 확 장 단자가 본체 오른쪽에 배치되어 있 기 때문이다.

　메가 드라이브 2를 올려놓는 받침 대 부분은 동작 중에 접촉불량을 방지 하는 보강 용도이기도 하지만, 내부는 단순한 플라스틱 외장이 아니라 메가

### 메가 CD 2의 사양

| 형식번호 | HAA-2912 |
| --- | --- |
| CPU | 68000 (12.5MHz) |
| 메모리 | RAM　：6Mbit(프로그램, 픽처 데이터, 사운드 데이터), 512Kbit(PCM 파형용 메모리),<br>　　　　128Kbit(CD-ROM 데이터 캐시 메모리), 64Kbit(백업 메모리)<br>BOOT-ROM：1Mbit(CD 게임 BIOS, CD 플레이어 소프트, CDG 대응) |
| 사운드 | PCM 음원　：스테레오 8채널(샘플링 주파수 최대 32KHz)<br>D/A 컨버터　：16bit D/A 컨버터<br>　　　　　　　8배 오버샘플링 디지털 필터 내장<br>　　　　　　　PCM과 CD의 음을 믹싱, 또는 믹싱 단자와의 믹싱도 가능 |
| 음성 특성 | 주파수 특성：20Hz ~ 20KHz<br>신호 대 잡음비(S/N비)：80dB 이상 (1KHz)(LINE OUT)<br>다이내믹 레인지：90dB 이상 |
| 백업용 2차전지 | 백업 기간 약 1개월 |
| CD-DRIVE UNIT | CD 지름：12cm 혹은 8cm<br>회전방향：반시계방향 (데이터 면 기준)<br>액세스 타임：평균 1.5sec |
| 음성 출력 | RCA 핀잭×2 (L/R) |
| 음성 입력 | 스테레오 미니 잭 (믹싱용) |
| 전원 / 소비전력 | 전용 AC 어댑터 (DC 9V 1.2A) / 10W |
| 외형 치수 | 220(가로) × 396(세로) × 84(높이) mm |
| 부속품 | AC 어댑터, 취급설명서, 조인트 스틸 판, 설치용 나사, 스페이서(메가 드라이브 접속시 사용) |

▲ 메가 CD 2의 패키지. 디자인은 물론, 로고도 메가 드 라이브 2를 답습하였다.

## TOP VIEW

## REAR VIEW

CD 2의 메인보드가 들어가 있어, 여기에 메가 CD 2 쪽의 CPU인 68000 및 메모리 ROM이 탑재되어 있다.

디자인상으로는 메가 드라이브 2와의 조합을 전제하고 있지만, 메가 드라이브 2 전용 주변기기인 것은 아니며 기존의 메가 드라이브와도 결합이 가능하다. 메가 드라이브와 조합할 때의 보강 부품으로, 조인트 스틸(결합용 철판)과 나사, 디자인 밸런스를 잡기 위한 스페이서도 동봉되어 있다.

## ■ 기능 면에서 큰 변화는 없다

기능 측면으로는 BIOS ROM이 버전 2.1로 업데이트되어 있지만, 큰 변경점은 보이지 않는다. 타이틀 화면에 소닉의 일러스트가 들어간 것 외에, 메가 CD용 게임 소프트를 드라이브에 넣은 상태로 구동하면 메인 메뉴를 건너뛰고 곧바로 게임이 기동되도록 개량되었다. 이는 CD-ROM 드라이브의 뚜껑을 메인 메뉴에서 굳이 개폐시킬 필요

가 없어졌으므로 유저의 편의를 고려한 결과라고 할 수 있다. 또한 게임 도중 디스크 교체에 대응하기 위해, 기존과 마찬가지로 메인 메뉴에서의 메가 CD용 소프트 기동도 가능하다.

경쟁 기종인 CD-ROM²는 버전 업으로 메모리가 몇 차례 증량되었지만, 메가 CD는 최후까지 변경되지 않았다. 처음부터 대용량 RAM을 탑재한 기본 스펙의 우월성을 보여주는 증거라 하겠다.

▲ 오른쪽의 파란 버튼을 누르면 뚜껑이 오픈되는 탑 로딩 방식이 된 CD-ROM 드라이브 부분.

▲ 메가 드라이브와의 접속 단자. 기존 모델과 달리 커넥터 주변이 일체형 부품으로 되어, 강도와 안정성이 올라갔다.

▲ 메가 CD 2의 기동화면에서도 소닉이 그려져 있다. 당시 얼마나 인기가 있었는지를 증명한다.

## 메가 드라이브 및 메가 드라이브 2와의 장착 이미지

메가 드라이브 / 메가 드라이브 2 어느 쪽과도 결합이 가능하지만, 메가 드라이브의 경우 높이와 가로 폭이 맞지 않아 약간 언밸런스해지는 건 부정할 수 없다.

▲ 부속품인 스페이서 이것을 왼쪽 아래 부분에 달 수 있다.

HARDWARE
1988's SOFT
1989's SOFT
1990's SOFT
1991's SOFT
1992's SOFT
1993's SOFT
1994's SOFT
1995's SOFT
1996's SOFT
OVERSEA SOFT

HARDWARE

1988's SOFT
1989's SOFT
1990's SOFT
1991's SOFT
1992's SOFT
1993's SOFT
1994's SOFT
1995's SOFT
1996's SOFT
OVERSEA SOFT

## 메가 드라이브와 메가 CD 양쪽 소프트를 모두 즐길 수 있는 결합 머신

# 원더 메가 WONDER MEGA

세가 엔터프라이지스  1992년 4월 24일  79,800엔

### ■ 굿 디자인 상을 수상한 멋진 디자인

원더 메가는 일본 빅터가 개발·판매했던 메가 드라이브와 메가 CD의 결합기기이다. 기본 기능은 말 그대로 메가 드라이브+메가 CD이지만, 최대 한의 호환성을 배려한 설계 덕에 대부분의 주변기기를 그대로 사용 가능하다. 컨트롤 패드는 메가 드라이브와 동일한 3버튼 컨트롤 패드로 1개가 부속되어 있다.

AV기기 메이커인 일본 빅터가 개발한 덕에, 게임기라기보다는 AV기기에 가까운 분위기로 유저의 소유욕을 만족시켜주는 쿨한 느낌이 있었다. 실제로 1992년 굿 디자인 상을 수상했고, 뒤에 서술하겠지만 영상·음향 출력단의 고품질화로도 평가가 높아, 지금도 팬이 많은 기종이기도 하다.

원더 메가는 일본 빅터에서 1992년 4월 1일 선행 발매되었지만, 동일 사양의 OEM 모델이 세가에서도 3주 뒤에 발매되었다. 본 지면에서는 세가 판을 중심으로 서술했다.

### 원더 메가 사양

| 형식 | 가라오케 기능 포함 가정용 TV 게임기기 (CD-G, CD-MIDI 대응, DA 회로, CD-ROM 내장) |
|---|---|
| 포맷 | 게임 부 대응 소프트 : SEGA 방식 (MEGA DRIVE, MEGA-CD용) |
| 외관 | 몰드 캐비닛 일체형 구조 |
| 전원 | DC 9.5V 1.5A 센터 플러스, AC 100V(50/60Hz) 전기용품관리법 갑종(일본 국내용) |
| CD 로딩 | 전동방식 탑 로딩 |
| 입출력 단자 | FRONT : MIC JACK×2, 컨트롤 패드 단자×2, 헤드폰 단자×1<br>TOP : 카트리지 소프트용 64P 터미널×1<br>REAR : AUDIO(L,R) RCA PIN, VIDEO RCA PIN, S단자×1, MIDI 단자×1, RF 유니트용 단자×1, MODEM용 단자×1, DC JACK×1 |
| 스위치, 볼륨 등 | POWER : PUSH LOCK식<br>RESET : PUSH TYPE UNLOCK식<br>DAP.MODE : GAME / EX.BASS / KARAOKE / OFF<br>VOL. : MIC.×2, EFFECT VOL.×1, HEAD PHONE VOL.×1 |
| 출력 레벨 | AUDIO : 0.8Vrms.<br>VIDEO : 1.0V PP/75 OHM. S : 1.0V PP/75 OHM(V), 0.286V PP/75 OHM.(C) |
| 그 외(IND.) | READY / ACCESS GAME / EX.BASS / KARAOKE<br>POWER IND.(DISC 외주 부분 2개) |
| 외형 치수 | 380(가로) × 211(세로) × 75(높이) mm |
| 부속품 | 컨트롤 패드×1, 핀 코드(2심, 2m), 핀 코드(1심, 2m), AC 어댑터, 취급설명서 |

▲ 이전까지의 세가 제품에는 없었던 검은색 배경 기조의 시크한 사진이 인상적인 원더 메가의 패키지 박스.

HARDWARE

1988's SOFT

1989's SOFT

1990's SOFT

1991's SOFT

1992's SOFT

1993's SOFT

1994's SOFT

1995's SOFT

1996's SOFT

OVERSEA SOFT

## FRONT VIEW

## REAR VIEW

## TOP VIEW

## SIDE VIEW

## 전동으로 열리는 CD-ROM 드라이브가 멋지다

외관상으로 인상적인 점은 CD-ROM 드라이브의 강렬한 디자인과 본체 크기이다. 본체의 가로 폭이 무려 38cm로, 여러 가정용 게임기 중에서도 상당히 긴 편이기 때문이다.

CD-ROM 드라이브는 전동 탑 로딩 방식을 채용하여, 본체에 물리적인 개폐 버튼이 아예 없다. 메인 메뉴의 화면 내에 있는 이젝트 버튼을 누르면 모터 제어로 뚜껑이 밀려 올라가는 구조라, 수동으로 여닫는 다른 게임기의 개폐 구조에 익숙한 유저라면 일단 놀라움을 금치 못할 것이다. 게다가 뚜껑

주변에 있는 녹색 발광 파츠가 파워 램프 역할을 하는 등 부품 하나하나가 모두 디자인 연출의 일부로 조합되어 있어, 평범한 게임기가 아님을 한껏 어필한다. 또한 ROM 카트리지 슬롯은 본체 표면의 검은 슬릿 부분에 있어, 카트리지가 꽂혀있지 않을 때는 시각적으로 거슬리지 않도록 배려했다.

## 슈퍼 32X가 꽂히지 않는다

주변기기 호환성 면에서는 오른쪽의 확장 포트가 삭제(메가 CD 기능이 내장되어 있기 때문)된 점과 영상·음성 출력이 메가 드라이브 표준인 DIN 커넥

터가 아니라는 점 외에는 동일하여, 메가 모뎀처럼 마이너한 주변기기도 연결이 가능하다.

반면 나중에 발매된 슈퍼 32X가 호환되지 않는다는 치명적인 문제도 있는데, 슈퍼 32X 본체가 CD-ROM의 뚜껑과 서로 간섭하여 열리지 않게 되고, DIN 커넥터가 없으므로 슈퍼 32X의 영상입력과 연결할 수 없다는 두 가지 이유 때문이다.

이 때문에 일본 빅터가 유료로 개조 서비스 접수를 받아, CD-ROM 드라이브의 뚜껑 및 후면의 영상단자를 교환해주기도 했다. 유료이긴 했으나, 이처럼 철저한 애프터서비스 자세는 칭찬받아 마땅하다고 할 수 있으리라.

▲ 꽂지 않았을 때는 눈에 잘 띄지 않는 ROM 카트리지 슬롯. 기능성과 디자인이 일체화된 좋은 예라 하겠다.

▲ 자동으로 열리는 CD-ROM 드라이브 뚜껑. 처음 보면 누구나 놀랄 만한 기능이다.

▲ 메가 CD 부분의 기동화면. 'W' 마크가 회전하거나 튀어나오는 연출은 메가 CD와 동일하다.

## 사운드에 대한 철저한 집착이 엿보이는 컨트롤 패널

본체 정면의 슬라이드 도어를 열면 헤드폰 단자 및 마이크 단자, 볼륨 노브가 나타난다. 또한 CD-ROM 드라이브 우측면에는 DAC(설명은 본문을 참조) 버튼이 있어, 이용하는 환경에 맞춰 음향 특성을 변경할 수 있다.

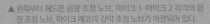

▲ 왼쪽부터 헤드폰 음량 조정 노브, 마이크 1·마이크 2 각각의 음량 조정 노브, 마이크 에코의 강약 조정 노브가 마련되어 있다.

▲ 음향효과를 변경할 수 있는 DAC(DAP) 버튼. 왼쪽부터 게임 포지션, 엑스트라 베이스(중저음) 포지션, 가라오케 포지션이다.

## ■ 원더 메가는 최강의 오디오 머신

원더 메가의 가격은 79,800엔으로, 메가 드라이브와 메가 CD를 합친 금액보다 고가로 책정되었다. 그 이유는 영상과 음성의 고품질화에 철저하리만치 집착했기 때문이다.

출력단자는 황색 비디오 단자 및 스테레오 음성 잭을 준비하여, 시판 중인 AV 케이블을 그대로 사용할 수 있다. 게다가 더욱 고화질로 볼 수 있도록 S 단자까지 있는 점이 큰 특징이다. 반대로 이런 단자들이 없는 일반 TV에 접속하기 위한 RF 어댑터도 별도로 판매되었고, 이 어댑터를 접속할 수 있는 단자도 설치되어 있다.

메가 드라이브 및 메가 드라이브 2의 결점으로 자주 지적되는 것이, 내장 음원의 고성능에 크게 못 미치는 (조악한 품질의 앰프 회로가 원인인) 노이즈 섞인 사운드다. 반면, 일본 빅터는 자사의 하이파이 CD 플레이어에 탑재된 바 있는 독자 설계의 1비트 DAC(DAP, 디지털 어쿠스틱 프로세서)를 탑재했다. 이를 이용해 깨끗한 사운드를 즐길 수 있는 '게임', 사람의 보컬에 최적화된 '가라오케', 중저음을 강조하여 박력 있는 '엑스트라 베이스'의 3종류 중, 재생되고 있는 CD에 맞춰 적절한 음향 특성을 선택할 수 있다.

CD-ROM 드라이브 부분의 정면에는 슬라이드 도어가 있어, 이를 열면 헤드폰 및 마이크 2개의 접속 단자 외에 각각의 음량조정 노브까지 마련되어 있다. 더욱이 보컬 캔슬러(일반 음악 CD의 보컬을 지워 노래방처럼 즐기는 기능), 마이크 에코나 음정 컨트롤 조절까지 될 만큼, 전용 마이크조차 표준 동봉되어 있지 않음에도 메가 CD 가라오케(27p)와 동등한 기능이 표준으로 내장되어 있어 기쁘기 이를 데 없다.

또한 원더 메가는 MIDI(Musical Instrument Digital Interface) 단자를 표준 탑재한 것도 커다란 특징으로, CD-MIDI 지원 소프트를 재생하면 본체에 연결한 MIDI 대응 악기로 자동 연주도 가능하다. 애석하게도 이 CD-MIDI 규격 자체가 그리 보급되지 않았기에 실제로 원더 메가를 MIDI 시퀀서로 이용한 사례는 극히 적은 듯하나, 이 정도로 하이스펙이었음은 꼭 강조해두고자 한다.

## CATALOGUE

# 빅터판 원더 메가

## 원더 메가 WONDER MEGA

일본 빅터  1992년 4월 1일  82,800엔

기본 사양은 세가판 원더 메가와 동일하지만, 세부적인 배색이나 문자 폰트 등이 변경되었다. 게임 4개 및 CD-G 가라오케 4곡이 수록된 비매품 CD「원더 메가 컬렉션」이 동봉된 점이 커다란 차이.

▲ 전체적으로 시크하고 선이 굵은 이미지가 풍겨 나오는 빅터판 원더 메가. 성능은 동일하므로 취향에 따라 고르자.

▲ 빅터판 원더 메가의 본체 패키지.

▲ WONDERMEGA COLLECTION

▶ 이 제품에만 동봉원「원더 메가 컬렉션」은 3000엔의 가격 차이는 이것 때문이라고 할 수 있다.

## 원더 메가 M2 WONDER MEGA M2

일본 빅터  1993년 7월 2일  59,800엔

각종 단자를 삭제하여 생산단가를 절감한 염가판. 코드리스 패드 (세가의 코드리스 패드와는 비호환)이 1개 동봉된 점이 특징.

▶ 패드 아랫면에 컨트롤러 단자가 있어, 플레이어 2는 여기에 연결하면 된다. 또한 패드로 전원 ON/OFF나 리셋 조작이 가능하다.

HARDWARE

1988's SOFT | 1989's SOFT | 1990's SOFT | 1991's SOFT | 1992's SOFT | 1993's SOFT | 1994's SOFT | 1995's SOFT | 1996's SOFT | OVERSEA SOFT

## 일본 IBM과의 공동 개발로 태어난 메가 드라이브 + IBM PC

# 테라 드라이브 TERA DRIVE

세가 엔터프라이지스 1991년 5월 31일 MODEL1 : 148,000엔 MODEL2 : 188,000엔 MODEL3 : 248,000엔

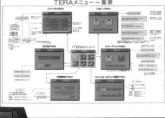

▲ 테라 드라이브는 총 3개 모델이 발매되었는데, FDD 개수와 HDD 유무, 메모리 용량 등으로 차별화했다.

▲ PC 쪽을 기동시키면 표시되는 TERA 메뉴. 단순한 파일 관리 정도라면 굳이 DOS까지 띄우지 않아도 OK.

## PC와 메가 드라이브는 상호 액세스 가능

테라 드라이브는 세가와 일본 IBM이 공동 개발한 '메가 드라이브를 구동할 수 있는 IBM PC'이다. 흔한 광고 문구인 '본체 하나에 두 기기가 합쳐진' 정도를 뛰어넘어, 메인보드의 동일 버스 상에 80286, 68000, Z80A가 직결되어 있어 세 CPU가 상호간에 주변기기나 회로를 액세스할 수 있다는 고도의 설계 하에 제작된 PC이다. 아쉽게도 상세한 제어 방법에 대한 사양은 공개되지 않았지만, PC 쪽에서 메가 드라이브의 기능을 사용해 낙하 퍼즐 게임을 제작할 수 있는 테라 드라이브 전용 소프트 「퍼즐 컨스트럭션」이 실제로 발매된 바가 있다.

참고로, 이 기기는 일본 IBM의 순정품이므로 IBM PC '호환 기종'이 아님에 주의하자.

### 테라 드라이브의 사양

| 형식번호 | HTR-2000(MODEL1) | HTR-2001(MODEL2) | HTR-2002(MODEL3) |
|---|---|---|---|
| CPU | Intel 80286 10MHz + MC68000 7.6MHz/10MHz + Z80A 3.58MHz | | |
| ROM | BIOS ROM 128KB, JIS 제 1·제 2수준 한자 ROM | | |
| RAM | 메모리 640KB(최대 2.5MB) | 메모리 1MB(최대 2.5MB) | 메모리 2.5MB |
| | VGA용 VRAM 256KB, VDP용 VRAM 128KB, 사운드용 RAM 16KB | | |
| FDD (3.5inch 2HD) | 1개 내장 | 2개 내장 | 1개 내장 |
| HDD | — | | 30MB 1개 내장 (초기형 DOS/V 사전설치) |
| 그래픽 기능 | ●IBM PC 부분<br>그래픽 표시 : 최대 640×480 픽셀, 262,144색 중 16색<br>●메가 드라이브 부분<br>그래픽 표시 : 320×244 픽셀, 512색 중 64색<br>스프라이트 표시 : 80스프라이트/화면, 8스프라이트/라인, 512색 중 16색 | | |
| 사운드 출력 | FM 음원 6음 + PSG 3음 + 노이즈 1음 (FM 음원 중 1ch을 PCM으로 사용 가능), BEEP 1음 | | |
| 확장 슬롯 | AT-BUS 규격 HALFSIZE BOARD×1, 메가 드라이브 확장 슬롯×1 | | |
| 키보드 | JIS 표준 배열 106키 | | |
| 인터페이스 | 비디오 출력, 아날로그 RGB, 오디오 출력(L/R), 프린터, 시리얼(RS-232C), 키보드, 마우스, 컨트롤 단자×2 | | |
| 전원 / 소비전력 | AC 100V (50/60Hz) / 약 27W | | |
| 외형 치수 | 360(가로) × 334(세로) × 80(높이) mm | | |
| 주요 동봉품 | IBM-DOS Ver J4.0/V (SEGA TERADRIVE용), 드라이버 디스크(사전설치), 컨트롤 패드×1, 전원 케이블 | | |

▲ 매뉴얼과 DOS는 일본 IBM의 순정품이라, 투박한 디자인이 인상적이다.

**FRONT VIEW**

**REAR VIEW**

**TOP VIEW**

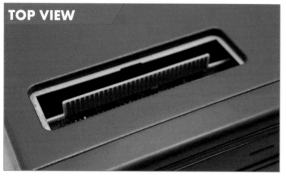

**KEYBOARD FRONT VIEW**

## 몇 세대 뒤처진 CPU가 치명적이었다

하드웨어 설계는 일본 IBM의 야마토 연구소가 맡아, 키보드나 마우스부터 구성품, 매뉴얼에 이르기까지 모두 일본 IBM 순정품으로 구성되었다. 본체 후면의 오른쪽 끝에는 'MOTHER BOARD SUPPLIED BY IBM'이라고 실크로 인쇄되어 있어, IBM의 작품이라는 자신감이 물씬 느껴진다.

본체 상판에는 메가 드라이브용 확장 슬롯이 마련되어 있고, 발매 당초에는 전용 CD-ROM 드라이브 '테라CD'의 발매도 발표했었다. 하지만 아쉽게도 이것은 결국 발매되지 못해, 이 슬롯 역시 사용되지 못한 채로 수명을 마쳤다.

테라 드라이브는 고가의 IBM 순정부품을 다수 채용했음에도 가급적 저가로 발매하는 것이 목표였으므로, PC 쪽 CPU에 구세대인 80286을 채택했다. 그 탓에 낮아진 기본 처리속도가 치명적인 단점이 되어, 열렬한 팬을 일부 확보한 반면 대부분의 PC 유저에게는 외면 받는 결과로 돌아왔다.

게다가 순정부품을 다량 사용한 역효과로, HDD는 당시 일반적이던 IDE 규격이 아니었던데다 ISA 버스의 설계 오류로 사운드 블래스터 카드를 설치할 수 없는 등, IBM PC의 최대 장점이어야 할 부품 범용화의 혜택을 전혀 누릴 수 없었던 점도 이 제품을 마이너 기종에 머무르게 만든 요인이라 하겠다.

## CATALOGUE

HARDWARE

1988's SOFT
1989's SOFT
1990's SOFT
1991's SOFT
1992's SOFT
1993's SOFT
1994's SOFT
1995's SOFT
1996's SOFT
OVERSEA SOFT

## 원래는 기내 서비스용 단말기였던 소형 메가 드라이브

# 메가 제트 MEGA JET

세가 엔터프라이지스  1993년 7월 1일(기내 서비스 개시) / 1994년 3월 10일(일반 판매 개시)  15,000엔

### ■ 기내 서비스 전용 메가 드라이브를 가지고 싶다!

메가 제트는 세가와 일본항공(JAL)이 공동 개발한 소형 메가 드라이브이다. 본래 일본항공의 국제선 기내 서비스용 단말기로서 개발된 기기로, 퍼스트 클래스 및 비즈니스 클래스 고객 중 희망자에게 기내 서비스의 일환으로 대여해주는 형태였다. 메가 제트가 투입된 1993년 당시는 기내 멀티미디어 단말기 자체가 진귀했던 시대라, 이미 아키텍처 자체가 성숙하여 염가화된 메가 드라이브는 기내용 단말기로 도입하기에 안성맞춤이기도 했다.

메가 제트가 서비스에 도입되었다는 기사가 여러 메가 드라이브 전문 잡지에 게재되자 메가 드라이브 팬들의 문의와 요청이 많아져, 다음 해에는 일반판매도 시작되었다. 또한 같은 시기에, 카 오디오 및 차량용 전장품 제작사인 알파인에서는 자동차용 시거 잭 케이블이 동봉된 OEM 제품도 발매했다. 이쪽은 정면의 'MD' 마크 인쇄가 알파인 로고로 바뀐 것 외에 하드웨어 자체는 완전히 동일하다.

### 메가 제트의 사양

| 형식번호 | HAA-2502 |
|---|---|
| CPU | MAIN : 68000 (7.67MHz), SUB : Z80A (3.58MHz) |
| 메모리 | RAM : 64KB (68000용) + 8KB (Z80용), VRAM : 64KB |
| 그래픽 | 512색 중 64색 동시발색 가능, 스프라이트 80개, 스크롤 2장 탑재 |
| 사운드 | FM 음원 6음 + PSG 3음 + 노이즈 1음 (FM 음원 중 1ch을 PCM으로 사용 가능) |
| 헤드폰 단자 | 1개 (미니 플러그로 헤드폰 탈착 가능) |
| 리셋 버튼 | 게임 재시작 기능 |
| 슬롯 | 1개 (카트리지 슬롯) |
| 전원 / 소비전력 | 전용 AC 어댑터 (DC 10V, EIAJ 규격) / 약 7W |
| 외형 치수 | 224(가로) × 94(세로) × 47.8(높이) mm |
| 부속품 | 모노럴 DIN 플러그 코드, AC 어댑터, 취급설명서 |

▲ 다른 메가 드라이브 제품과는 인상이 완전히 다른 메가 제트의 패키지 디자인.

## FRONT VIEW

## REAR VIEW

## TOP VIEW

## BOTTOM VIEW

## SIDE VIEW

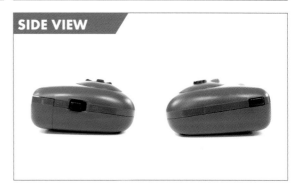

▲ 부피는 기존 대비 반절이긴 하나, 실제로 잡아 보면 제법 큼직한 인상을 준다.

HARDWARE

1988's SOFT

1989's SOFT

1990's SOFT

1991's SOFT

1992's SOFT

1993's SOFT

1994's SOFT

1995's SOFT

1996's SOFT

OVERSEA SOFT

## ■ 하드웨어는 메가 드라이브 2와 동등

하드웨어 측면에서는 부피가 1/2로 줄어든 것 외에는 메가 드라이브 2와 거의 동일해, 영상·음성을 출력하는 DIN 플러그 코드나 AC 어댑터도 메가 드라이브 2용을 공통으로 사용할 수 있다. 플레이어 1은 본체의 방향 키와 버튼으로 조작하며, 아랫면에 플레이어 2용 단자도 마련되어 있어 여기에 별매품인 컨트롤 패드를 접속하면 2인 동시 플레이를 즐길 수도 있다. 또한 메가 드라이브 2에서는 생략된 헤드폰 단자와 음량 볼륨이 남아있는 것도 소소한 장점이다.

ROM 카트리지 소프트는 기본적으로 그대로 동작이 가능하다. 하지만 슈퍼 32X는 본체 형태 상 단자가 접속되지 않으므로 호환되지 않는다. 다만 분해해서 단자를 밀어 올리는 개조 등을 가하면 슈퍼 32X의 구동 자체는 가능하다. 메가 CD 및 메가 CD 2의 접속은 확장 포트 자체가 본체 사이즈 문제로 생략되었으므로 불가능하다.

메가 제트의 제품 컨셉 중 독특한 점은 '소형이지만 휴대용은 아니다'라는 점인데, 기내에서 제공하려면 소형 경량이어야겠으나 외부로 반출 가능해서는 안 된다는 기내 서비스의 특수성을 고려한 것 때문이다. 이 제품에 일반 유저들이 기대한 것은 '휴대용 메가 드라이브'였을 텐데, 메가 제트는 액정화면도 배터리도 없었으니

이에 낙담한 유저가 제법 많지 않았을까. 형태가 형태이다 보니 휴대용으로 오인되기 쉬웠던 메가 제트는 '유저의 기대에 부응해 시판까지 되었는데도 결국 유저의 기대를 만족시켜주지 못한 제품'이라는 낙인이 찍혀버렸으니까 말이다. 실로 불운하기 이를 데 없는 제품이었다.

HARDWARE

1988's SOFT 1989's SOFT 1990's SOFT 1991's SOFT 1992's SOFT 1993's SOFT 1994's SOFT 1995's SOFT 1996's SOFT OVERSEA SOFT

## 진화하는 레이저디스크 플레이어와 메가 드라이브가 결합

# 레이저액티브 LASER ACTIVE

파이오니어  1993년 8월 20일  89,800엔 (별매품인 메가 LD 컨트롤 팩 39,000엔이 필요)

## 레이저액티브는 제품 명이 아니라 규격명

DVD가 등장하기 이전, 레이저디스크(이하 LD로 통칭)가 일본에서 영상 미디어의 대명사였던 1993년 여름에 파이오니어에서 이색적인 레이저디스크 플레이어가 발매되었다. '레이저액티브'라는 이름의 이 기기는, LD와 CD의 재생은 물론이고 별매되는 각종 팩을 장착하면 LD의 고화질을 살린 게임이나 노래방을 즐길 수 있다는 컨셉의 제품이었다.

본체 왼쪽 아래의 컨트롤 팩 슬롯에 대응되는 제품으로서 PC엔진 LD-ROM[2] 팩, 메가 LD 팩, 가라오케 팩 3종류가 별도로 발매되어, 이것을 설치하면 각각의 목적에 맞는 추가 기능이 부가된다는 점이 레이저액티브 최대의 특징이었다. 애석하게도 레이저액티브 규격 자체가 이 제품 하나로 끝나 버리고 후속 모델이 발매되지 않았기에 단순히 '게임도 즐길 수 있는 레이저디스크 플레이어' 정도로 인식되는 데 그쳤지만, 추가 팩을 계속 발매함에 따라 비디오 CD나 SACD(슈퍼 오디오 CD) 등의 차세대 광디스크 규격 재생도 가능해진다는 '진화하는 레이저디스크 플레이어'가 레이저액티브가 꿈꾸던 본래 모습이었다.

발매 시점에서도 PC엔진 팩과 메가 LD 팩 양쪽을 조합하면 무려 14종류의 광디스크를 지원하니, 이것만으로도 당시에 존재하던 대부분의 음성, 영상 포맷을 망라했다. 그야말로 '슈퍼 멀티 디스크 플레이어'라 부르기에 충분한 제품이었다.

### 레이저액티브 대응 컴퓨터블 레이저디스크 플레이어 사양

| | |
|---|---|
| 형식번호 | CLD-A100 |
| 본체 기능 | 레이저액티브 대응, 디지털 음성 포함 LD 대응, 디지털 영상 메모리, 픽처 스톱 캔슬 기능, 라스트 메모리 |
| 입출력 단자 | 비디오 출력×2, 오디오 출력(L/R)×2, 컨트롤 입력/출력, 광디지털 출력, VHF 어댑터 |
| 전원 / 소비전력 | AC 100V 50/60Hz, 40W |
| 외형 치수 | 420(가로) × 390.5(세로) × 145(높이) mm |
| 부속품 | 리모컨, AAA형 건전지×2, 오디오 코드, 비디오 코드, 취급설명서, 보증서, 서비스센터 안내지 |

### 메가 LD 컨트롤 팩 사양

| | |
|---|---|
| 형식번호 | PAC-S1 |
| 대응 소프트 | MEGA-LD(30cm, 20cm), MEGA-CD, ROM 카트리지(메가 드라이브용), LaserDisc(30cm, 20cm), CD VIDEO LD(TOC 포함 LD)(30cm, 20cm), Compact Disc(12cm, 8cm), CDV(CD VIDEO)(12cm), CD VIDEO SINGLE(12cm), CD-G(CD 그래픽스) |
| 입출력 단자 | 메가 드라이브 ROM 카트리지 단자, 컨트롤 패드 단자×2, 레이저액티브 단자 |
| 외형 치수 | 160(가로) × 253(세로) × 40(높이) mm |
| 부속품 | 컨트롤 패드×1, 취급설명서 |

## FRONT VIEW

## REAR VIEW

## MEGA-LD PAC FRONT VIEW

## CONTROL PAD FRONT VIEW

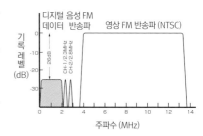

HARDWARE

1988's SOFT

1989's SOFT

1990's SOFT

1991's SOFT

1992's SOFT

1993's SOFT

1994's SOFT

1995's SOFT

1996's SOFT

OVERSEA SOFT

# 메가 CD보다
# 로딩이 빠르다

메가 LD와 LD-ROM²라는 규격으로 게임 프로그램을 기록한 LD 포맷을 실현한 것은 파이오니어가 개발한 LD-ROM이라는 기술 덕분이다.

일반적인 LD에는 FM 변조된 아날로그 영상 데이터 및 아날로그 음성 데이터+디지털 음성 데이터가 기록되지만, 규격 상 사용되지 않는 저주파 영역에 디지털 데이터를 기록하면 기존의 LD 기록시간을 유지하면서도 540MB 분량의 디지털 데이터를 추가할 수 있는 것이다.

1993년 시점에서는 MPEG 규격을 이용한 동영상 재생 기능은 아직 일반 보급되지 않았고, 메가 CD의 동영상 재생 기능은 동시 발색수가 적다는 커다란 단점이 있었기에, LD의 고화질 영상을 그대로 게임에서 활용할 수 있다는 컨셉 자체는 제법 괜찮은 선택지가 아니었을까.

또한, 메가 LD는 LD/CD 양대응 컴패터블 플레이어이므로 당연히 메가 CD 게임도 즐길 수 있다. 게다가 CD보다 무거운 LD를 회전시키기 위해 회전력이 강한 모터를 내장했으므로, 메가 CD보다 회전이 안정적이어서 에러 발생률이 낮다. 이 덕분에 메가 CD에 비해 평균 로딩 속도가 빠르다는 부수적인 장점이 있었다.

### 기록 신호 스펙트럼 개념도

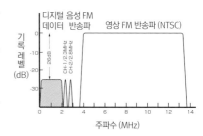

▲ LD-ROM의 기록 신호 이미지. 핑크색으로 표시된 2MHz 이하 영역에 디지털 데이터가 기록되어 있다.

CATALOGUE

HARDWARE

1988's SOFT | 1989's SOFT | 1990's SOFT | 1991's SOFT | 1992's SOFT | 1993's SOFT | 1994's SOFT | 1995's SOFT | 1996's SOFT | OVERSEA SOFT

## 메가 LD의 소프트웨어 매체

레이저액티브의 게임 소프트 미디어는 두말할 필요 없이 LD이다. 양 기종 모두 단면 LD 형태인데, 뒤집는 수고가 없도록 배려한 것으로 보인다(레이저액티브에는 양면 자동재생 기능이 없기 때문).

얼핏 게임 소프트처럼 보이지 않는 메가 LD용 소프트, 매뉴얼이 대체로 전단지 형식으로 구성되어 있다.

### 케이블 길이가 긴 동봉 패드

메가 LD 팩의 게임 쪽 기본 기능은 메가 드라이브+메가 CD와 기본적으로 동일하다. 컨트롤 패드도 메가 드라이브 2에 동봉된 파이팅 패드 6B에 파이오니어 로고가 인쇄된 OEM 제품이지만, 레이저디스크 플레이어가 보통 TV 근처에 설치되는 점을 고려해 순정품보다 케이블 길이가 50cm 길어진 2m가 되었다. 또한 넓은 거실도 커버할 수 있도록 연장 케이블도 액세서리로 추가되었다.

참고로, 본체 형태 때문에 컨트롤 패드 단자에 접속하는 것 외의 다른 메가 드라이브용 주변기기는 기본적으로 사용할 수가 없다. 또한 코드리스 패드 6B도 사용 불가능하므로 주의해야 한다.

### 전용 소프트 중에는 성인용도 있다

메가 LD 전용 소프트로는 총 24타이틀이 출시되었다. 하드웨어 발매사인 파이오니어와 소프트 부문 자회사인 파이오니어 LDC를 제외하면 게임 개발사보다는 영상물 제작사가 많아, 순수한 게임보다는 교육용이나 환경 비디오에 가까운 타이틀이 돋보였다.

게임 개발사로는 과거 아케이드용으로 내놓은 레이저 비디오 게임과 영상 어트랙션 등의 동영상 소재를 보유하고 있던 타이토가 적극적으로 소프트를 내놓았는데, 특히 「타임 걸」은 이미 메가 CD판을 냈음에도 불구하고 메가 LD판이 별도로 발매되었다. 「타임 걸」은 당시의 PC용으로 이식한 VHD나 LD판이 존재하기는 하나 이러한 플레이 환경을 구비하는 것 자체가 너무나 고비용이었기에, 고화질로 게임을 즐기려면 메가 LD판이 가장 최선일 지도 모르겠다.

또한, LD라는 매체의 특성 탓인지 가정용 게임기로서는 극히 드물게 성인용 타이틀이 존재하는 것도 레이저액티브의 특징이다. 「버추얼 카메라맨」, 「버추얼 카메라맨 2」, 「Dr. 파울로의 비장의 비디오」 3타이틀이 성인용 게임으로, 무려 (※1)소프륜 스티커가 붙어 있다. 당시에는 아직 (※2)CERO가 설립되지 않은 시절이긴 했으나, 소프륜 스티커가 붙은 가정용 게임 소프트는 그 자체로 매우 진귀한 사례다.

### 소프트를 게임 소매점에서 팔지 않는다

이렇게나 특이한 점이 많았던 레이저액티브는, 앞에서 쓴 대로 후속 모델이나 추가 확장팩이 더 발매되지 않은 채 단 한 모델로 상품의 수명이 끝나버렸다. 레이저액티브 자체는 어디까지나 LD 플레이어일 뿐으로, 메가

▲ 레이저액티브의 기동화면. CD와 LD 트레이가 별개인 구조이므로, 각각 별도로 오픈 버튼이 있다.

LD를 즐기려면 39,000엔이나 하는 메가 LD 컨트롤 팩의 구입이 필수이다. 일반적인 LD/CD 플레이어로 쓸 수 있다고는 해도, 13만 엔에 달하는 초기 투자액이 게임기로는 지나친 고가라는 인상을 지울 수 없는데다, 소프트 라인업의 태반이 인터랙티브 요소가 있는 영상물 소프트에 지나지 않아, 그만한 고액이 아깝지 않을 '게임'이 너무도 적다는 것이 크나큰 약점이었다.

또한 LD는 게임 소프트 매체로서는 아무래도 취급이 불편해, 레이저액티브 본체와 소프트를 막론하고 판매해주는 게임 소매점이 거의 없었다. 소프트를 사려도 LD 판매점 한구석에 불과 몇 장 방치되어 있는 등, 당시에도 보급이 어려웠던 기기였던 점은 부정할 수 없는 사실이었다.

LD 영상의 재생속도를 조절하여 스피드 가변을 구현했던 레이싱 게임 「로켓 코스터」처럼 새로운 가능성을 보여준 소프트도 있었기에, 좀 더 널리 알려졌더라면 하는 실로 안타까운 기기다.

---

(역주※1) 일본의 성인용 PC 게임 및 소프트웨어 업계 자율심의단체인 '일반사단법인 컴퓨터 소프트웨어 윤리기구'의 약칭. 정규 시판되는 성인용 PC 게임은 이 단체의 심의를 받은 후 은색 스티커를 패키지에 붙여 성인용임을 명시한다.

(역주※2) '컴퓨터 엔터테인먼트 심의기구'의 약칭으로, 일본 게임업계의 자율심의 등급제 시스템. 심의를 통과해야 일반 판매가 가능하다. 2002년 설립.

## 메가 드라이브와 메가 CD를 즐길 수 있는 진기한 카세트라디오

# CSD-GM1 CSD-GM1

아이와 1994년 9월 45,000엔

## ▌TV와 연결하여 즐기는 게임 + CD-G

가전회사인 아이와에서 발매된 CSD-GM1은 메가 드라이브와 CD 카세트라디오가 결합된 상당히 진기한 제품이다. 스펙 자체는 메가 드라이브 2+메가 CD 2 기준으로, 영상 케이블 도 메가 드라이브 2와 동일한 것이 동 봉되어 있다.

컨트롤 패드만은 왜인지 초기 3버 튼 형이 채용되었는데, '스타트'와 '트 리거' 표기가 영어가 아닌 일본어로 된 점이 인상적이다.

아이와는 어디까지나 이 기기를 'CD 그래픽스로 간편하게 노래방 기 능을 즐기는 CD 카세트라디오'라는 컨셉으로 팔려 했던 듯해, 메가 드라이 브 기능은 이 과정에서 추가된 부가기 능 정도였던 것으로 보인다.

▲ 위에서 보면 의외로 두툼해 보이는 본체. 메가 CD 로 고와 함께 CD 그래픽스 문자도 보인다.

### CSD-GM1의 사양

| 형식번호 | CSD-GM1 |
|---|---|
| CPU | MAIN : 68000(7.67MHz) + 68000(12.5MHz), SUB : Z80A (3.58MHz) |
| 메모리 | RAM : 64KB (68000용) + 8KB (Z80용), 6Mbit(프로그램, 픽처 데이터, 사운드 데이터), 512Kbit(PCM 파형용 메모리), 128Kbit(CD-ROM 데이터 캐시 메모리), 64Kbit(백업 메모리)<br>VRAM : 64KB |
| 그래픽 | 512색 중 64색 동시 발색 가능, 스프라이트 80개, 스크롤 2장 탑재 |
| 사운드 | FM 음원 6음 + PSG 3음 + 노이즈 1음 (FM 음원 중 1ch을 PCM으로 사용 가능)<br>PCM 음원 스테레오 8채널 (샘플링 주파수 최대 32KHz) |
| 컨트롤 단자 | 2개 (컨트롤 패드 등 탈착 가능) |
| 리셋 버튼 | 게임 재시작 기능 |
| 슬롯 | 1개 (카트리지 슬롯) |
| 전원 / 소비전력 | 전용 AC 어댑터 (DC 12V), C형 건전지 8개 / 20W |
| 외형 치수 | 266(가로) × 237(세로) × 202(높이) mm |
| 부속품 | 컨트롤 패드×1, DIN 플러그 코드, AC 어댑터, 취급설명서 |

HARDWARE
1988's SOFT
1989's SOFT
1990's SOFT
1991's SOFT
1992's SOFT
1993's SOFT
1994's SOFT
1995's SOFT
1996's SOFT
OVERSEA SOFT

HARDWARE

1988's SOFT
1989's SOFT
1990's SOFT
1991's SOFT
1992's SOFT
1993's SOFT
1994's SOFT
1995's SOFT
1996's SOFT
OVERSEA SOFT

메가 드라이브를 32비트화한 업그레이드 부스터

# 슈퍼 32X SUPER 32X

세가 엔터프라이지스 1994년 12월 3일 16,800엔

## PS와 발매일이 같은 비운의 기기

슈퍼 32X는 메가 드라이브 및 메가 드라이브 2에 장착하여 성능을 향상 시켜주는 업그레이드 부스터이다. 테라 드라이브, 메가 제트, 레이저액티브, CSD-GM1에는 본체 형태가 맞지

않아 장착되지 않지만, 원더 메가는 유료 개조 서비스를 받으면 장착할 수 있었다(34p 참조). 특히 메가 드라이브의 가동률이 높았던 북미 시장의 요청으로 발매된 기기이지만, 일본에서는 발매 2주일 전에 이미 세가 새턴이 발매되었기에 유저들의 혼란을 초래하는 결과를 낳았다.

소프트 개발사들도 차세대 게임기라 불렸던 플레이스테이션과 세가 새턴 등의 32비트 CD-ROM 게임기에 개발력을 집중하던 시기였으므로, 슈퍼 32X는 소프트 부족에 시달리게 된다. 「스페이스 해리어」, 「애프터 버너 컴플리트」 등 슈퍼 32X의 능력을 보여준 타이틀도 분명 있었지만, 같은 시

### 슈퍼 32X의 사양

| 형식번호 | HMA-0001 |
| --- | --- |
| CPU | SH2(23MHz)×2 |
| 메모리 | RAM : 2Mbit, VRAM : 2Mbit |
| 그래픽 | 디스플레이　　：가정용 TV<br>컬러　　　　：32,768색<br>영상출력　　：VIDEO(동봉된 모노럴 DIN 플러그 코드 사용) / RGB / RF(별매품인 메가 드라이브 2 전용 RF 유니트를 통해 TV의 ch1 혹은 ch2로 출력) |
| 사운드 | PWM 음원 |
| 슬롯 | 카트리지 슬롯 |
| 전원/소비전력 | 전용 AC 어댑터 DC 10V / 약 4W |
| 외형 치수 | 115(가로) × 210(세로) × 100(높이) mm |
| 부속품 | AC 어댑터, 취급설명서, 메가 드라이브 접속 케이블, 메가 드라이브 2 접속 케이블, 메가 드라이브 2용 스페이서, 모노럴 DIN 플러그 코드 |

▲ 박스는 이미지 컬러인 노랑색 바탕. 검은색으로 그러데 이션을 주어 메가 드라이브의 주변기기임을 어필했다.

## FRONT VIEW

## REAR VIEW

## TOP VIEW

HARDWARE

1988's SOFT

1989's SOFT

1990's SOFT

1991's SOFT

1992's SOFT

1993's SOFT

1994's SOFT

1995's SOFT

1996's SOFT

OVERSEA SOFT

기의 차세대 게임기들과는 표현력 격차가 분명했으므로 슈퍼 32X는 발매 초기부터 고전했다. 그 탓에 전용 소프트 수는 일본 기준으로 총 18타이틀에 불과해, 메가 드라이브 자체보다도 일찍 상품 수명을 마감하고 말았다.

### 그래픽은 전부 소프트웨어로 구현

슈퍼 32X는 세가 새턴과 동일한 히타치의 32비트 CPU인 SH2 2개에 그래픽은 32,768색, 사운드는 PWM 음원을 2채널 탑재하고 있다.

BG 매수와 스프라이트 수 등의 세부 사양은 공개되지 않았는데, 이는 CPU가 직접 영상을 그리는 프레임 버퍼 방식으로 화면을 표시하기 때문으로, 표시 매수는 1프레임(1/60초) 당 처리수에 의존한다. 뒤집어 말하면 1 프레임 내에 처리만 가능하다면 스프라이트든 BG든 얼마든지 표시할 수 있다는 의미이기도 해, 메가 드라이브

만으로는 역부족이었던 회전 확대축소 등의 화면 연출도 비교적 용이하게 실현할 수 있다.

CPU의 연산 한도 내려면 폴리곤까지도 표현이 가능해, 실제로 「스타워즈 아케이드」, 「스텔라 어설트」, 「버추어 파이터」 등 폴리곤을 쓴 게임도 다수 발매가 되었다. 다만 지오메트리 연산이나 텍스처 매핑 등 3D 표현에 특화된 하드웨어가 탑재된 건 아니라서 전부 CPU에서 처리해야 하기에, 개발하는 프로그래머 쪽이 그에 상응하는 프로그래밍 실력을 발휘해야 하는 기기라 할 수 있다.

슈퍼 32X 뒷면에는 메가 드라이브에서 나오는 영상 입력을 받기 위한 단자가 있어, 메가 드라이브의 영상을 슈퍼 32X가 생성하는 영상의 앞 또는 뒤(프로그램 내에서 설정)에 합성하여

출력할 수 있다. 슈퍼 32X에 메가 드라이브용 ROM 카트리지를 꽂았을 경우엔 슈퍼 32X의 영상출력이 작동하지 않고, 메가 드라이브의 영상을 그대로(thru-pass) 표시한다.

사운드 면에서는 메가 드라이브의 FM/PSG 음원과 슈퍼 32X의 PWM 음원이 믹싱되어 메가 드라이브 본체의 헤드폰 단자 및 DIN 플러그 단자를 통해 출력되므로, 메가 CD처럼 믹싱을 위해 별도의 케이블로 우회할 필요는 없다.

## 메가 드라이브 및 메가 드라이브 2와의 장착 이미지

슈퍼 32X는 메가 드라이브의 ROM 카트리지 슬롯에 장착한다. 메가 CD까지 결합시키면 높이가 한층 높아지기에, 일본에선 '메가 드라이브 타워'라는 별칭으로도 불렸다.

▲ 메가 드라이브 2와 결합할 때는 안정성 확보를 위해 전용 스페이서를 사용한다.

HARDWARE

1988's SOFT  1989's SOFT  1990's SOFT  1991's SOFT  1992's SOFT  1993's SOFT  1994's SOFT  1995's SOFT  1996's SOFT  OVERSEA SOFT

## 슈퍼 32X의 소프트웨어 매체

슈퍼 32X의 ROM 카트리지는 디자인을 리뉴얼하고, 기존 메가 드라이브의 카트리지 슬롯에 착오로 삽입하는 사고를 막기 위해 카트리지 자체의 가로 폭을 늘렸다. 단자 부분의 치수와 단자 편수는 기존 카트리지와 동일하다.

▲ 단자 핀수는 동일하지만 카트리지 자체의 가로 폭이 넓어진 슈퍼 32X용 카트리지.

### ■ 32X 발매에 맞춰 통일된 디자인을 도입

슈퍼 32X용 소프트는 '슈퍼 32X 카트리지'라는 전용 ROM 카트리지로 공급되었다. 패키지는 미국의 제네시스(GENESIS)용 소프트처럼 종이 케이스로 변경하고, 왼쪽에 슈퍼 32X 로고를 넣은 노란색 띠를 추가했다. 또한 같은 시기부터 메가 드라이브와 게임 기어, 세가 새턴에도 마찬가지로 색띠 디자인을 도입하여, 대응 기종 판별이 쉽도록 일관된 디자인 규칙으로 정비했다. 참고로 띠의 컬러링은 메가 드라이브가 청색, 게임 기어가 적색, 세가 새턴은 황금색이다.

ROM 카트리지는 메가 드라이브보다 가로폭 치수가 조금 늘어났다. 이는 기존 메가 드라이브에 착오로 꽂지 않도록 하는 배려로, 단자의 치수와 핀수는 동일하다. 반대로 슈퍼 32X에 메가 드라이브용 ROM 카트리지를 꽂는 것은 가능하며, 이 경우 그대로 메가 드라이브로 구동된다. 굳이 슈퍼 32X를 분리하지 않아도 메가 드라이브 게임을 즐길 수 있는 것이다.

### ■ CD-ROM 소프트를 발매할 계획도 있었다

애석하게도 일본에서는 발매되지 않았지만, 당초 계획상으로는 ROM 카트리지 외에 '슈퍼 32X CD'라는 CD-ROM 매체 소프트의 공급도 예정되어 있었다(슈퍼 32X의 취급설명서상에도, 전용 소프트 중 하나로 '슈퍼 32X CD'가 언급되어 있다).

일본에서는 앞서 서술한 이유로 서드파티 소프트가 제대로 발매되지 않았기에 결국 실현되지 못했지만, 서양에서는 미확인 소프트를 포함해 7종의 슈퍼 32X용 CD-ROM 타이틀이 발매되었다.

# 메가 드라이브
# 아키텍처의 발전형

메가 드라이브의 아키텍처는 세가가 내놓은 다른 제품들에도 폭넓게 활용되었다.
아래에는 그러한 메가 드라이브의 발전 사례로서 두 제품을 소개한다.

HARDWARE

1988's SOFT
1989's SOFT
1990's SOFT
1991's SOFT
1992's SOFT
1993's SOFT
1994's SOFT
1995's SOFT
1996's SOFT
OVERSEA SOFT

## 세가 시스템 C  SEGA SYSTEM-C

세가 엔터프라이지스 1990년

원래 메가 드라이브는 아케이드 게임 이식을 염두에 두고 개발되었지만, 정반대로 이를 아케이드 기판으로 활용한 사례가 세가 시스템 C이다(후속 기판인 세가 시스템 C2도 있다). 일반적인 아케이드 기판에 비해 압도적으로 낮은 단가로 만들 수 있는 데다 메가 드라이브 게임을 용이하게 이식할 수 있었으므로, 그다지 스펙이 높을 필요가 없는 「컬럼스」나 「뿌요뿌요」 등의 퍼즐 게임 중심으로 사용되었다. 역으로 「썬더 포스 AC」처럼, 메가 드라이브에서 아케이드로 역이식된 사례도 있었다.

## 키즈 컴퓨터 피코  KIDS COMPUTER PICO

세가 엔터프라이지스 1994년 12월 3일 16,800엔

키즈 컴퓨터 피코는 에듀테인먼트(교육+놀이) 분야가 각광받던 1994년, 세가가 시장에 투입한 지육(知育)완구이다.
메가 드라이브의 아키텍처를 재활용하는 형태로 개발되어, 그림책 형태의 카트리지를 직접 터치한다는 직감적인 조작을 도입해 히트 상품이 되었다. Z80A와 FM 음원은 생략되고, 그 대신 ADPCM을 탑재하여 게임 캐릭터들의 목소리가 나온다. 보조 입력장치로는 아랫면에 버튼 5개와 태블릿 1장이 내장되어, 소프트에 따라 그림 그리기 기능 등에 활용되었다.
소프트는 세가 외의 타사에서도 발매되어, 캐릭터 판권을 다수 보유한 반다이를 시작으로 오분샤와 쇼가쿠칸 등 대형 출판사도 참여해 자사의 강점을 살린 소프트를 여럿 출시했다.

▲ 카트리지 겉면에 붙은 그림책은 펼칠 수 있어, 책 안의 그림을 직접 펜으로 터치하여 선택하는 시스템이다.

▲ 그림책을 터치하면 그에 따른 반응이 기기를 연결한 TV 화면상에 반영된다.

▲ 피코 본체(사진 왼쪽)과 전용 소프트 및 주변기기. 노래방을 즐기는 「피코카라」, 키보드 타자연습이 가능한 「키보드 피코」 등, 단순 교육용 소프트 외에도 여러 제품이 발매되었다.

HARDWARE

1988's SOFT | 1989's SOFT | 1990's SOFT | 1991's SOFT | 1992's SOFT | 1993's SOFT | 1994's SOFT | 1995's SOFT | 1996's SOFT | OVERSEA SOFT

# 세계 각국에 발매되었던 메가 드라이브

메가 드라이브는 세계 각지에 발매되면서 국가별 사정에 따라 다양한 형태·모델로 전개되었다. 특히 일본 외 국가에서는 각국의 유력 디스트리뷰터(판매대리점)를 경유해 출시한 경우가 많아, 단순한 세가 브랜드로의 판매위탁부터 시작해 제조방식이나 제품명까지 현지 회사에 맡기는 라이선스 판매에 이르기까지 실로 다양했다. 메가 드라이브 기반의 독자적인 파생

게임기도 다수 발매되었으니, 이 점만으로도 메가 드라이브가 얼마나 세계인들에게 사랑을 받았는지 알 수 있다.

하드웨어 외관은 설계 단계부터 세계 공통의 유니버설 디자인을 지향했으므로 세부적인 차이를 제외하면 기본적으로는 동일하지만, 기기 내부적으로는 방송방식에 따라 'NTSC방식'과 'PAL방식' 두 종류가 존재한다. 일본, 미국, 한국은 NTSC방식이지만 그

외의 나라는 PAL방식이다(엄밀히 따지면, PAL방식 내에도 여러 종류가 있다).

또한, 지면의 한계로 여기에선 생략하였으나 호주 지역에도 오스트레일리아판 메가 드라이브라는 것이 있어, 유럽 PAL판과 동일 구조인 제품이 그대로 유통되었다.

## 북미 지역 NORTH AMERICA AREA

북미의 메가 드라이브는 '제네시스', 메가 CD는 '세가 CD'라는 상품명으로 발매되었고, 1990년대에는 SNES(슈퍼 패미컴)와 함께 가장 대중적인 가정용 게임기 중 하나였다.

'제네시스'(GENESIS)라는 상품명 외에 가장 먼저 눈에 띄는 일본판과의 차이점은, 황금빛 '16-BIT' 문자가 약간 작아지고 RESET 버튼의 성형색이 백색으로 바뀌었다는 것이다. 방송방식은 일본과 같은 NTSC방식이지만, ROM 카트리지 형태가 일본과 다르고 내부에 지역제한을 위한 프로텍트가 걸려 있는 등의 이유로, 프로텍트가 걸리지 않은 일부 소프트

를 제외하고는 기본적으로 일본판 카트리지를 구동할 수 없다.

북미는 메가 드라이브 시장의 주요 격전장이었기에 출시된 모델도 많고, 일본에서는 시장이 작아 발매가 취

소되었던 제네시스 32X(슈퍼 32X)용 CD-ROM 소프트도 북미에서만큼은 발매되었다.

## 세계 각국의 파생형 메가 드라이브

본문에서도 언급한 대로, 메가 드라이브는 아래에 소개한 것 외에도 다양한 파생 기기들이 존재한다. 대부분 여러 소프트가 합본 내장된 형태로서, 개중엔 Arcade Legends처럼 세가 토이즈를 통해 일본에까지 발매되기도 했다.

**MD Play**

**GENESIS GENcore**

**Arcade Legends Street Fighter II' Special Champion Edition**

**MEGADRIVE Classic Game Console**

**Arcade Legends OUTRUN 2019**

**GENESIS Flashback**

### GENESIS(2nd)

### GENESIS+SEGA CD2

### GENESIS3

북미에서만 발매된 소형 염가 모델. 회로 간략화로 인해 32X와 일부 소프트가 구동되지 않는 등, 다소 호환성에 문제가 있었다.

### X'eye

37p에서 소개했던 빅터판 원더 메가 M2의 북미판 모델. 동봉 컨트롤 패드가 무선형이 아니며, 본체 전면의 적외선 수광부에 컨트롤 단자가 2개 있다.

### SEGA CDX

기기 하나로 ROM 카트리지와 CD-ROM 소프트 전부를 즐길 수 있는 휴대용 모델. 일본에서는 발매되지 않았지만, '에듀케이션 기어'라는 이름으로 소량 유통되었다.

### SEGA NOMAD

액정 모니터를 내장하고 건전지로 구동되는, 진정한 의미로 휴대용 게임기가 된 제네시스. 북미에서만 판매되었다.

HARDWARE

1988's SOFT | 1989's SOFT | 1990's SOFT | 1991's SOFT | 1992's SOFT | 1993's SOFT | 1994's SOFT | 1995's SOFT | 1996's SOFT | OVERSEA SOFT

# 유럽 지역 EUROPE AREA

유럽에서는 서유럽 각국을 중심으로, 확인된 것만으로도 8개 국가에서 발매되었다. 영상규격은 PAL로, 같은 PAL방식을 채용한 비 유럽권 나라들에서도 이 유럽판 메가 드라이브가 그대로 통용되었다.

프랑스의 경우 PAL과도 또 다른 SECAM이라는 독자적인 방송방식이었으나, 프랑스에서 발매된 메가 드라이브는 SECAM방식의 TV에 접속하는 변환 케이블(SCART 단자용)을 동봉하여 이에 대응시켰다.

## MEGA DRIVE+MEGA-CD

## MEGA DRIVE2+MEGA-CD2

## MULTI MEGA

북미에서 발매된 GENESIS CDX의 유럽판.

## Amstrad MegaPC

영국의 PC 제작사인 암스트라드 사가 발매한, 테라 드라이브(38p)와 자주 비교되는 컨셉의 제품. 하지만 PC와 메가 드라이브는 내부적으로 분리되어, 동시에 사용할 수 없는 구조다. PC 쪽 CPU에 Intel 386SX를 채용한 IBM PC 호환기종.

## ADVERTISING

# 남미 지역 SOUTH AMERICA AREA

남미의 경우 멕시코와 브라질에 메가 드라이브가 발매되었고, 멕시코에서는 북미와 동일한 '제네시스' 이름으로 출시되었다(성능과 디자인도 북미판과 동일).
브라질에서는 현지의 완구 제조사인 텍토이 사가 대리점이 되어 '메가 드라이브' 이름으로 사업을 전개했다. 또한, 브라질 현지 생산에 의한 라이선스 방식으로, 21세기인 현재까지도 신제품이 독자적인 상품 전개로서 꾸준히 발매되고 있다(상세한 정보는 177p에서 해설).

## MEGA DRIVE3(2007)

본체 내에 81종의 게임이 내장된 메가 드라이브. ROM 카트리지 슬롯 부분이 폐쇄되어 있으므로 내장된 게임만 플레이할 수 있다.

## MEGA DRIVE3(2008)

본체 내에 87종의 게임 + 일렉트로닉 아츠가 제공한 4종의 모바일 게임이 내장된 모델. ROM 카트리지 슬롯은 없다.

## MEGA DRIVE4 Guitar Idol

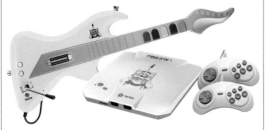

본체 내에 87종의 게임 내장 + 음악 게임 전용 기타 컨트롤러가 동봉된 모델. SD 카드 슬롯이 있어, 좋아하는 음악을 BGM 삼아 플레이할 수도 있다.

## MEGA DRIVE(2017)

2017년 발매된 최신판 메가 드라이브. 확장단자가 전부 삭제되어, 메가 CD를 비롯해 대부분의 주변기기는 연결되지 않는다.

## ADVERTISING

Chegou Mega Drive, o videogame ma is poderoso do Universo.

# 아시아 지역 ASIA AREA

아시아의 경우 홍콩, 대만, 한국, 싱가포르, 인도 등에서 판매가 되었고, 한국 외에는 '메가 드라이브' 이름으로 PAL판이 발매되었다(디자인은 일본판과 동일). 한국에서는 삼성전자가 판매대리점이 되어, '수퍼겜보이'라는 상품명으로 사업을 전개했다. 한국의 방송방식은 NTSC이므로, 하드웨어는 일본판과 완전히 동일하며 본체 배색도 똑같다.
삼성전자는 패키지와 상품명만을 변경한 '수퍼알라딘보이'라는 별도 상품도 병행하여 판매했다.

## Super AladdinBoyII

## Super GamBoy

삼성전자에서 판매된 두 종류의 한국판 메가 드라이브 중 하나. 하드웨어 사양은 완전히 동일하다.

## CD-AladdinBoy

## Super AladdinBoy+CD-AladdinBoyII

## ADVERTISING

# Chapter 2
# 메가 드라이브
# 일본 소프트 올 카탈로그

MEGA DRIVE JAPANESE SOFTWARE ALL CATALOGUE

## 해설 메가 드라이브의 소프트 이야기
### COMMENTARY OF MEGA DRIVE #2

## 소프트 투입 난항으로 고생했던 초기 1년간

메가 드라이브가 처음 발매된 1988년에 출시된 소프트는 런칭 타이틀을 포함해도 4종뿐. 게다가 발매 이후 1년간이나, 유저는 애가 타는데 소프트는 원활히 발매되지 않는 소프트 가뭄 상황이 지속된다. 세가는 마크 Ⅲ / 마스터 시스템 때까지는 서드파티 제도가 없었을 정도로, 자사 브랜드만으로도 소프트 공급 체제를 유지할 수 있을 만큼 기본적인 개발력이 있었다. 그런데도 어째서 이러한 상황에 빠져버린 것일까?

가장 큰 이유로 꼽는 것은, 메가 드라이브에 기존의 세가 가정용 게임기와는 전혀 다른 아키텍처가 채용되었다는 점이다. 세가의 CS(가정용) 개발부는 첫 가정용 게임기였던 SG-1000부터 마스터 시스템에 이르기까지 CPU로 일관되게 8비트 칩인 Z80을 사용했다. VDP 역시, 마크 Ⅲ 이후 성능이 강화되긴 했지만 TMS9918 칩 기반이었다. 즉 '자사가 능숙하게 개발할 수 있는 하드웨어' 구성을 오랫동안 유지해왔던 것이다.

그런 반면 메가 드라이브는 완전 신규 설계이고, 심지어는 당시의 아케이드 기판과 동등한 성능이며 특정 부분은 능가하기까지 하는 수준의 기기였다. 유저에게는 그야말로 오랫동안 기다려온 게임이였겠지만, 개발 측에서 보면 하드웨어에 능숙해지기 위한 기초 단계부터 다시 밟아 올라가야만 했을 테니, 개발 현장의 고충이 얼마나 컸을지는 쉽게 상상할 수 있으리라.

또 하나의 큰 요인은, 신규 설계임에도 불구하고 개발환경이나 매뉴얼 등의 정비가 늦었다는 점이다. 신규 하드웨어를 출시할 때 런칭 시점부터 소프트 라인업이 충실하려면, 개발사에 편리한 개발환경과 매뉴얼, 실무에 적용 가능한 샘플 프로그램이 충분히 제공되어야 함이 상식이다. 하지만 이전까지 서드파티 제도를 운영해본 적이 없었던 세가에게, 처음 만져보는 하드웨어의 개발에 필요한 매뉴얼 준비라는 건 경험해본 적이 없는 분야였다.

아무리 아케이드 기판과 동등한 성능을 지닌 메가 드라이브라 한들, 실제 소프트 개발은 아케이드 게임의 개발 팀이 아니라 가정용 게임을 전담해온 팀이 맡는다. 지금이야 아케이드와 가정용의 경계가 완전히 사라져 상호간

에 소스 코드를 유용하는 일이 흔해졌지만, 이 당시만 해도 어셈블리로 프로그래밍하는 일이 당연시되던 시대였다. 기초부터 완전히 다른 작업이나 다름없었으니, 이런 상황에서 시행착오를 하며 발매 가능한 단계까지 어찌어찌 도달해갔다는 건 오히려 경탄해야 마땅한 일일지도 모른다.

또한, 아케이드 게임과 가정용 게임 사이에 커다란 격차가 있었던 그 당시에 아케이드와 동등한 성능을 이룩했던 메가 드라이브를 상징하는 화제가 하나 있다. 「아웃런」과 「스페이스 해리어」 등의 대히트 아케이드 게임을 개발해온 세가의 간판 팀, 제2 AM연구개발부(약칭 AM2연)가 개발을 맡은 오리지널 RPG 「버밀리온」의 존재다. 당시 AM2연 브랜드의 위광은 눈부셨기에, 발표 시에는 커다란 기대를 모은 타이틀이었다. 실제로 발매된 게임의 평가는 '게임으로서의 깊이가 부족하다', 'RPG가 아니라 액션이나 슈팅을 냈어야 했다' 등의 이유로 그다지 높지 못하지만, 불과 1년 정도의 개발기간으로 완성해낸 것만큼은 68000 기반으로 아케이드 게임을 다수 개발해

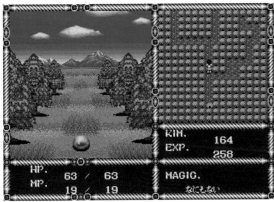

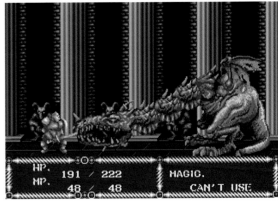

▲ AM2연의 이름을 전면에 내걸어 출시 전에 기대가 컸던 [버밀리온]. 아쉽게도 평가가 기대치를 만족시키진 못했지만, 아케이드와 가정용 상호개발의 귀중한 일례가 되었다.

온 노하우가 투입되었기 때문이라 하
겠다.

## 개발사에 따라 온도차가 컸던 메가 드라이브 서드파티

이전까지의 세가 단독 발매 체제라
는 방침을 전환해 서드파티 제를 도입
한 경위는 앞서 서술한 대로이지만, 세
가가 기대했던 남코, 타이토, 코나미
등 대형 아케이드 게임 개발사의 본격
적인 참여는 1990년에야 이루어진다.
세가가 처음 시도하는 서드파티 제에
대한 회의적인 전망 때문이었는지, 흥
미를 보이면서도 멀찍이 관망하며 상
황을 지켜보는 데 그쳤던 것이다.

이렇다보니 초기부터 뛰어든 개발
사들은 테크노 소프트, 아스믹, 마이
크로네트, 시그마 상사, 선 소프트……
등 중소 회사 일색으로, 실례를 무릅쓰
고 표현하자면 '팥앙금 없는 찐빵'이었
다. 이중에서도 압도적으로 지명도가
낮았고 가정용 게임 발매 경험조차 없
던 PC 소프트 전문 개발사 테크노 소
프트의 「썬더 포스 Ⅱ MD」가, 찬란한
메가 드라이브 서드파티 소프트 제 1
탄의 영예를 안았다. 여기에는 X68000
판 「썬더 포스 Ⅱ」의 개발로 얻은 기술
적 밑바탕이 있었다.

샤프의 PC인 X68000은 CPU가 메가
드라이브와 동일한 68000이었고 강력
한 그래픽과 사운드, 스프라이트 기능
덕에 고수준의 아케이드 게임 이식이
가능할 만큼의 성능을 보유한데다, PC

였기에 누구라도 자유롭게 소프트를
개발할 수 있었다. 「썬더 포스 Ⅱ」는
그런 X68000의 스펙을 살린 슈팅 게
임으로, 비교적 아키텍처가 유사한 편
이었기에 메가 드라이브로의 이식이
수월했다고 할 수 있다.

가정용 게임기의 개발에는 고액의
초기투자와 로열티가 필요했기에, 아
케이드 게임을 방불케 하는 소프트
를 염가에 개발할 수 있는 X68000쪽
에서 활약해왔던 소프트 개발사들부
터 메가 드라이브에 주목하기 시작했
다. X68000용 소프트를 다수 발매해
68000 기반 개발에 익숙했던 울프 팀,
전파신문사 등의 개발사들이 초기의
메가 드라이브에 힘이 되었다. 특히 테
크노 소프트, 울프 팀 두 회사는 메가
드라이브 개발을 기점으로 가정용 게
임 소프트 개발사로 전환해, 소프트 개
발의 주축을 PC에서 가정용 중심으로
바꾸게 되었다.

이렇게 서드파티가 늘어나자 드디
어 세가와 유저들이 절실히 바라던 아
케이드계 개발사들의 참여 발표가 잇
달아, 자사 브랜드로 메가 드라이브 타
이틀을 발매하기에 이르렀다. 하지만
남코나 타이토 등의 대형 아케이드 게
임 개발사는 PC엔진으로는 인기 타이

틀을 차례차례 이식해 화려한 주목을
받았던 반면, 메가 드라이브로는 「라
스틴 사가 Ⅱ」, 「루나크」, 「데인저러스
시드」 등 지명도가 떨어지는 작품을
이식하거나 가정용 오리지널 작품을
내는 경우가 많아, 제대로 발을 담그
고 승부한다고는 보기 어려웠다. 물론
「다라이어스 Ⅱ」와 「스타블레이드」 등
의 뛰어난 이식작도 존재했지만, 전체
적인 인상으로는 '간만 보는 느낌을 떨
칠 수 없는' 라인업이었다 하겠다.

그 반면, 메가 드라이브에 주력한
중견급 아케이드계 개발사도 있었다.
「체르노브」와 「쿠가 -VAPOR TRAIL-」
의 데이터 이스트, 「에어로 블래스터
즈」의 카네코, 「우주전함 고모라」의
UPL, 「슬랩 파이트 MD」와 「브이 파이
브」의 토아플랜 등이, 다른 가정용 게
임기로는 이식되지 않았던 뜨거운 라
인업으로 팬들을 기쁘게 했다.

▲ 메가 드라이브 서드파티의 버팀목이 된 테크노 소프트의 [썬더 포스 Ⅱ].

▲ 아케이드판에서 크게 변모했음에도 평가가 높은 데이터 이스트의 [체르노브].

HARDWARE | 1988's SOFT | 1989's SOFT | 1990's SOFT | 1991's SOFT | 1992's SOFT | 1993's SOFT | 1994's SOFT | 1995's SOFT | 1996's SOFT | OVERSEA SOFT

## 서양 서드파티 소프트의 비중이 늘어난 중기 이후

출시 당초의 메가 드라이브는 '아케이드 게임의 이식작 전용기'란 이미지가 강했지만, 1992년경부터는 서양에서 개발된 히트 타이틀이 일본 시장에 데뷔하는 창구가 되었다.

서양 게임들은 소개 초기에는 '버터 냄새가 난다', '손맛이 없고 밋밋하다' 등등 유저들의 평가가 박했던 경우가 많았지만, 쉽게 발상해내지 못할 독특한 매력을 갖춘 게임이 점차 증가해, 이 시기부터는 이른바 '서양 게임'의 매력에 눈뜬 게임 팬도 늘어나게 된다.

특히 서양에서는 스포츠 게임의 인기가 절대적이어서, T&E 소프트의 「머나먼 오거스타」나 「열혈고교 피구부 축구 편 MD」 등 극히 일부 소프트를 제외하면 스포츠 게임 장르는 서양 작품의 비중이 압도적일 정도가 되었다.

또한 메가 드라이브 말기에는 일본 서드파티 대부분이 메가 드라이브 개발에서 철수해, 1995년경부터는 세가를 제외하면 어클레임 등의 서양 개발사 라인업 일색이 되었다.

---

## 이 책에 게재된 카탈로그의 범례

**슈퍼 대전략**
세가　1989년 4월 29일　6,800엔　4M ROM

X=19　Y=32　BLUE　　S 46000 K 4400 T 1

### ① 대응 기종별 마크
대응기종을 구별하는 마크. 아래의 4종류이다.

메가 드라이브용 ROM 카트리지 게임 (18p)

슈퍼 32X용 ROM 카트리지 게임 (48p)

메가 CD용 게임 (26p)

메가 LD용 게임 (44p)

### ② 게임 타이틀명

### ③ 기본 스펙 표기란
발매 회사, 발매일, 가격, 매체(ROM 카트리지의 경우 용량도 표기). 대응 주변기기 등의 특이사항 역시 여기에 표기한다.

### ④ 패키지 표지

### ⑤ 게임 화면

### ⑥ 내용 설명

⑥ 든 병기들로 적국과 영토를 공략해가는 시뮬레이션 게임. PC에서 가정용으로 이식됨에 따라 조작이 간략화되어, 어려운 게임이란 인상이 강했던 시리즈의 문호를 넓혀주었다. 숨겨진 비기로 시노비 부대, 갤럭시 포스 등 세가다운 아군 유닛이 나온다. 총 35맵.

### ⑦ 플레이 가능 인원 아이콘
해당 게임을 즐길 수 있는 사람이 최대 몇 명까지인지를 아이콘으로 표시. 아래의 7종류이다.

 1인용　 1~2인용　 1~3인용　 1~4인용　1~5인용　1~6인용　1~8인용

### ⑧ 장르 아이콘
게임의 장르를 10종류로 분류한 아이콘.

 슈팅 게임　　액션 게임　　퍼즐 게임　　롤플레잉 게임　　시뮬레이션 게임

스포츠 게임　　드라이브 게임　　어드벤처 게임　　교육 및 기타　　홈 게임

### ⑨ 기능·대응 주변기기 아이콘
메모리 백업 기능 내장 카트리지, 혹은 특정 주변기기 대응을 표시하는 아이콘.

 메모리 백업 탑재 ROM 카트리지 (18p)　 백업 RAM 대응 게임 (27p)　 메가 모뎀 대응 게임 (22p)　 세가 탭 대응 게임 (30p)

# 1988

## MEGA DRIVE SOFTWARE ALL CATALOGUE

HARDWARE 1988's SOFT 1989's SOFT 1990's SOFT 1991's SOFT 1992's SOFT 1993's SOFT 1994's SOFT 1995's SOFT 1996's SOFT OVERSEA SOFT

1988년 10월, 메가 드라이브는 화려하게 데뷔했다. 이 해에 발매된 소프트는 총 4타이틀로, 그중 3타이틀이 본체와 동시 발매 예정작이었다(「수왕기」만 개발 지연으로 1개월 연기).

4작품 모두가 세가의 인기 아케이드 게임 기반 이식작이었던 것만 봐도,

당시의 팬들이 세가 게임기에 바라던 방향성이 아케이드 이식이었음을 알 수 있다.

「오소마츠 군 엉망진창 극장」은 세가가 당시 방영되던 TV 애니메이션의 스폰서였기에 투입된 작품이다. 하지만 메가 드라이브의 대상 연령층이 다

소 높았던데다 게임 자체로도 완성도에 문제가 있었기에, 연말상전에 투입할 게임으로서는 다소 역부족이 아니었나 싶다.

**슈퍼 선더 블레이드**
세가　1988년 10월 29일　5,800엔　4M ROM

특수 전투헬기 '선더 블레이드'를 조종해 게릴라와 싸우는 슈팅 게임. 플레이어 기체가 헬리콥터라는 진기한 스타일의 작품이다. 아케이드 이식작이지만 2D 스테이지가 생략되고 중간보스가 추가되는 등 개작되었다. 개발에 「소닉 더 헤지혹」의 아버지인 나카 유지가 참여.

**스페이스 해리어 II**
세가　1988년 10월 29일　5,800엔　4M ROM

너무나 잘 알려진 유명 3D 슈팅 게임의 속편. 아케이드 게임의 이식이 아니라 아예 오리지널 작품으로 개발된 런칭 타이틀이지만, 지면의 바둑판 무늬를 재현하는 등 시리즈의 특징은 제대로 계승했다. 컬러풀한 세계관도 잘 표현해 당시의 게임 팬들을 놀라게 하기도.

**수왕기**
세가　1988년 11월 27일　5,800엔　4M ROM

메가 드라이브를 대표하는 강제 횡스크롤 액션 게임. 총 5스테이지. 하얀 쌍두 늑대(라스케르트 울프)가 내놓는 스피리트 볼로 파워 업하여, 스테이지마다 다른 수인(獸人)의 모습으로 변신한다. 원작은 아케이드 게임이지만, 메가 드라이브판의 발매 덕에 인지도가 높아졌다.

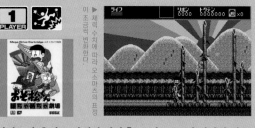

**오소마츠 군 엉망진창 극장**
세가　1988년 12월 24일　5,500엔　2M ROM

아카츠카 후지오 화백의 만화 「오소마츠 군」이 원작인 횡스크롤 액션 게임. 이야미와 치비타에게 사로잡힌 동생들을 구출하기 위해 장남 오소마츠가 새총 하나로 괴물들과 싸운다. 당시 애니메이션의 엔딩 곡 '오소마츠 타령'을 재현한 사운드와 코믹한 캐릭터 그래픽이 매력.

# 1989

## MEGA DRIVE SOFTWARE ALL CATALOGUE

이 해에 발매된 타이틀은 총 21종. 1989년의 큰 화제로는 발표 당시부터 기대가 컸던 킬러 타이틀 「판타지 스타 II」와, 메가 드라이브 최초의 서드파티 타이틀 「썬더 포스 II MD」의 발매가 꼽힌다.

이 시기는 서드파티 타이틀이 충분히 공급되지 못했기에, 한동안은 세가가 스포츠부터 RPG, 시뮬레이션 등 다방면의 소프트를 공급하여 자급자족하는 측면이 강했다. 하지만 그런 와중에도 앞서 꼽은 두 타이틀 외에 「대마계촌」, 「슈퍼 시노비」, 「골든 액스」 등 초기를 빛낸 명작 타이틀이 발매되어,

메가 드라이브의 높은 잠재력을 만끽할 수 있었다. 유저들로서는 만족도가 높은 해였다고 할 수 있겠다.

---

### 알렉스 키드 천공마성

세가 | 1989년 2월 10일 | 5,500엔 | 2M ROM

▶ 하이 스피드로 달릴 수 있는 오토바이도 시리즈 전통.

80년대의 세가를 대표하는 캐릭터 '알렉스 키드'의 대모험을 그린 액션 게임. 시리즈의 특징이기도 한 보스와의 가위바위보 대결은, 지면 아이템과 돈을 빼앗기는 스타일로 계승되었다. 이후에도 시리즈 작품이 계속 제작되지만, 일본에서의 출시는 이 작품이 마지막.

---

### 슈퍼 리그

세가 | 1989년 4월 22일 | 5,800엔 | 4M ROM

▶ 선수의 타격 폼을 잘 재현해낸 것도 주목하자.

아케이드 게임 「메이저 리그」를 이식한, 메가 드라이브 최초의 야구 게임. 수비 시에는 탑 뷰라 난이도가 올라가지만, 상쾌한 타격 효과음이나 기합 충만한 "서드!" 보이스 등 인상적인 사운드가 재미를 더해준다. 1인용 페넌트 레이스와 오픈 전 외에, 대전 모드도 있다.

---

### 판타지 스타 II : 돌아오지 않는 시간의 끝에서

세가 | 1989년 3월 21일 | 8,800엔 | 6M ROM

▶ 드넓은 캐릭스트 동을 따라 왕도 루디거 처나가면 될 때에 하드한 스토리와 SF 느낌의 강님한 세계관은 놀랍을 주기에 충분했다.

거대 컴퓨터 '마더 브레인' 덕에 번영하던 알골 태양계를 무대로 한 SF풍 롤플레잉 게임. 주인공의 의붓 여동생 네이의 절대적인 인기도 한몫하여, 이후의 시리즈에 많은 영향을 끼쳤다. 메가 드라이브 발표 당초부터 이 게임의 동시 발매도 예고되어, 당시의 'RPG에 약한 세가'라는 이미지를 불식시켰다. 원래 마크 III용으로 개발 중이었지만, 메가 드라이브의 판매촉진을 위해 기종을 변경했다는 뒷이야기도 있다.

---

 슈팅 게임  액션 게임  퍼즐 게임  롤플레잉 게임  시뮬레이션 게임  스포츠 게임  드라이브 게임  어드벤처 게임  교육 및 기타  홈 게임

## 슈퍼 대전략

 세가　1989년 4월 29일　6,800엔　4M ROM

실존 병기들로 적국과 영토를 공략해가는 시뮬레이션 게임. PC에서 가정용으로 이식됨에 따라 조작이 간략화되어, 어려운 게임이란 인상이 강했던 시리즈의 문호를 넓혀주었다. 숨겨진 비기로 시노비 부대, 갤럭시 포스 등 세가다운 아군 유닛이 나온다. 총 35맵.

## 썬더 포스 II MD

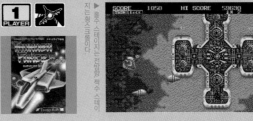 테크노 소프트　1989년 6월 15일　6,800엔　4M ROM

초거대전함 플레어레오스에 제압된 별을 구하기 위해, 주인공은 전투기 엑셀리자와 함께 하늘로 날아오른다. 메가 드라이브 최초의 슈팅 게임이자, 메가 드라이브 서드파티 작품 제 1탄. 원작은 X68000용 게임이다. 미려한 그래픽 등으로 당시 게임 잡지에서 절찬을 받았다.

## 북두의 권 : 신세기말 구세주 전설

 세가　1989년 7월 1일　6,000엔　4M ROM

원작 만화의 천제 편과 수라국 편을 소재로 한 액션 게임. 애니메이션 기준으로는 「북두의 권 2」에 해당한다. 게임기 보급에 크게 기여한 마크 III판의 호평에 부응하여 제작되었다. 하드웨어 성능 향상으로 그래픽이 크게 진화해, 캐릭터가 미려한 도트로 큼직하게 그려져 있다.

## 월드컵 사커

 세가　1989년 7월 29일　5,500엔　2M ROM

월드컵 우승을 걸고 대전하는 축구 게임. 세계 24개국 중에서 임의의 팀을 골라 플레이할 수 있다. 기존의 축구 게임에선 개성 없는 팀 멤버에 불과했던 각 선수의 데이터가 세세하게 설정되어, 이름과 능력치에 따른 선수들의 개성이 잘 살아나 있다.

## 대마계촌

 세가　1989년 8월 3일　6,800엔　5M ROM

납치당한 공주의 혼을 되찾기 위해, 기사 아더가 다시 마계와의 싸움에 도전한다. 배경 패턴이나 데모 등 원작 대비 생략된 부분도 있지만, 플레이 감각은 아케이드판에 비해 손색이 없다. 이 게임에서의 지면 처리 노하우는 후일 「소닉 더 헤지혹」 개발 시에도 활용되었다.

## 오자키 나오미치의 슈퍼 마스터즈

 세가　1989년 9월 9일　6,000엔　4M ROM

메가 드라이브 첫 골프 게임. 총 12전의 월드프로골프투어에 도전해 상금왕을 노린다. 아케이드 이식작이지만, 주인공이 오자키 마사시에서 동생인 나오미치로 변경. 큼직한 캐릭터의 박력 넘치는 화면과 세밀하게 잘 그려진 그래픽은 메가 드라이브의 실력을 보여주었다.

## 슈퍼 하이드라이드

아스믹　1989년 10월 6일　6,800엔　4M ROM

마물의 땅으로 변한 페어리랜드를 구하기 위한 모험을 그린 액션 RPG. T&E 소프트의 PC게임 「하이드라이드 3」의 이식판이다. 중량·시간·식사 개념이 있어, 제한을 극복하는 지략이 필요하다. BGM은 원작의 사운드트랙을 맡은 가토 미치아키가 편곡한 곡이 사용되었다.

## 슈퍼 행온

세가　1989년 10월 6일　5,500엔　2M ROM

세계 곳곳의 코스를 달리는 아케이드 모드, 레이스 상금으로 오토바이를 개조하며 세계 챔피언을 노리는 오리지널 모드가 있다. 터보를 사용하면 324km/h까지 한 번에 가속하는 등의 표현은 아케이드판에 근접한 스릴과 스피드감을 맛볼 수 있다.

## 람보 III

세가　1989년 10월 21일　5,500엔　2M ROM

대히트 영화 「람보 III」가 원작인 전 6스테이지의 액션 슈팅 게임. 플레이어는 람보를 조작해 트라우트먼 대령 구출 임무를 맡는다. 일반 모드에서는 탑 뷰이지만, 거대 병기와 대결하는 보스전에서는 3D 화면으로 바뀐다. 컨티뉴 유무에 따라 엔딩이 바뀌기도 한다.

## 포가튼 월드

세가　1989년 11월 18일　6,000엔　4M ROM

폐허가 된 도시를 무대로, 호쾌하고 우락부락한 초전사들이 천제(天帝) 바이오스에 맞선다. 사격방향을 360도로 돌리는 조작이 독특한 작품. 원작은 캡콤의 아케이드 게임 「로스트 월드」이지만, 이식 시 제목을 변경했다. 용량 관계로 일부 스테이지와 보이스가 삭제되기도.

## 공작왕 2 : 환영성

세가　1989년 11월 25일　6,000엔　4M ROM

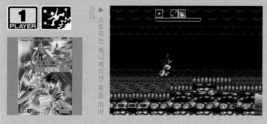

인기 미디어믹스 만화 「공작왕」과 OVA가 원작인 라이프제 횡스크롤 액션 게임. 현대에 부활한 오다 노부나가의 야망을 저지하기 위해 우라고야 소속 퇴마사 '공작'이 법력을 구사하면서 싸운다. 그로테스크한 세계관을 표현한 그래픽, 다채로운 법술 액션으로 원작 팬을 만족시켰다.

## 슈퍼 시노비

세가　1989년 12월 2일　6,000엔　4M ROM

오보로 류 닌자 '죠 무사시'가 범죄집단 NEOZEED를 쫓아 세계를 횡단하는 액션 게임. 닌자와 기묘하게 조화되는 현대풍 세계관이 다중 스크롤 배경으로 표현되어, 코시로 유조의 음악과 함께 분위기를 달군다. 초기판은 고질라가 보스이지만, 이후 수정판에서 교체되었다.

 슈팅 게임　 액션 게임　 퍼즐 게임　 롤플레잉 게임　 시뮬레이션 게임　 스포츠 게임　 드라이브 게임　 어드벤처 게임　 교육 및 기타　 홈 게임

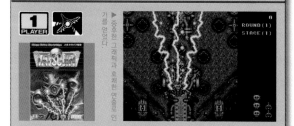

### TATSUJIN
세가　1989년 12월 9일　6,000엔　4M ROM

심플한 플레이 감각과 임팩트를 겸비한 슈팅 게임의 모범과도 같은 타이틀. 아케이드판 원작의 개발사인 토아플랜이 직접 이식하여, 'TV 화면에 맞춰 위아래를 커트했다. 버튼 입력과 동시에 발동하여 적탄을 집어삼키는 타츠진 봄은 이후의 슈팅 장르에 큰 영향을 끼쳤다.

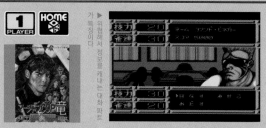

### 마작 COP 류 : 백랑의 야망
세가　1989년 12월 14일　5,500엔　2M ROM

마작특수부와 어둠의 마작조직 '백랑'의 싸움을 그린 어드벤처 풍 1 : 1 마작 게임. 상대와 사기마작 속임수를 주고받으며 겨룬다. 적은 모두 패러디 캐릭터로, 마작 수법에도 캐릭터 각자의 개성이 드러난다. 아케이드 탈의마작 게임「여두목 작사 류코」의 속편이지만, 탈의 요소는 없다.

### 헤르초크 츠바이
테크노 소프트　1989년 12월 15일　6,800엔　4M ROM

PC용 게임「헤르초크」의 속편 격인 실시간 전략 게임(개발사 표기로는「액티브 시뮬레이션」). 아군 유닛을 생산·배치하고, 작전 지시를 내리면서 변형 가능한 전투기를 조작해 적과 본거지를 습격한다. 현대 RTS 장르가 성립되기 전에 등장해, 플레이어에게 참신한 인상을 주었다.

### 버밀리온
세가　1989년 12월 16일　8,500엔　5M ROM

적대국 어니스트를 타도하러 망국의 왕자가 반지 8개를 찾아 여행하는 액션 RPG. 세가 체감 게임의 산실인 AM2연의 기술을 살려, 유사 3D 맵을 성큼성큼 이동한다. S.S.T.BAND가 작곡한 수려한 BGM, 주인공이 유부녀의 유혹에 넘어가 복상사하는 이벤트도 화제가 되었다.

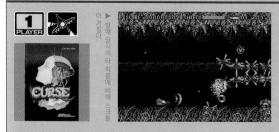

### 커스
마이크로네트　1989년 12월 23일　6,800엔　4M ROM

행성 세네카를 위기에서 구하기 위해 만능 전투기 발트안데르스를 조작해 적군과 싸우는 슈팅 게임. 원색적인 색채로 그려진 비주얼이 인상적으로, 제목대로 저주어린 분위기가 묘한 풍미를 이룬다. 마이크로네트 작품은 음악에 호평이 많은 편인데, 이 작품도 마찬가지.

### 골든 액스
세가　1989년 12월 23일　6,000엔　4M ROM

악의 총수 '데스=애더'에게 가족이 살해당한 세 종족의 전사들이 복수와 평화를 위해 싸운다.「수왕기」와 같은 개발팀이 제작한 벨트스크롤 액션 게임. 당시의 동일 장르에선 드문 판타지계 세계관과 호쾌한 마법 효과로 유명해졌다. 몬스터에 탑승해서 싸우는 특수 액션도 매력.

# 1990

## MEGA DRIVE SOFTWARE ALL CATALOGUE

이 해에 발매된 소프트는 총 60타이틀. 아케이드 게임 개발사의 대표 격인 남코와 타이토, 그리고 훗날 메가 드라이브의 든든한 버팀목이 되는 게임 아츠, 울프 팀, 메사이야, 텐겐이 소프트를 출시한 해이기도 하다.

타사 서드파티 참여의 효과는 매우 커서, 이 해를 기점으로 소프트의 폭이 넓어졌다. 즉 '세가가 만들지 않을 법한 게임'이 다수 발매된 점이야말로 큰 메리트라 하겠다.

한편, 세가 역시 「소서리언」, 「슈퍼 모나코 GP」, 「마이클 잭슨의 문워커」, 「미키 마우스 : 캐슬 오브 일루전」 등 강력한 개발력을 살린 양질의 타이틀을 내놓기 시작했다. 하드웨어 개발사로서의 관록을 보여준 1년이었다고나 할까.

---

### 줌!

MEGA DRIVE | 세가 | 1990년 1월 13일 | 5,500엔 | 2M ROM

극악 퍼즐러 군단이 펼쳐놓은 마법진을 파괴한다는 장대한 스토리는 있지만, 게임 자체는 단순명쾌한 퍼즐 액션이다. 네모난 칸의 사방으로 라인을 그려 모든 칸을 둘러싸면 스테이지 클리어. 조작감은 빡빡하지만, 미려한 도트로 회전 확대축소나 그러데이션을 표현한 것이 볼거리.

---

### 사상 최대의 창고지기

MEGA DRIVE | 메사이야 | 1990년 1월 30일 | 5,200엔 | 2M ROM

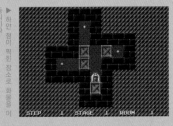

창고 안의 모든 화물을 지정된 위치까지 밀어 넣는 심플한 퍼즐 게임. PC게임으로 처음 등장하여, 이후 다양한 가정용 게임기로도 이식된 작품이다. 스테이지 수는 무려 250개로, 사상 최대라는 이름에 걸맞은 커다란 볼륨의 게임이 되었다. 10스테이지마다 컨티뉴 가능.

---

### 소서리언

MEGA DRIVE | 세가 | 1990년 2월 24일 | 7,000엔 | 4M ROM

검과 마법의 나라 펜타워가 무대인 멀티 시나리오 어드벤처 풍 액션 RPG. 종족과 성별, 직업 등이 세세하게 설정된 캐릭터를 만들어, 육성한 능력과 제작한 마법을 대를 이어 계승시켜가며 다양한 모험을 떠난다. 니혼팔콤의 「드래곤 슬레이어」 시리즈 5번째 작품에 해당한다. PC에서 이식된 게임이지만 시나리오는 모두 오리지널이고, 매뉴얼에 실린 시나리오 소개문에는 요네다 히토시가 그린 일러스트가 첨부된 호화 사양이었다.

---

 슈팅 게임　 액션 게임　 퍼즐 게임　 롤플레잉 게임　 시뮬레이션 게임　 스포츠 게임　 드라이브 게임　 어드벤처 게임　 교육 및 기타　 홈 게임

## 슈퍼 리얼 바스켓볼

세가   1990년 3월 2일   6,000엔   4M ROM

총 8개 농구팀 중 한 팀을 선택하여, 토너먼트로 미국 최강을 노리는 스포츠 게임. 농구 게임의 조작계가 아직 확립되기 전에 나온 타이틀이지만, 농구라는 스포츠의 게임성을 작품 내에서 손색없이 살리는 데 성공했다. 본격 농구를 지향해서인지 시합 한 번에 제법 시간이 걸린다.

## 뉴질랜드 스토리

타이토   1990년 3월 3일   6,800엔   4M ROM

얼룩무늬물범에게 잡혀간 아기새들을 구하기 위해 키워'티키'가 뉴질랜드를 동분서주한다. 땅ㆍ바다ㆍ수중을 이동하는 등 액션이 다채롭고, 워프나 EXTEND 등 숨겨진 아이템이 풍부한 매력적인 게임. MD판에선 아케이드판 원작의 로케 테스트 당시 삭제되었던 맵이 수록되었다.

## 에어 다이버

아스믹   1990년 3월 9일   6,800엔   4M ROM

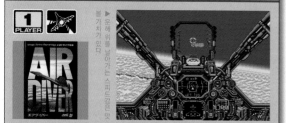

매드 사이언티스트의 거대 기동병기에 지구가 제압되어, 세계의 운명은 전투기 단 한 대에 맡겨졌다. 조종석 시점의 슈팅 게임으로, 조종석 상에 레이더와 기체 컨디션, 연료량, 미사일 잔탄수가 표시된다. 긴박한 BGM과 박력 넘치는 도그파이트로 평가가 높은 작품.

## 애프터 버너 II

전파신문사   1990년 3월 23일   6,900엔   4M ROM
아날로그 조이패드(XE-1AP : 전파신문사 발매) 대응

세가의 아케이드용 체감 3D 슈팅의 이식판. 배경 디테일이나, 기지에서의 연료 보급 장면 등 일부 연출은 생략됐지만, 플레이 감각은 아케이드판에 비해 전혀 손색이 없다. 특히 스피드감의 재현도가 높아 당시의 게임 팬들을 매료시켰다. 전 23스테이지.

## 중장기병 레이노스

메사이야   1990년 3월 30일   6,200엔   4M ROM

22세기 초가 무대인 SF 액션 슈팅 게임. 소속불명의 군대가 가니메데 기지를 습격한 사건을 계기로 발발한 전쟁을, 기지 부대원인 주인공이 동료들과 함께 돌파해나가는 이야기이다. 시간 경과로 장갑이 회복되는 등 얼핏 쉬워 보이지만, 적들의 출현 패턴이 랜덤이라 숙련된 조작기술이 필요하다. 빡빡한 난이도와 장렬한 스토리가 조화를 이루어 서서히 인기를 얻게 되었다. 후일 PS4로 리메이크판도 발매되었다.

HARDWARE
1988's SOFT
1989's SOFT
1990's SOFT
1991's SOFT
1992's SOFT
1993's SOFT
1994's SOFT
1995's SOFT
1996's SOFT
OVERSEA SOFT

## 파이널 블로우

MEGA DRIVE · 타이토 · 1990년 3월 23일 · 6,800엔 · 4M ROM

**1-2 PLAYERS**

헤비급 복서 세계 챔피언을 노리는 사이드 뷰 복싱 게임. 좌우 이동만 가능하므로 시합에서 구사할 수 있는 전술이 제한적이지만, 헤비급답게 캐릭터가 큼직하게 그려져 적과의 난타전은 실로 대박력. 아케이드 게임 이식작이지만 재현도가 높고, 쓸 수 있는 기술도 풍부하다.

## 다윈 4081

MEGA DRIVE · 세가 · 1990년 4월 7일 · 6,000엔 · 4M ROM

**1 PLAYER**

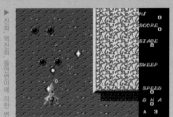

'진화'가 모티브인 개성파 슈팅 게임. EVOL을 입수하면 플레이어 기체가 진화하여, 공격 방식이나 형태가 완전히 바뀐다. 데이터 이스트의 「다윈 4078」, 「슈퍼 리얼 다윈」, 「액트팬서」에 이은 후속작이라, 4078에 3을 더해 「다윈 4081」이라는 제목이 되었다.

## 시간의 계승자 판타지 스타 III

MEGA DRIVE · 세가 · 1990년 4월 21일 · 8,700엔 · 6M ROM

**1 PLAYER** · **MEMORY BACK UP**

암흑 여신 라이아와 영웅 오라키오의 싸움 이후 천년이 지나, 기억상실 상태의 소녀 마리나를 왕자 케인이 구출하면서부터 이야기가 시작된다. 초과학문명이 쇠퇴한 세계가 무대인 「판타지 스타」 시리즈의 외전 격 작품. 3세대에 걸친 장대한 스토리가 7가지 멀티 시나리오로 전개된다. 전작에서는 애니메이션풍이었던 그래픽이 중후한 유화풍으로 변하고, 적 애니메이션이 간략화되는 등 찬반양론이 있지만 리메이크를 바라는 팬도 많은 작품이다.

## 사이 오 블레이드

MEGA DRIVE · 시그마 상사 · 1990년 4월 27일 · 8,500엔 · 5M ROM

**1 PLAYER** · **MEMORY BACK UP**

메가 드라이브 최초의 어드벤처 게임. 첫 항성간 항행 성공 후, 실종됐던 유인조사기 '셉테미우스 2'를 구출하러 나선 선원들이 문제에 직면한다. 원작은 T&E 소프트의 PC게임으로 두 가지 시점으로 진행되는 멀티사이트 시스템이지만, 메가 드라이브판은 지상 편이 삭제되었다.

## DJ 보이

MEGA DRIVE · 세가 · 1990년 5월 19일 · 6,000엔 · 4M ROM

**1 PLAYER**

적도 플레이어도 롤러스케이트로 종횡무진 이동하는 횡스크롤 액션 게임. 스피디한 움직임과 조작감이 상쾌한 작품이다. 아케이드판에서는 당시 일본의 유명 가수인 '데몬 각하'가 출현하지만 메가 드라이브판에선 생략되었다. 컨티뉴가 없어진 대신, 쇼핑으로 회복과 파워 업이 가능.

 슈팅 게임 · 액션 게임 · 퍼즐 게임 · 롤플레잉 게임 · 시뮬레이션 게임 · 스포츠 게임 · 드라이브 게임 · 어드벤처 게임 · 교육 및 기타 · HOME 홈 게임

HARDWARE
1988'S SOFT
1989'S SOFT
1990'S SOFT
1991'S SOFT
1992'S SOFT
1993'S SOFT
1994'S SOFT
1995'S SOFT
1996'S SOFT
OVERSEA SOFT

## 윕 러시 : 행성 볼테가스의 수수께끼

세가   1990년 5월 26일   6,000엔   4M ROM

탐사선을 변이시킨 행성 볼테가스의 수수께끼를 밝혀내기 위해, 전투기 한 대가 우주로 날아오른다. 빅 토카이가 개발한 횡스크롤 슈팅 게임. 발매 시기가 비슷한 「썬더 포스 III」와 비교당하다 보니 평가가 절하되었지만, 실은 스테이지 변화가 풍부하고 기본이 탄탄한 수작.

## TEL·TEL 마작

선 소프트   1990년 6월 8일   5,800엔   2M ROM

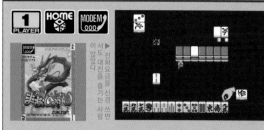

지금까지도 꾸준히 발매 중인 「마작 오공」 시리즈를 배출한 샤느와르 사가 개발한 4인 대전 마작 게임. 메가 모뎀을 통한 대전이 메인 컨텐츠지만, 정작 모뎀의 발매가 소프트 발매 한참 뒤에나 나왔다고 한다. 알고리즘 수준이 높아, 혼자 즐겨도 충분히 재미있다.

## 썬더 포스 III

테크노 소프트   1990년 6월 8일   6,800엔   4M ROM

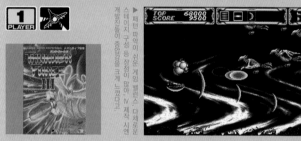

고기동 전투기 '스틱스'를 조작해, 5개 행성에서 제국과 싸우는 횡스크롤 슈팅 게임. 테크노 소프트의 뛰어난 기술력과 노하우를 잘 살려, 래스터 스크롤로 표현된 일렁이는 화염이나 다중 스크롤 배경이 빠르고 부드럽게 그려진다. 또한 청명하고 웅장한 음악도 매우 높은 평가를 받았다. 이 작품으로 시리즈의 인기가 확립될 정도로 호평을 받아, 아케이드로 역이식되기도 했다. 현재는 판권이 세가로 넘어가, 세가 3D 복각 아카이브즈로 부활했다.

## 대선풍

세가   1990년 6월 23일   6,000엔   4M ROM

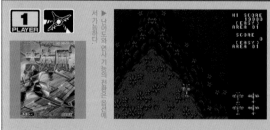

토아플랜의 아케이드용 횡스크롤 슈팅 게임의 이식판. 가장 큰 특징은, '헬퍼'라 하여 6대의 지원기와 함께 포메이션을 짜서 공격할 수 있다는 것. 지원기는 버튼을 누르면 임의로, 직탄에 맞으면 자동으로 돌격한다. 주차 플레이 시 헬기나 전투기가 나오는 오리지널 요소도 있다.

## 고스트버스터즈

세가   1990년 6월 30일   6,000엔   4M ROM

주민들의 의뢰로 출동하여 유령을 잡는 액션 게임. 임의로 선택한 스테이지를 공략하고, 상금 혹은 활동 중에 입수(출동한 곳에 있는 금고를 파괴)한 돈으로 장비를 강화한다. 영화의 등장인물들을 재현한 그래픽과 게임 내용 모두 완성도가 높은 작품이다.

## 컬럼스

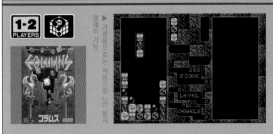

MEGA DRIVE | 세가 | 1990년 6월 30일 | 5,500엔 | 1M ROM

▶ 가정용으로는 처음으로 2인 동시 플레이가 가능

세로 3개 묶음으로 떨어지는 보석을 쌓다가 가로·세로·대각선 어디로든 같은 보석이 3개 이상 놓이면 사라진다는 규칙의, 세가를 대표하는 퍼즐 게임. 신비하고 아름다운 보석 그래픽이 플레이어의 마음을 사로잡는다. 여기에서 처음 등장한 '연쇄' 시스템은 이후의 퍼즐 게임에 큰 영향을 끼쳤다.

## E-SWAT

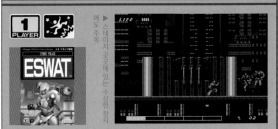

MEGA DRIVE | 세가 | 1990년 7월 14일 | 6,000엔 | 4M ROM

▶ 스테이지 곳곳에 있는 수상한 장치에 메모 주의.

로보캅풍의 파워 슈트를 착용한 사이버 폴리스가 범죄조직과 싸우는 액션 슈팅 게임. 미션을 해결해 승진하면 강력한 슈트가 지급되어 점점 파워 업한다. 버너를 이용한 비행, 특수무기 공격 등으로 강화되어 가는 액션과 이를 표현하는 그래픽 연출에 정성이 들어가 있다.

## 펠리오스

MEGA DRIVE | 남코 | 1990년 7월 20일 | 5,800엔 | 4M ROM

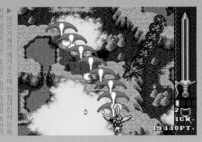

▶ 아군 기체가 패가수스에 탑승한 청년이라는 특이한 설정으로, 조작감은 일반 슈팅과 마찬가지로 샷과 연타를 쏘기가 감당해 버튼을 연타할 필요가 없다.

▶ 뒤폰에게 괴롭힘 당하는 아르테미스를 외치는 신. 보이스 음질이 나쁘지만, 그래픽은 미려하다.

그리스 신화가 모티브인 종스크롤 슈팅 게임. 사악한 괴물 뒤폰에 납치당한 연인 아르테미스를, 기사 아폴론이 페가수스를 타고 구출하러 간다. 하드웨어 성능 탓에 아케이드판의 회전확대축소 표현은 재현하지 못했지만, 작품의 최대 특징인 스테이지 중간의 비주얼 신은 더 강화되었다. 괴로워하는 모습을 보여주는 아르테미스가 빈번하게 노출되기 때문. 오락실에서는 부끄러워 차마 즐기지 못했던 수줍은 메가 드라이버의 고민을 해결해준 작품이다.

## 배트맨

MEGA DRIVE | 선 소프트 | 1990년 7월 27일 | 6,500엔 | 4M ROM

▶ 배트로프를 싸우는 슈팅 스테이지도 있다.

같은 이름의 영화를 바탕으로 만들어진 횡스크롤 액션 게임. 개발은 패미컴판과 마찬가지로 선 소프트. 조커 등의 범죄자가 활개치는 고담 시티에서, 배트맨이 정의를 위해 싸운다. 영화의 디자인을 충실하게 재현한 캐릭터 디자인과, 배트맨의 소도구를 활용한 액션이 매력.

## 사이버볼

MEGA DRIVE | 세가 | 1990년 7월 17일 | 6,000엔 | 4M ROM

▶ 행·행드 두 종류의 타임아웃 중에서 고른다.

로봇이 활약하는 SF풍 미식축구 게임이다. 발매 당시에는 근미래였던 21세기가 작품의 무대로, 선수가 모두 양산형 로봇이라는 독특한 설정의 작품. 미국 각지의 팀과 싸우는 리그전 모드와, 메가 모뎀을 사용하는 대전 모드가 있다.

 슈팅 게임  액션 게임  퍼즐 게임  롤플레잉 게임  시뮬레이션 게임  스포츠 게임  드라이브 게임  어드벤처 게임  교육 및 기타  홈 게임

## 슈퍼 모나코 GP

세가   1990년 8월 9일   6,000엔   4M ROM

이전까지의 게임기 그래픽으로는 표현할 수 없었던 실존 F1 레이스를 구현하여 화제가 된 레이싱 게임. 아케이드판은 모나코 GP뿐이었지만, 이식하면서 코스가 추가되었다. 오리지널 요소인 월드 챔피언십 모드에서는 신인 레이서가 되어 세계의 정점을 목표로 달리게 된다.

## 사천명왕

시그마 상사   1990년 8월 10일   6,200엔   4M ROM

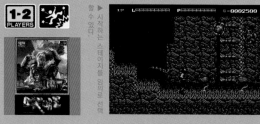

사천명왕신의 힘을 받은 4명의 전사를 조작해 악과 싸우는 액션 게임. 컨티뉴가 없어, 4명 전원이 사망하면 게임 오버가 된다. 2인 동시 플레이도 가능하지만, 그렇다고 사용 가능한 캐릭터가 늘어나지는 않는다. 아이템을 획득하면 화려해지는 샷이 상쾌하다.

## 라스턴 사가 II

타이토   1990년 8월 10일   6,800엔   4M ROM

전작의 호평을 계기로 제작된 「라스턴 사가」 시리즈 2번째 작품. 중세 유럽 풍 세계에서 야만인 전사를 조작해 싸우는 횡스크롤 액션 게임이다. 게임 내 시대적으로는 1편의 프리퀄에 해당한다. 가드 개념이 추가되어, 적과 공방하는 묘미가 살아나게 되었다.

## XDR

유니팩   1990년 8월 26일   6,800엔   4M ROM

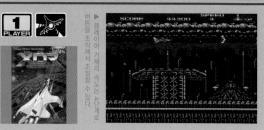

유니팩이 발매한 유일한 게임 소프트. 세피로스 별을 침략해온 적을 섬멸하기 위해, 주인공은 전투기 'DR'을 조종해 행성탈환작전 'X'를 수행한다. 당시의 명작 슈팅 게임에 바치는 리스펙트가 각 스테이지마다 얼핏얼핏 보이는, 왕도라 할 만한 작품이다. 전 6스테이지.

## 마이클 잭슨의 문워커

세가   1990년 8월 25일   6,000엔   4M ROM

이제는 고인이 된 대스타 '마이클 잭슨'이 주인공인 액션 게임(최종 스테이지만 3D 슈팅 게임). 영화 「문워커」를 바탕으로, 게임을 매우 좋아했던 마이클이 직접 기획·감수를 맡아 개발되었다. 납치당한 아이들을 구하기 위해 마이클이 춤추고 물리치고, 결국엔 로봇으로 변신까지 해서 악당들을 쓸어버린다. 주인공도 마이클, BGM도 마이클, (아케이드판 한정으로) 동전 넣을 때의 효과음도 마이클일 정도로, 게임 전체가 마이클 잭슨 일색인 호화로운 작품.

## 인섹터 X

**MEGA DRIVE** | HOT·B | 1990년 9월 7일 | 6,800엔 | 4M ROM

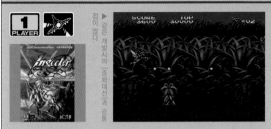

곤충들의 미시적인 세계를 그린 횡스크롤 슈팅 게임. 살충제를 뿌리는 공격 등 세계관을 살린 공격 수단이 이색적이다. 아케이드판은 팝&코믹 분위기였지만, 메가 드라이브판에서는 개발 당초의 기획대로 리얼하고 그로테스크한 그래픽으로 리뉴얼했다.

## 클랙스

**MEGA DRIVE** | 남코 | 1990년 9월 7일 | 4,900엔 | 2M ROM

아타리가 개발한 퍼즐 게임. 클랙스(klax)란 3개 이상의 타일이 가로·세로·대각선으로 겹치는 것을 뜻하는 단어로, 데굴데굴 굴러오는 패널들을 잘 배치해 클랙스로 만들면 사라진다. 2명까지 동시에 클랙스를 만들어가는 노멀 모드와, 대전 모드가 있다. 총 100스테이지.

## 스페이스 인베이더 90

**MEGA DRIVE** | 타이토 | 1990년 9월 7일 | 5,900엔 | 2M ROM

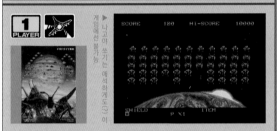

「스페이스 인베이더」의 리메이크작. 이와다레 노리유키가 작곡한 BGM이 추가되고, 게임 내용도 변경되었다. 플레이어 기체와 인베이더 사이에 벽이 없어진 점, 우주를 표현한 배경, 변칙적인 공격을 해오는 인베이더가 있는 점 등, 디자인 면에서는 「갤럭시안」에 가깝다.

## 헬파이어

**MEGA DRIVE** | 메사이야 | 1990년 9월 28일 | 6,800엔 | 4M ROM

토아플랜 최초의 횡스크롤 슈팅 게임. 총 6스테이지. 사격 방향을 바꿀 수 있는 시스템이 특징으로, 상황에 맞춰 전방, 후방, 상하, 대각선으로 전환시키는 퍼즐과도 같은 조작을 요구한다. 아케이드판에서는 2인 플레이가 가능했지만, 1인 플레이 전용으로 이식되었다.

## 스트라이더 비룡

**MEGA DRIVE** | 세가 | 1990년 9월 29일 | 7,000엔 | 8M ROM

REPROGRAMMED GAME © CAPCOM 1989 © SEGA 1990

캡콤과 모토 기획의 공동제작으로 탄생한 호쾌한 액션 게임. 명왕 그랜드마스터 주살 임무를 수행하러, 베테랑 암살자인 스트라이더 비룡이 근미래의 러시아 제국 수도를 휘젓고 다닌다. 스테이지의 절정 장면에서 BGM이 긴박해지는 드라마틱한 음향연출이나, 어떤 상황에서도 스타일리시한 비룡의 액션 등 개발진 나름의 멋에 대한 집착이 도처에서 보이는 작품이다. 아케이드판의 완전 이식까지는 아니지만, 원작의 분위기를 유지하며 잘 완성해냈다.

 슈팅 게임  액션 게임  퍼즐 게임  롤플레잉 게임  시뮬레이션 게임  스포츠 게임  드라이브 게임  어드벤처 게임  교육 및 기타  홈 게임

## 레인보우 아일랜드 엑스트라

타이토　1990년 10월 5일　6,800엔　4M ROM

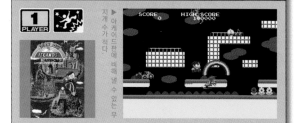

「버블 보블」의 속편. 거품을 쏘는 드래곤에서 사람 모습으로 돌아간 버비 형제가 활약하는 액션 게임이다. 무지개 마법이라는 액션이 특징으로, 이동과 공격 양면에 사용한다. 쓰러뜨린 적에게서 다이아몬드를 모아, 모든 섬에서 거대 다이아몬드를 입수하면 진 엔딩이 나온다.

## FZ전기 액시스

울프 팀　1990년 10월 12일　6,800엔　4M ROM

니혼 텔레네트 시대의 울프 팀이 개발했던 PC용 게임 「파이널 존」과 세계관을 공유하는 액션 게임. 각 스테이지에 있는 모든 적을 파괴하면 스테이지를 클리어하게 된다. 로봇의 각 부위마다 무장을 장착할 수 있고, 대미지를 입으면 본체 대신 파괴된다.

## 패트맨

산리츠 전자　1990년 10월 12일　7,800엔　5M ROM

쿵후 챔피언인 렉스를 조작해 패트맨 및 그의 부하들과 싸우는 대전격투 게임. 승부에서 이겨 파이트머니를 획득하여, 체력과 특수능력을 구입해 캐릭터를 강화시킨다. 등장 캐릭터가 모히칸 여자나 스켈레톤 등 기묘한 녀석들뿐이고, 잔혹한 표현도 있는 개성적인 작품.

## 버닝 포스

남코　1990년 10월 19일　5,800엔　4M ROM

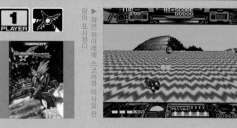

같은 이름의 아케이드 게임을 이식한 유사 3D 슈팅 게임. 견습 파일럿인 텐겐지 히로미가 실전형 대학졸업시험에 도전한다. 낮에는 에어바이크로 해상을 달리고, 밤에는 에어플레인으로 하늘을 자유로이 날아다니는 스피디한 전개가 매력. 아케이드에서 호평받은 BGM의 재현도도 제법이다.

## 애로우 플래시

세가　1990년 10월 20일　6,000엔　4M ROM

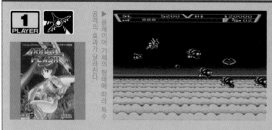

우주해적에게서 지구를 지키려, 할아버지가 물려준 신형 전투기에 탄 소녀는 우주로 날아오른다. 로봇으로 변신 가능한 전투기를 조종하는 횡스크롤 슈팅 게임. 80년대 로봇 애니메이션을 방불케 하는 스토리 연출에 집중한 작품이다. 아카이시자와 타카시의 패키지 일러스트가 인상적.

## TEL·TEL 스타디움

선 소프트　1990년 10월 21일　6,500엔　4M ROM

메가 모뎀을 통한 통신대전이 가능한 「TEL·TEL」 시리즈의 야구 게임. 프로야구 팀 외에 실존인물이나 야채 등이 모델인 팀도 등장한다. 전화선 통신으로도 원활한 대전이 가능하도록 설계한 덕분에, 시합이 진행되는 템포가 상당히 좋다.

HARDWARE　1988's SOFT　1989's SOFT　1990's SOFT　1991's SOFT　1992's SOFT　1993's SOFT　1994's SOFT　1995's SOFT　1996's SOFT　OVERSEA SOFT

## 다이너마이트 듀크

MEGA DRIVE 세가 1990년 10월 27일 6,000엔 4M ROM

1 PLAYER

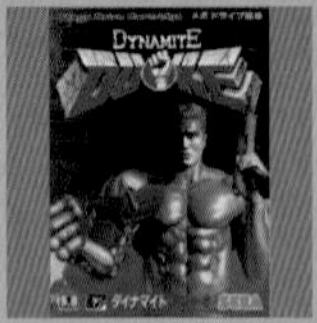

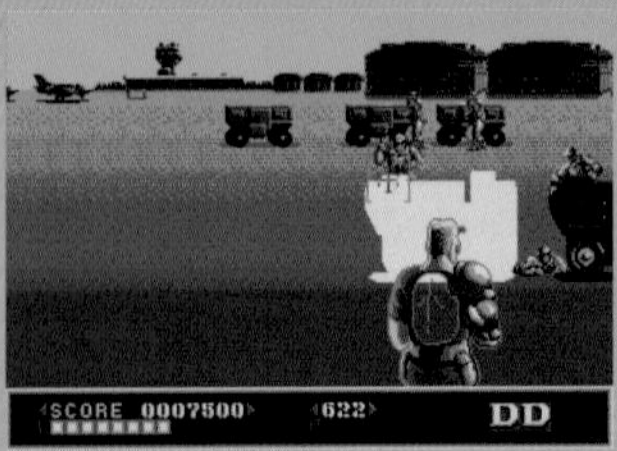

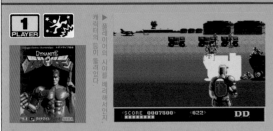

▶ 플레이어의 시야를 배려해서인지, 캐릭터의 등이 뚫려있다.

세이부 개발이 개발한 3D 슈팅 게임. 게임 화면은 「오퍼레이션 울프」와 유사하지만, 공격 수단으로 총뿐만 아니라 근접용인 펀치와 킥도 준비되어 있다. 모아 쏘는 기술인 다이너마이트 펀치로 화면 전체를 공격할 수도 있는 등, 육탄전에 초점을 맞춘 게임이다.

## 상어! 상어! 상어!

MEGA DRIVE 토아플랜 1990년 11월 2일 6,500엔 4M ROM

1 PLAYER

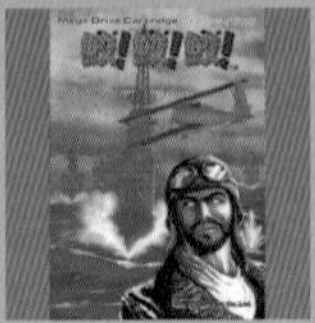

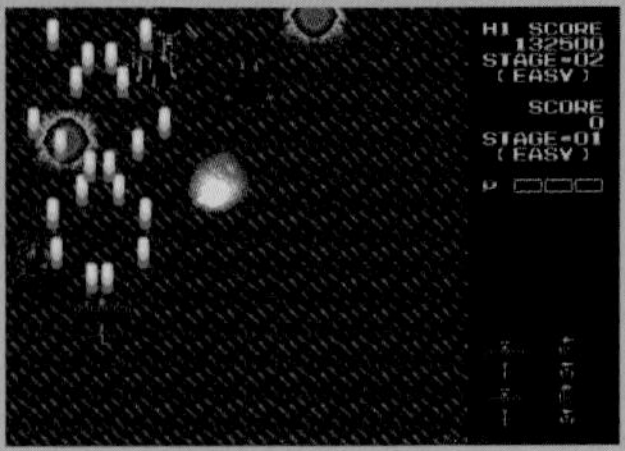

▶ 강화된 샷의 박력과 위력이 상쾌하다.

「플라잉 샤크」의 속편 격인 종스크롤 슈팅 게임. 총 10스테이지. 'P' 아이템을 3개 얻으면 샷이 파워 업되지만, 동시에 게임의 난이도도 상승한다. 슈팅 게임이 고난이도화되기 시작할 무렵의 작품이어서인지, 적탄의 속도가 굉장하다.

## 그라나다

MEGA DRIVE 울프 팀 1990년 11월 16일 6,800엔 4M ROM

1 PLAYER

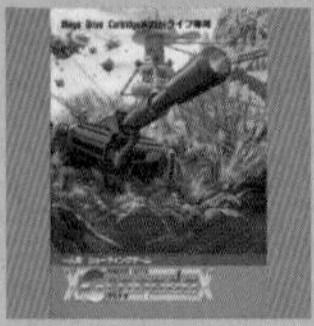

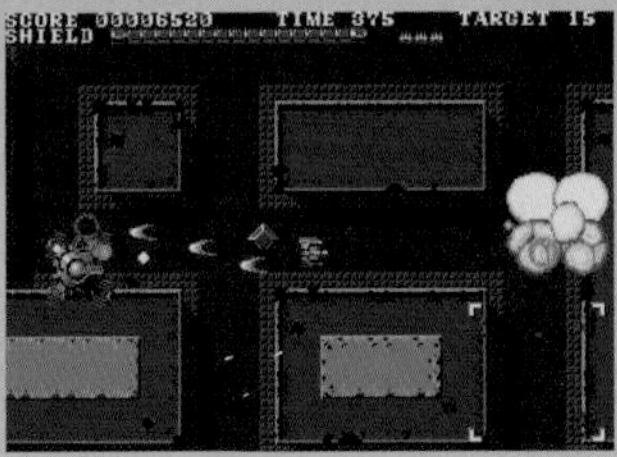

▶ 오른쪽 아래의 레이더에 표적이 표시된다.

남북으로 분열되어 싸우는 아프리카의 병기들을 중기동병기 그라나다가 모두 분쇄해 나간다. 1990년에 2016년의 미래를 상상해 만든 전방향 스크롤 슈팅 게임. 연사하며 움직일 수 있는 부포, 반동이 크지만 강력한 주포를 나누어 사용하며 파괴하는 액션이 매력적인 작품.

## 메가패널

MEGA DRIVE 남코 1990년 11월 22일 4,900엔 2M ROM

1-2 PLAYERS

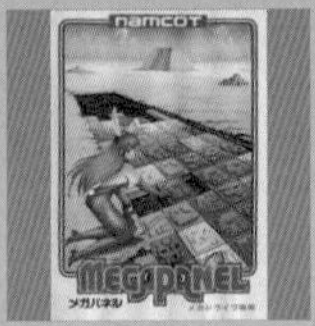

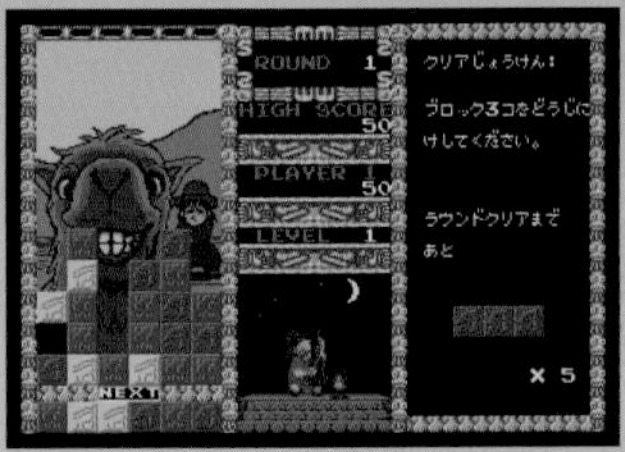

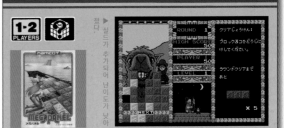

▶ 실드가 추가되어 난이도가 낮아졌다.

슬라이드 퍼즐과 낙하 퍼즐을 조합한 퍼즐 게임. 같은 색깔의 패널을 가로 · 세로로 3개 이상 맞추면 사라진다. 문제를 풀거나 대전하는 모드도 있지만, 클리어하면 미소녀 일러스트를 볼 수 있는 핀업 모드의 퀄리티가 특히 높아, 이것 때문에 게임을 구입하는 사람이 많았다.

## 미키 마우스 : 캐슬 오브 일루젼

MEGA DRIVE 세가 1990년 11월 21일 4,800엔 4M ROM

1 PLAYER

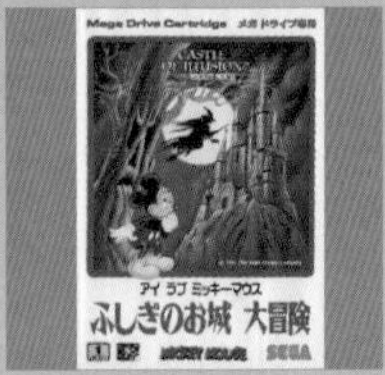

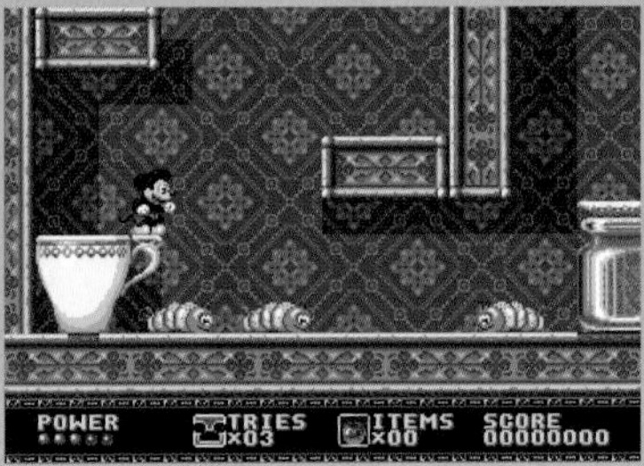

▶ 등장 캐릭터의 조작이나 표정 표현이 섬세해, 디즈니 팬이 아니어도 보는 재미가 있다.

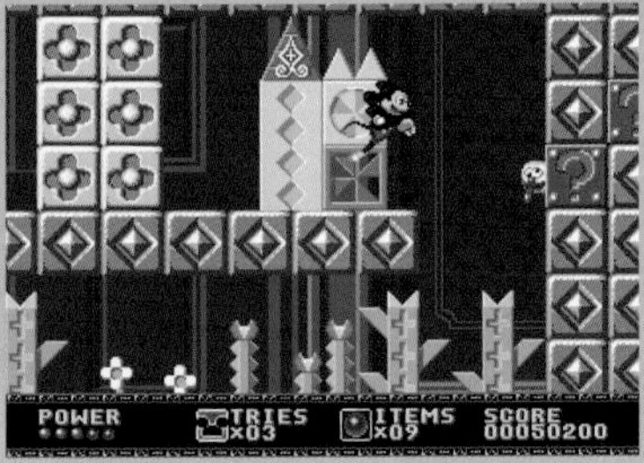

▶ 다채로운 스테이지, 주변 분위기와 어울리는 적 캐릭터 등, 플레이어가 질리지 않게 하려는 배려가 돋보인다.

미키 마우스를 조작하여 마녀에게 사로잡힌 미니를 구하러 가는 횡스크롤 액션 게임. 디즈니 세계관을 잘 표현한 그래픽, 불편함이 없는 조작감, 감각적으로 플레이할 수 있는 명쾌한 액션 등 짜임새 있게 잘 만들어진 작품이다. 발매 당시부터 일본은 물론 서양에서도 높은 평가를 받아, 패미컴판과 같은 날 발매되었는데도 대히트를 했다. 나중에 세가 새턴으로도 이식되었고, 3D 리메이크판이 PS3 다운로드 게임으로 발매되었다.

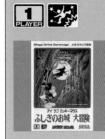

## 정션

마이크로네트 1990년 11월 25일 6,000엔 4M ROM

코나미의 「큐브릭」을 마이크로네트가 이식한 작품. 코나미의 라이선스가 패키지에 기재되어 있다. 「Block the Clock」이라는 80년대 보드게임과 유사한 퍼즐 액션으로, 패널을 움직여서 볼이 지나갈 길을 만들어 스테이지 바깥의 U자 패널에 모두 통과시키면 클리어하게 된다.

## 섀도우 댄서 : 더 시크릿 오브 시노비

세가 1990년 12월 1일 6,000엔 4M ROM

「시노비」의 주인공인 죠 무사시의 아들 '하야테'가 주인공으로 활약하는 닌자 액션 게임. 신규 요소로 닌자견 야마토를 이용하는 액션이 추가되어, 야마토를 적에게 보내 움직임을 방해할 수 있다. 아케이드 이식작이지만 내용은 거의 리뉴얼되어, 오리지널 게임에 가깝다.

## 큐티 스즈키의 링사이드 엔젤

아스믹 1990년 12월 12일 6,800엔 4M ROM

아이돌 프로레슬러 '큐티 스즈키'가 주역인, 메가 드라이브 최초의 프로레슬링 게임. 총 17+1시합에서 승리해 여자 프로레슬링 최강을 노린다. 대미지가 반영되는 레슬러의 표정, 끊임없이 흐르는 실황 해설 등 리얼한 연출이 독특한 작품이다. 노출도가 높기로도 유명.

## 아토믹 로보키드

트레코 1990년 12월 14일 6,800엔 4M ROM

개발사는 UPL. 핵전쟁으로 생식기능을 잃은 인류를 구하기 위해. 로보키드는 위탁받은 DNA를 품고 단신으로 우주를 방황한다. 절망적인 세계관과 귀여운 캐릭터 간의 갭이 인상 깊은 작품이다. 상황에 맞춰 최대 4종의 무기를 교체하며 싸우는 전략성도 필요하다.

## 엘리멘탈 마스터

테크노 소프트 1990년 12월 14일 6,800엔 4M ROM

정령의 도시를 마족으로부터 구하기 위해 마법을 모으며 싸우는 판타스틱한 작품. 같은 회사가 개발한 「썬더 포스」와 마찬가지로 무기 전환이 가능한 시스템이다. 목숨제가 아닌 라이프제인데다, 모든 마법을 써볼 수 있는 연습 모드도 있어 초보자도 즐기기 쉽다.

## 갬블러 자기중심파 : 카타야마 마사유키의 마작도장

게임 아츠 1990년 12월 14일 6,800엔 4M ROM

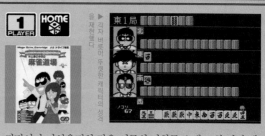

카타야마 마사유키의 같은 이름의 만화를 소재로 한 마작 게임. 같은 작가의 「슈퍼 즈간」쪽 캐릭터도 등장한다. 클래스 대항전, 프리 대전 외에 총 250개의 마작 문제가 출제되는 마작도장 모드가 있다. 프로그램으로 패를 조작하는 '운빨' 시스템의 구현을 개발사가 직접 홍보한 드문 시리즈이기도.

## 매지컬 해트의 날아라 터보! 대모험

세가   1990년 12월 15일   4,800엔   4M ROM

기
기
쉽
다.

욱
숭
이
칠
늘
어
남
녹
로
초
보
자
도
즐

TV 애니메이션 「매지컬 해트」(국내명은 「용의 아들」)가 원작인 액션 게임. 주인공 해트는 변신로봇을 짊어지고 있는데, 던지는 무기나 방패로도 쓸 수 있다. 해트의 표정이 풍부하고 귀여우며, 액션 게임으로도 완성도가 높다. 서양판은 오리지널 캐릭터로 완전히 리뉴얼했다.

## 데인저러스 시드

남코   1990년 12월 18일   5,800엔   4M ROM

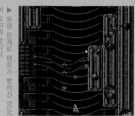

이
오
히
려
멋
있
다.

용
량
문
제
로,
템
포
가
빨
라
진
BGM

아케이드판에 오리지널 스테이지를 추가하고 난이도를 낮춘 이식작. 플레이어 기체는 합체 가능한 α호, β호, γ호 총 3종으로, 형태가 자유롭게 변경되는 것이 특징. 아케이드에서는 죽으면 남은 기체와 교대하지만, 메가 드라이브판에서는 스테이지를 진행할수록 기체가 모여 파워 업한다.

## 크랙 다운

세가   1990년 12월 20일   6,000엔   4M ROM

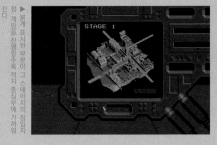

진
다.

점
▶
게
임
을
진
행
할
수
록
그
스
테
이
지
의
잠
입
지
점
이
맵
에
표
시
된
부
분
에
서
붉
게
표
시
된
부
분
으
로
가
까
워

광기의 과학자 미스터 K에게 점령된 미래공업도시를 해방시키기 위해, 파괴공작 전문가가 폭탄을 매설해간다. 같은 이름의 아케이드용 스텔스 액션 게임의 이식판. 맵에 표시된 모든 X 마크에 시한폭탄을 설치하고 탈출하면 스테이지

할
수
도
있
지
만
탄
을
전
혀
쏘
지
않
고
클
리
어
하
면
보
너
스
점
수
를
받
는
다.

총
을
난
사
하
며
적
하
가
운
데
로
강
행
돌
파

클리어. 맵은 복잡하게 꼬여있을 뿐만 아니라, 벨트 컨베이어나 전류 등 위험한 장치가 잔뜩이다. 기본은 은신 용도이지만 적탄을 피하는 데에도 쓸 수 있는 벽 달라붙기 액션 등 모션이 다양해 개성이 빛나는 작품이다.

## 다라이어스 II

타이토   1990년 12월 20일   8,900엔   8M ROM

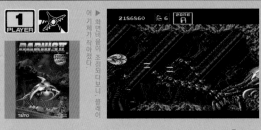

어
▶
화
면
비
율
을
이
기
체
가
작
아
지
조
정
되
다
보
니
플
레
이

해양생물×메카닉이라는 독특한 디자인이 특징인 「다라이어스」 시리즈 2번째 작품의 이식판. 아케이드판의 와이드 화면을 최대한 재현하기 위해 화면비율을 조정했다. 하드웨어 한계로 그래픽과 사운드에 상당한 재구성을 가했지만, 원작의 이미지를 손색없이 이식한 성공사례.

## 스타 크루저

메사이야   1990년 12월 21일   7,300엔   4M ROM

적
으
로
많
이
다
르
다.

원
작
인
PC판
과
는

외계인에 의해 지구가 멸망한 27세기 미래에, 외계인을 물리치자고 주장하는 조직 VOID가 폭주하기 시작한다. 하드보일드한 스토리로 팬이 많은 스페이스 오페라. 3D 어드벤처와 3D 슈팅을 조합한, 메가 드라이브 최초의 폴리곤 게임이기도 하다.

 슈팅 게임    액션 게임    퍼즐 게임    롤플레잉 게임    시뮬레이션 게임    스포츠 게임    드라이브 게임    어드벤처 게임    교육 및 기타    홈 게임

## 하드 드라이빙
텐겐　1990년 12월 21일　5,900엔　2M ROM

아타리가 개발한 세계 최초의 3D 폴리곤 레이싱 게임. 폴리곤으로 그려진 코스를 단독 주행하는 심플한 작품이다. BGM이 없어, 게임 플레이 내내 차량 주행음과 소 울음소리만 나온다. 사고를 일으키면 리플레이 영상이 나오는데, 당시에는 드문 연출이라 화제가 되었었다.

## 원더 보이 III 몬스터 레어
세가　1990년 12월 22일　6,000엔　4M ROM

「원더 보이」 시리즈 제 3탄. 각 스테이지는 전후반이 각각 보스의 거처를 향해 전진하는 점프 액션 파트와, 드래곤을 타고 날면서 보스와 싸우는 슈팅 파트로 나뉜다. 메가 드라이브판에 한해, 다른 게임기 버전과는 타이틀 화면 일부가 다르다.

## 무사 알레스터
토아플랜　1990년 12월 21일　6,800엔　4M ROM　아날로그 조이패드(XE-1AP : 전파신문사 발매) 대응

스페이스 콜로니의 환경제어 시스템이 폭주하여, 콜로니들이 인류와 지구를 공격하기 시작했다. 교착 상태인 전황을 타파하기 위해, MUSHA 부대가 기습작전을 결행한다. 전국시대풍 사이버 슈팅이라는 컨셉으로 컴파일이 개발한 「알레스터」 시리즈 4번째 작품. 일본풍×로봇×헤비메탈이 조화를 이룬 비주얼&사운드, 상쾌감과 질주감이 농축된 게임 시스템 양쪽 모두가 게임 팬들로부터 호평을 받은 작품이다.

## 가이아레스
니혼 텔레네트　1990년 12월 26일　8,400엔　8M ROM

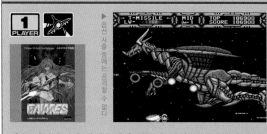

니혼 텔레네트의 전매특허인 비주얼 신이 풍부하게 수록된 슈팅 게임. 이 작품 최대의 특징은 적의 공격 방법을 학습시킬 수 있는 옵션 'WOZ'의 존재로, 이를 이용해 같은 능력을 계속 학습시키면 3단계까지 강화된다. 틀에 박히지 않은 개성이 인상적인 작품.

## 헤비 유니트 : 메가 드라이브 스페셜
토호　1990년 12월 26일　6,500엔　4M ROM

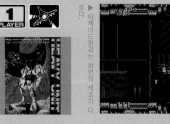

아케이드에서 이식된 슈팅 게임. 개발은 카네코 제작소(후일의 카네코). 플레이어 기체가 가변식인 것이 특징으로, 'T' 아이템을 입수할 때마다 전투기와 로봇 형태로 번갈아 변화한다. 한 번 죽으면 만회하기 힘든 게임이지만, 무제한 중복 가능한 실드가 난이도를 낮춰준다.

MEGA DRIVE — HARDWARE / 1988's SOFT / 1989's SOFT / 1990's SOFT / 1991's SOFT / 1992's SOFT / 1993's SOFT / 1994's SOFT / 1995's SOFT / 1996's SOFT / OVERSEA SOFT

# 1991

## MEGA DRIVE SOFTWARE ALL CATALOGUE

이 해에 발매된 소프트는 91타이틀로, 작년에 이어 서드파티가 늘어나 순조롭게 타이틀 수도 늘어난 해다. 1991년의 큰 화제라면, 누가 뭐라 해도 「소닉 더 헤지혹」과 메가 CD의 발매가 아닐 수 없다.

「소닉」은 재작년 「대마계촌」의 개발 노하우를 살린 타이틀로, 일본은 물론 서양에서의 인기가 엄청나 북미에서는 닌텐도의 마리오와 쌍벽을 이루는 인기 캐릭터가 되었다.

한편, 메가 CD는 ROM의 단가 상승에 대비한 비장의 카드로서, NEC 홈 일렉트로닉스의 PC엔진에 대항하는 구도로 발매되었다. 하지만 대용량 대모가 장기인 게임 아츠와 울프 팀이 기기 판매를 견인하고, 정작 세가 자신은 극소수의 타이틀만 출시하는 데 그쳤다.

---

### 게인 그라운드

세가　1991년 1월 3일　6,000엔　4M ROM

   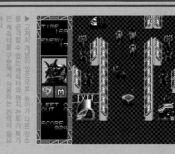

미래의 가상전투 체험시설에서, 포로가 된 플레이어 캐릭터를 확보하면서 탈출을 노리는 고정화면 액션 슈팅 게임. 적을 전멸시키거나 전원을 탈출시키면 스테이지 클리어. 원시, 중세, 근대, 현대(메가 드라이브판 한정), 미래 스테이지 각각에 포로가 있어, 접근해서 확보하면 아군의 전력이 된다. 총 20명인 캐릭터는 각각 무기, 위력, 속도, 사정거리 등 능력이 다르므로, 스테이지마다 적절한 캐릭터를 골라 써야 한다. 깊이 있는 전략성을 지닌 명작.

---

### 볼피드

타이토　1991년 1월 25일　4,900엔　2M ROM

 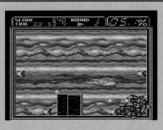

적을 피해 선을 이어나가는 땅따먹기 게임 「QIX」의 시스템을 계승한 작품. 필드의 80% 이상을 확보하면 스테이지 클리어. 기존 시리즈 작품보다 그래픽이 진화한 것은 물론, 스피드 업 등 플레이어가 유리해지는 아이템도 등장해, 플레이가 매우 편리해졌다.

---

### 지노그

메사이야　1991년 1월 25일　6,500엔　4M ROM

날개 족의 전사가 몬스터와 싸우는 다크한 분위기의 슈팅 게임. 그로테스크한 비주얼이 특징인 작품으로, 공포를 모티브로 한 보스는 타의 추종을 불허하는 독창적인 녀석들뿐이다. 고속 다중 스크롤이나 일렁이는 배경 등, 괴이한 센스뿐만 아니라 높은 기술력도 엿보인다.

---

 슈팅 게임　 액션 게임　 퍼즐 게임　 롤플레잉 게임　 시뮬레이션 게임　 스포츠 게임　 드라이브 게임　 어드벤처 게임　 교육 및 기타　 홈 게임

## 에어로 블래스터즈

KANEKO 1991년 1월 31일 6,000엔 4M ROM

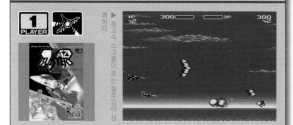

유기생명체 말살을 꾀하는 침략자를 물리치기 위해, 전투기 블래스터가 하늘로 날아오른다. 아케이드용 슈팅 게임 「에어 버스터」의 가정용 이식판. 연출을 깊이 연구한 흔적이 느껴지는 작품으로, 도시를 파괴하며 적 요새행성으로 향하는 전개가 드라마틱하게 그려진다.

## 슈퍼 발리볼

비디오 시스템 1991년 2월 1일 5,800엔 2M ROM

아케이드에서 이식된, 메가 드라이브 최초의 배구 게임. 시합 도중의 디테일한 공방을 간단한 조작으로 실현하여, 속공이나 고공 서브, 시간차 공격 등을 할 수 있다. 세계 각국의 팀과 싸우는 리그전 외에, 팀 에디트와 시합 감상 모드도 있다.

## 레슬볼

남코 1991년 2월 8일 5,800엔 4M ROM

축구, 럭비, 미식축구가 혼합된 가상의 격투 구기 스포츠 '레슬볼'을 소재로 한 스포츠 게임. 레슬볼은 득점방법과 시합 시간이라는 최소한의 룰만 존재해, 온갖 방해 행위가 허용된다. 즉, 볼을 빼앗을 수만 있다면 공중살법을 쓰든 골키퍼를 때려눕히든 상관없는 것이다. 리그전, 배틀 로얄, 연습 모드 등 혼자서든 둘이서든 즐길 수 있는 여러가지 모드가 있지만, 특히 대전 모드가 치열해 유저들의 호평을 받았다.

## 배틀 골퍼 유이

세가 1991년 2월 15일 6,000엔 4M ROM

배틀 골퍼로 개조된 소녀가 악의 조직이 보낸 괴인과 싸우는 이색적인 골프 게임. 한 스테이지가 커맨드 선택식 어드벤처 파트와, 골프로 싸우는 배틀 파트로 나뉘어 있다. 「마작 COP 류」처럼 패러디 캐릭터와 사기기술이 특징인 작품. 충격적인 엔딩은 한 번 볼만하다.

## 구극 타이거

트레코 1991년 2월 22일 7,500엔 5M ROM

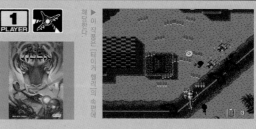

토아플랜이 개발한 같은 제목의 아케이드 게임의 가정용 이식판. 적탄을 날리고 적들을 일소할 수 있는 전멸폭탄, 저마다 공격 범위가 다른 여러 무기 등으로 이후 슈팅 게임의 기반이 된 작품 중 하나. 이식되면서 주차 루프가 삭제된 대신, 오리지널 엔딩이 추가되었다.

## 시저의 야망

마이크로네트　1991년 2월 24일　8,800엔　8M ROM

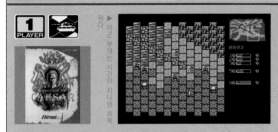

고대 로마가 무대인 리얼타임 전략 게임. 광고 문구는 '주사위는 던져졌다'. 플레이어는 시저(카이사르)가 되어, 시저의 실각을 꾀하는 원로원의 음모를 격파하기 위해 싸우게 된다. 각 스테이지 별로 설정된 요건을 달성하면 스테이지 클리어. 총 4스테이지.

## 조 몬태너 풋볼

세가　1991년 3월 1일　6,000엔　4M ROM

NFL 사상 전설의 쿼터백인 '조 몬태너'가 주역으로 활약하는 미식축구 게임. 쟁탈전에 도전하는 세가 볼, 제한시간이나 페널티를 임의로 설정하는 노멀 모드 등 다양한 모드가 준비되어 있다. 룰이 간략화되어 있어, 대강의 룰만 알고 있으면 초보자도 쉽게 플레이 가능.

## 딕 트레이시

세가　1991년 3월 1일　6,000엔　4M ROM

미국 코믹스가 원작인 같은 이름의 영화를 기반으로 제작한 액션 게임. 정의의 형사 트레이시를 조작해 차례차례 나타나는 갱들을 격퇴한다. 미국만화풍 컷인을 활용한 스토리 표현과 차량 추격 도중의 총격전 전개 등, 중후하고 댄디한 분위기가 느껴지는 작품.

## 바하무트 전기

세가　1991년 3월 8일　6,800엔　4M ROM

환상과 마법의 바하무트 대륙을 무대로, 8명의 마스터가 패권을 걸고 싸우는 시뮬레이션 게임. 영토를 넓히고 돈을 벌어, 영웅을 고용해 군세를 강화시킨다. 내정을 극도로 간략화해 초보자도 쉽게 즐길 수 있는 게임 디자인과, 잘 짜여진 판타지 세계관이 매력.

## 신비한 바다의 나디아

남코　1991년 3월 19일　6,500엔　8M ROM

발매 당시 TV 방영 중이었던 같은 이름의 애니메이션 소재 작품. 초반엔 애니메이션대로 따라가지만, 중반부터 나디아가 가진 보석 '블루 워터'를 둘러싼 오리지널 스토리가 전개된다. 탐색해야 하는 맵이 너무 넓어 템포가 늘어지곤 하지만, 스토리 자체의 완성도는 높다.

## 바리스 III

니혼 텔레네트　1991년 3월 22일　8,400엔　8M ROM

몽환계를 침략해온 마족의 왕을 저지하기 위해, 바리스의 전사 유코가 또다시 검을 들고 맞선다. 「바리스」 시리즈의 3번째 작품. 플레이어 캐릭터로 유코의 여동생 바르나와 마계의 소녀 참이 추가되어, 장면에 따라 교대하여 싸운다. 전략성과 액션 모두 크게 진화한 작품.

 슈팅 게임　액션 게임　퍼즐 게임　롤플레잉 게임　시뮬레이션 게임　스포츠 게임　드라이브 게임　어드벤처 게임　교육 및 기타　홈 게임

## 마물 헌터 요코 : 제 7의 경종

메사이야 1991년 3월 22일 6,500엔 4M ROM

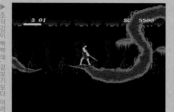

무츠키 쥬조와 미야오 가쿠 공동 원안의 미디어믹스 작품. 마물 헌터 요코가 요마계에서 싸움을 벌려나간다. 공격 버튼을 누르고 있으면 배리어가 생성되어, 이를 부메랑처럼 날리는 액션이 특징. 기획 당초에 대미지를 입으면 노출도가 올라가는 아이디어가 있었지만, 그림의 사이즈 문제로 백지화되었다.

## 참 : 야차 원무곡

울프 팀 1991년 3월 29일 8,500엔 4M ROM

전국시대에 주술 요소를 결합시킨 판타지풍 전략 시뮬레이션 게임. 마신 강림을 꾀하는 마공, 이를 저지하려는 야차, 전국 통일을 노리는 중간이라는 세 진영이 존재해, 무장들은 이중 한 진영에 소속된다. 플레이어는 이중 참가할 진영을 골라, 타 진영과 싸우게 된다.

## 샤이닝 & 더 다크니스

세가 1991년 3월 29일 8,700엔 8M ROM

고대의 신전에서 행방불명된 왕녀와 아버지를 찾기 위해, 견습 전사인 주인공이 수색대에 지원한다. 지금까지 이어지고 있는 「샤이닝」 시리즈의 데뷔작. 개발사는 클라이맥스. 곳곳에 애니메이션이 사용된 것이 특징으로, 캐릭터들의 움직임에 생동감이 넘친다. 통로 구석이나 물웅덩이에서 몬스터가 나타나는 독특한 인카운트 연출도 인상적이다. 시나리오가 짧고 던전 안의 풍경이 항상 똑같다는 지루함이 단점이지만, 완성도가 높은 작품이다.

## 마작 탐정 이야기

니혼 텔레네트 1991년 3월 29일 8,400엔 8M ROM

PC엔진에서 이식된 어드벤쳐풍 마작 게임. 플레이어는 소녀 유괴사건의 수수께끼를 쫓는 사립탐정이 되어, 소녀들과의 마작 승부에서 승리하여 정보를 모아야 한다. 마작을 승리할 때마다 경험치를 얻고, 마작사 레벨이 오르면 사기 기술을 쓸 수 있게 된다.

## 슈퍼 에어울프

큐고 무역 1991년 3월 29일 6,800엔 4M ROM

미국의 TV 드라마 「에어울프」를 소재로 한 슈팅 게임. 유명한 테마 곡이 게임에서도 사용되고, 드라마의 등장인물이 나오는 등 곳곳에 팬 서비스가 넘친다. 스테이지는 공중전과 백병전의 두 파트로 나뉘어, 상점에서 각 모드 전용 무기를 구입할 수 있다.

## 미드나이트 레지스탕스
데이터 이스트  1991년 3월 29일  7,800엔  8M ROM

평화를 위해 싸우는 레지스탕스가 납치된 가족과 박사를 구하기 위해 돌격하는 액션 슈팅 게임. 특정한 적을 쓰러뜨려 열쇠를 입수하면, 스테이지 노중에 있는 캡슐을 열어 무기를 획득할 수 있다. 범상치 않은 오프닝과 제대로 만들어진 게임성으로 화제가 된 작품.

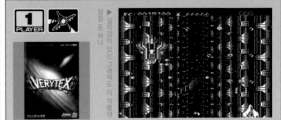

## 베리텍스
아스믹  1991년 4월 5일  6,800엔  4M ROM

게임 자체는 지극히 전형적인 종스크롤 슈팅 게임이지만, 사키모토 히토시와 이와타 마사하루 콤비가 작곡해낸 BGM이 매우 높은 평가를 받아 단숨에 유명해진 작품. 발매 당시엔 음악 때문에 게임을 산 사람이 있을 정도였지만, 정작 게임 내에는 사운드 테스트 모드가 없다.

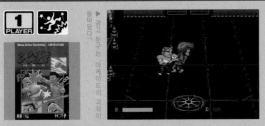

## 카게키
HOT·B  1991년 4월 26일  7,700엔  5M ROM

불량배 집단 '카게키'와의 싸움을 그린 코믹하면서도 폭력적인 액션 게임. 퇴락한 빌딩 안에 있는 간부들과 일대일 매치로 싸워 이기며 최상층으로 향한다. 메가 드라이브판에서는 배경의 구경꾼들이 삭제됐지만, 승부 도중 나오는 "제법이군" 등의 야유는 제대로 재현되었다.

## 와드너의 숲 SPECIAL
비스코  1991년 4월 26일  6,300엔  4M ROM

아케이드에서 이식된, 토아플랜이 개발한 횡스크롤 액션 게임. 전방으로 떨어지는 불꽃 마법 외에, 스테이지 도중 상점에서 파는 특수무기를 이용해 싸운다. 이식되면서 일부 보스가 추가되거나 배치가 변경되었다. 세부까지 섬세하게 그린 그래픽의 재현도가 높은 작품.

## 랑그릿사
메사이야  1991년 4월 26일  7,300엔  4M ROM

총 20화의 연속 시나리오가 수록된 시뮬레이션 RPG. 캐릭터 디자인은 우루시하라 사토시. 얻은 자에게 무한의 힘을 준다는 전설의 비검 '랑그릿사'를 둘러싼 싸움이 그려진다. 나라를 빼앗긴 왕자가 동료 및 라이벌과의 만남을 거쳐 강대한 적과 맞선다는 왕도 스토리 전개는 물론, 뛰어난 전략성으로도 정평이 높다. 보병·기병·궁병이 서로 물고 물리는 가위바위보식 유닛 속성이나 클래스 체인지 요소 등, 시리즈 첫 작품다운 높은 완성도를 자랑하는 작품.

 슈팅 게임   액션 게임   퍼즐 게임   롤플레잉 게임   시뮬레이션 게임   스포츠 게임   드라이브 게임   어드벤처 게임   교육 및 기타   홈 게임

## 자금성

선 소프트　1991년 4월 27일　6,500엔　4M ROM

마작패를 이동시키면서 골로 향하는 고정화면 퍼즐 게임. 같은 패를 인접시키면 지워진다는 단순한 룰로 구성된 200개 이상의 스테이지를 즐긴다. 실수해도 되돌릴 수 있어, 시행착오의 즐거움을 맛볼 수 있는 쉬운 게임. 세가 모뎀을 이용하면 오리지널 스테이지도 교환할 수 있다.

## 삼국지열전 : 난세의 영웅들

세가　1991년 4월 29일　8,700엔　8M ROM

삼국지 소재의 전략 시뮬레이션 게임. 189년, 200년, 215년 중에서 개시년도와 군주를 선택해 난세를 헤쳐나간다. 무장의 일대일 승부는 수동조작 가능한 액션 형태로, 요령만 알면 일개 문관으로 여포까지도 잡을 수 있다. 이 장르 중에선 두드러진 개성을 가진 작품.

## 보난자 브라더즈
세가　1991년 5월 17일　6,000엔　4M ROM

장난감 같은 느낌의 캐릭터 그래픽이 특징인 스텔스 액션 게임. 아케이드판의 이식작이다. 「탄트알」에서도 등장했던 정의의 도둑 ROBO와 MOBO를 조작해, 악당에게서 보물을 훔쳐낸다. 경비원의 시선을 피해 숨는 액션들이 독특한데, 과일만 머리에 얹은 뻔뻔한 모습으로도 경비원이 속아 넘어가기까지 할 정도. 전략성이 높은 게임 디자인, 인간미 넘치는 행동을 보여주는 캐릭터들, 뛰어난 조작성 등으로 발매 당시 잡지에서도 높은 평가를 받았다.

## 제로 윙
토아플랜　1991년 5월 31일　8,000엔　8M ROM
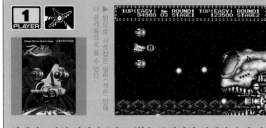

아케이드판의 이식작. '제로 윙'은 플레이어 기체의 옵션 장비 이름으로, 기체와 동일한 탄을 발사해 화려한 탄막을 펼칠 수 있다. 일반 적과 피피루 성인(토아플랜의 마스코트 캐릭터)을 사로잡는 프리즈너 빔도 특징. 몇 주차를 돌았는지에 따라 35종류의 엔딩을 볼 수 있다.

## 파이어 머스탱
타이토　1991년 5월 31일　6,800엔　4M ROM

NMK가 개발한 아케이드용 슈팅 게임 「USAAF 머스탱」을 가정용으로 이식한 작품. 미국 전투기인 머스탱을 조작해 일본·독일군과 싸워나간다. 버튼 하나로 샷과 미사일이 함께 발사되는데다, 연사 기능까지 붙어있다. 조작이 매우 심플해 쉽게 즐길 수 있다.

HARDWARE
1988's SOFT
1989's SOFT
1990's SOFT
1991's SOFT
1992's SOFT
1993's SOFT
1994's SOFT
1995's SOFT
1996's SOFT
OVERSEA SOFT

## 어드밴스드 대전략 : 독일 전격작전

세가　1991년 6월 17일　8,700엔　8M ROM

  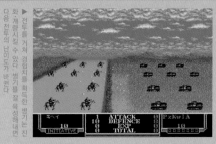

「대전략」 시리즈의 시스템을 답습한 메가 드라이브의 오리지널 「대전략」. 제2차 세계대전 도중의 독일을 중심으로 한 전략 시뮬레이션이다. 연합국과 추축국 중에서 참가진영을 선택해 맵을 제압하는 스탠더드 모드, 폴란드 침공 이후의 역사를 개변시킬 수 있는 캠페인 모드, 세가 모뎀을 이용해 대전을 즐기는 모뎀 모드로 총 3가지 모드가 있다. 플레이 시간이 이상하게 오래 걸리지만, 견실한 내용으로 많은 게이머들을 사로잡았다.

## 아쿠스 오디세이

세가 코단샤 총연

울프 팀　1991년 6월 14일　8,500엔　8M ROM

 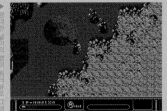

울프 팀의 간판 시리즈 「아쿠스」의 세계관을 계승한 액션 RPG. 이노마타 무츠미가 그린 패키지 일러스트로 주목을 모은 작품이다. 기사, 전사, 엘프, 마학자 중에서 사용할 캐릭터를 선택하고, 육성한 캐릭터 데이터를 패스워드로 보존해 협력 플레이에 연동시킬 수도 있다.

## 블루 알마낙

코단샤 총연　1991년 6월 22일　8,700엔　8M ROM

코단샤 총연의 메가 드라이브 첫 참가 타이틀. 개발은 HOT·B. 은하를 누비는 장대한 모험을 그린 롤플레잉 게임. 주인공의 레벨에 맞춰 적도 강해지는 시스템 등으로 당시 과소평가를 받았지만, 오프닝 데모를 비롯한 미려한 그래픽, SF 세계관 표현 등은 나름대로 괜찮은 작품.

## 에일리언스톰

세가　1991년 6월 28일　6,000엔　4M ROM

그로테스크함과 기묘한 코믹함이 공존하는 B급영화 감성이 넘치는 액션 게임. 「골든 액스」와 개발팀이 같은 작품이다. 에일리언 버스터즈의 남녀와 로봇을 조작해 액션, 3D 슈팅, 고속 스크롤로 나뉜 세 종류의 스테이지를 공략한다.

## 레슬 워

세가　1991년 6월 28일　6,000엔　4M ROM

출시 당시에는 놀랍도록 캐릭터가 큼직하게 그려져 인기를 얻었던 아케이드용 프로레슬링 게임의 이식판. TV로는 원작의 박력이 영 안 느껴지지만, 기술에 따라 화면이 통째로 흔들리는 연출엔 묵직함이 전해진다. 시종일관 연타해야 하는 게임이라, 연사 패드가 사실상 필수.

 슈팅 게임　 액션 게임　 퍼즐 게임　 롤플레잉 게임　 시뮬레이션 게임　 스포츠 게임　 드라이브 게임　 어드벤처 게임　 교육 및 기타　 홈 게임

## 세인트 소드

타이토　1991년 6월 28일　6,800엔　4M ROM

비보 세인트 소드의 소유자 마크레스가 변신능력을 구사해 마족과 싸우는 액션 게임. 적이 떨어뜨리는 패널을 사용하면 켄타우로스, 버드맨, 피쉬맨 3가지 형태로 60초간 변신이 가능하다. 조작성이나 맵 구성 등 여러 부분이 어설프지만, 변신이라는 아이디어만큼은 뛰어난 작품.

## 패스티스트 원

휴먼　1991년 6월 28일　7,500엔　4M ROM
아날로그 조이패드(XE-1AP : 전파신문사 발매) 대응

PC엔진용 게임 「F1 트리플 배틀」의 이식판. 원작은 화면을 3분할하여 3인 동시 플레이가 가능했지만, 메가 드라이브판은 2명까지로 제한되었기에 타이틀명이 변경되었다. 현실성을 추구한 조작감은 실로 F1 레이싱다운 매니악함이 느껴진다.

## 마블 랜드

남코　1991년 6월 28일　7,000엔　8M ROM

마왕 모울에 사로잡힌 공주와 수호 요정을 구하러, 파코 왕자가 대형유원지 마블 랜드를 모험한다. 적도 아이템도 유원지라는 세계관으로 통일된 동화적 느낌의 액션 게임. 회전 표현 등 아케이드판보다 재현도가 떨어지는 부분도 있지만, 보스와의 미니게임 대결은 더욱 개선되었다.

## 라이덴 전설

마이크로네트　1991년 7월 6일　8,800엔　8M ROM

세이부 개발의 슈팅 게임 「라이덴」을 메가 드라이브용으로 이식한 작품. 절묘한 게임 밸런스와 상쾌함을 중시한 연출 등, 슈팅 게임의 기본적인 매력에 충실하다. 메가 드라이브판은 파워 업해도 플레이어 기체가 변하지 않고, 고난이도의 최종 스테이지가 추가되었다.

## 구계도중기

남코　1991년 7월 12일　6,000엔　4M ROM

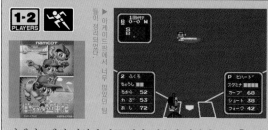

아케이드에서 이식된 야구 게임. 선수의 외견이 모두 「요괴도중기」의 타로스케로 바뀌었지만, 해당 작품의 세계와는 관련이 없다. 작품의 특징으로는 시합 도중 투수와 타자의 능력치가 표시된다는 점, 변화구의 구질이 다른 게임보다 격하다는 점이 꼽힌다.

## 선더 폭스

타이토　1991년 7월 26일　8,500엔　8M ROM

아케이드에서 이식된 액션 슈팅 게임. 대 테러 팀의 우람한 용병 '선더'를 조작해 전장을 헤쳐나간다. 단차 개념이 있어 상·하단으로 이동하면 유리한 위치에서 공격이 가능하다. 메가 드라이브판은 음성 합성으로 나오는 일반 적의 비명 소리, 공중전 스테이지 등이 삭제되었다.

## 스트리트 스마트

MEGA DRIVE　트레코　1991년 7월 19일　6,800엔　4M ROM

1-2 PLAYERS

원작은 SNK의 격투 액션 게임. 전미 격투기대회에서 우승을 거듭해, 거액의 상금을 노린다. 플레이어 캐릭터는 가라테 선수와 프로레슬러로, 2인 동시 플레이 때는 2 : 2 난투전이 된다. 파이트머니와 승부도박으로 자금이 변동하고, 소지금에 따라 엔딩이 바뀐다.

## 마스터 오브 몬스터즈

MEGA DRIVE　도시바 EMI　1991년 7월 26일　7,800엔　4M ROM

1-4 PLAYERS　MEMORY BACK UP

시스템소프트의 「대전략」에서 파생된 판타지 전략 시뮬레이션 게임. 음악 감수는 「드래곤 퀘스트」 시리즈의 스기야마 코이치. 플레이어는 마법을 구사하는 마스터가 되어, 아군 몬스터 유닛을 소환하거나 진화시켜 전력을 증상하며 영토를 넓혀나간다.

## 소닉 더 헤지혹

MEGA DRIVE　세가　1991년 7월 26일　6,000엔　4M ROM

1 PLAYER　MEMORY BACK UP

닌텐도의 마리오에 맞서, 세가와 메가 드라이브의 마스코트 캐릭터로 탄생한 사상 최고속의 고슴도치 '소닉 더 헤지혹'의 데뷔작. 하드웨어가 지원하지 않는 회전 표현을 프로그래밍으로 구현했으며, 스크롤이 미처 따라잡지 못할 만큼 빠른 소닉의 스피드감, 하드웨어의 한계를 초월한 수많은 스테이지 내 숨겨진 요소 등, 압도적인 기술력으로 전 세계의 플레이어들을 놀라게 했다. 모든 면에서 완성도가 높아, 메가 드라이브를 대표하는 게임으로 불린다.

## 쿠우가

MEGA DRIVE　니혼 텔레네트　1991년 8월 2일　8,400엔　8M ROM

1 PLAYER

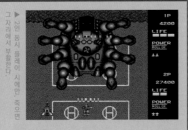

세계는 의문의 군사조직에게 제압되고, 남은 희망은 여신의 이름이 붙은 세 대의 프로토타입 전투기뿐. 「쿠우가」 3부작 중 첫 작품. 아케이드판을 개발사인 데이터 이스트가 직접 이식했다. 하드 록 스타일의 BGM, 배럴 롤 회피 액션 등, 곳곳에서 특유의 멋이 느껴진다.

## 초투룡열전 디노 랜드

MEGA DRIVE　울프 팀　1991년 8월 2일　6,800엔　4M ROM

1-2 PLAYERS　HOME

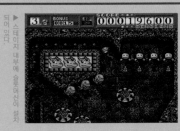

메가 드라이브 최초의 핀볼 게임. 숲의 평화를 위협하는 적에, 공룡 디노가 몸통박치기 하나로 맞선다. 공룡이 살던 중생대가 무대로, 스테이지나 효과음 곳곳에서 공룡다운 세계관을 표현했다. 볼 속도가 느리고 스테이지 수도 적지만, 새 장르로의 도전의식이 넘치는 작품.

 슈팅 게임　액션 게임　퍼즐 게임　롤플레잉 게임　시뮬레이션 게임　 스포츠 게임　 드라이브 게임　 어드벤처 게임　교육 및 기타　 홈 게임

## 베어 너클 : 분노의 철권

세가　1991년 8월 2일　6,000엔　4M ROM

메가 드라이브를 대표하는 인기 벨트스크롤 액션 시리즈의 첫 작품. 2인 동시 플레이를 지원하는데다 협력기술이나 던지기 기술 등의 액션도 풍부한 의욕작이다. 공격 조작은 심플하지만, 잡은 상태나 적과의 위치관계에 따라 기술이 바뀐다. 코시로 유조가 작곡한 BGM도 호평을 받았다.

## 메가트랙스

남코　1991년 8월 6일　6,000엔　4M ROM

아케이드 게임 「포 트랙스」를 가정용으로 이식한 작품. 플레이어 차량이 사륜구동 버기인 보기 드문 레이싱 게임이다. 총 16전을 우승해야 하는 챔피언십 모드와 대전 모드가 있다. 아케이드판은 8인이 동시에 대전을 할 수 있지만, 메가 드라이브판은 2인까지만 가능하다.

## 아웃런

세가　1991년 8월 9일　7,000엔　8M ROM

세가 체감 게임 4번째 작품인 명작 드라이브 게임의 이식판. 페라리 테스타로사가 모티브인 스포츠카로 유럽 전역을 누빈다. 배경의 래스터 스크롤, 큼직한 캐릭터를 재현한 그래픽 등은 물론, 코스 이탈 시에도 최고속력을 유지하는 비기 '기어가챠'까지 재현되어 매우 이식도가 높은 작품이다. 명곡으로 일컬어지는 원작의 BGM 3곡에 신곡이 추가되었고, 오리지널 엔딩까지도 수록되어 있다.

## 포퓰러스

세가　1991년 8월 9일　6,000엔　4M ROM

서양에서의 히트를 발판으로 일본어로 출시된 리얼타임 전략 게임. 플레이어는 신이 되어, 자신을 숭배하는 민족을 번영시키는 한편 다른 신앙을 가진 민족을 섬멸해야 한다. 민족을 직접 조작하지 않고, 기적을 일으켜 간접 조작하는 시스템이 독특하다. 총 494스테이지.

## 주얼 마스터

세가　1991년 8월 30일　6,000엔　4M ROM

사악한 종족과 정령사와의 싸움을 그린 판타지 액션 게임. 장비한 반지의 조합에 따라 공격 방법이 변화한다는 전투시스템이 최대의 특징이다. 땅·물·불·바람의 4속성 반지를 스테이지 진행 도중에 모을 수 있어, 원하는 타이밍에 장착하면 된다.

HARDWARE | 1988'S SOFT | 1989'S SOFT | 1990'S SOFT | 1991'S SOFT | 1992'S SOFT | 1993'S SOFT | 1994'S SOFT | 1995'S SOFT | 1996'S SOFT | OVERSEA SOFT

## 프로야구 슈퍼 리그 '91

세가　1991년 8월 30일　6,800엔　4M ROM

60p에서 소개했던 「슈퍼 리그」의 속편. 팀명과 선수명은 모두 실명을 사용했고, 선수별 응원가도 수록되어 있다. 또한 전작에서 조작이 어렵다는 불평이 많았던 탑 뷰 시점 수비가 비스듬한 시점으로 변경되었다. 페넌트 전, 올스타 전, 2인 대전의 3가지 모드가 있다.

## 갤럭시 포스 Ⅱ

CRI　1991년 9월 13일　8,400엔　8M ROM
아날로그 조이패드(XE-1AP : 전파신문사 발매) 대응

가로 360도로 회전하는 대형 기체 형태로 등장해 충격을 준 아케이드 게임의 가정용 이식판. 한 스테이지가 전후반으로 나뉘어, 광대한 우주에서 싸우는 전반부와 좁은 동굴을 통과하는 후반부로 구성된다. 메가 드라이브판은 동굴 배경이 삭제되고 사각 프레임 형태의 공간으로 바뀌었다.

## 렌타 히어로

세가　1991년 9월 20일　8,700엔　8M ROM

풍부한 양의 패러디가 꽉꽉 담겨있는, B급 감성 충만한 롤플레잉 게임. 주인공 소년의 장비는 세계적 기업 세가가 만들어낸 고성능 컴뱃 슈트이지만, 실은 좀 많이 난감한 물건이다. 렌탈 요금은 꼬박꼬박 내야하고, 동력이 무려 건전지라는 짜디짠 설계. 덕분에 게임 내용도 히어로 주제에 돈을 벌러 분주히 뛰어다닌다는 참신한 전개가 되었다. 여담인데, 게임 내의 역 사이 맵 디자인은 현 세가 인터랙티브 CPO인 나고시 토시히로가 맡았다고 한다.

## 엘 비엔토

울프 팀　1991년 9월 20일　8,500엔　8M ROM

크툴루 신화가 소재인 「어니스트 에반스」 3부작의 첫 작품. 금주법 시대의 미국을 무대로, 사신 하스터의 피를 계승한 소녀가 모험을 헤쳐나간다. 어두운 세계관을 표현한 비주얼 신과 박력 있는 연출이 매력. 잡지 'BEEP! 메가 드라이브'에 만화판이 게재되기도 했다.

## 전장의 이리 Ⅱ

세가　1991년 9월 27일　7,000엔　8M ROM

같은 이름의 아케이드 게임 이식판. 플레이어는 용병부대 울프 포스가 되어, 화염방사기 등의 강력한 무기를 난사하거나 차량을 탈취해 마구 휘젓고 다닐 수도 있다. 총 7스테이지의 아케이드 모드, 오리지널 맵을 5명의 용병으로 나누어 진행하는 오리지널 모드가 수록.

 슈팅 게임　 액션 게임　 퍼즐 게임　 롤플레잉 게임　 시뮬레이션 게임　 스포츠 게임　 드라이브 게임　 어드벤처 게임　 교육 및 기타　HOME 홈 게임

HARDWARE

1988's SOFT

1989's SOFT

1990's SOFT

1991's SOFT

1992's SOFT

1993's SOFT

1994's SOFT

1995's SOFT

1996's SOFT

OVERSEA SOFT

## 마스터 오브 웨폰

타이토　1991년 9월 27일　6,800엔　4M ROM

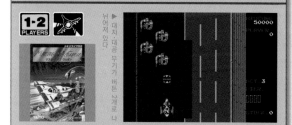

방사능의 영향으로 괴물이 가득한 지구를 무대로, 자율사고형 컴퓨터와의 싸움을 그린 사이버 슈팅 게임. 아케이드판에서는 딥 스위치 전환으로 전투기 혹은 에어바이크로 기체를 바꿀 수 있지만, 메가 드라이브판에서는 전투기로 고정된다. 음울한 세계관과 중독성 높은 BGM이 특징인 작품.

## 우주전함 고모라

UPL　1991년 9월 30일　7,500엔　8M ROM

같은 이름의 아케이드 게임의 유일한 가정용 이식판. 「닌자군」과 「아토믹 로보키드」 등으로 참신한 아이디어를 발휘해냈던 후지사와 츠토무가 게임 디자인을 맡았다. 파워 업할 때마다 거대화되는 플레이어 기체, 적탄을 상쇄하는 빔과 강렬한 개성은 이 작품도 여전하다.

## 소드 오브 소던

세가　1991년 10월 11일　6,000엔　4M ROM

SELECT HERO OR HEROINE

LIVES: 1　HIT:25　SCORE:003375

서양에서 히트했던 아미가 컴퓨터용 원작을 일렉트로닉 아츠 사가 이식한 액션 게임. 악마를 부리는 흑마술사 조라스를 타도하러 소던의 제자들이 일어선다. 가장 큰 특징은 약을 조합하는 시스템이다. 색이 다른 여러 약을 조합하여 마시면 다양한 효과가 발휘되며, 이 중엔 공격력 증가, 목숨 증가, 화면 전체 공격, 일정 시간 무적 등의 다양한 혜택도 있지만, 조합에 따라서는 독에 걸려 죽어버리기도 한다. 너무 높은 난이도 덕에 전설이 된 작품이기도 하다.

## 데빌 크래시 MD

테크노 소프트　1991년 10월 10일　6,800엔　4M ROM

SCORE　　BALL

PC엔진용 악마풍 핀볼 게임의 이식작. 「에일리언 크래시」의 속편이다. 이식도는 높은 편으로, 정교하게 그려진 그래픽과 부드러운 모션 등 PC엔진과의 하드웨어 성능 차가 느껴지지 않는다. 수많은 신규 연출은 물론, 파이널 스테이지도 추가되었다.

## 스파이더맨

세가　1991년 10월 18일　6,000엔　4M ROM

LIFE　WEB　$905　DEFUSED

같은 이름의 미국 코믹스를 소재로 한 횡스크롤 액션 게임. 웹(거미줄)을 사용하는 액션이나 벽에 붙는 이동 등, 스파이더맨다운 행동을 잘 재현했다. 일시정지 시 사진 촬영이 가능해, 적의 사진을 찍어 팔아 번 돈으로 웹의 재료를 보충한다는 이색적인 요소도 있다.

HARDWARE
1988's SOFT
1989's SOFT
1990's SOFT
1991's SOFT
1992's SOFT
1993's SOFT
1994's SOFT
1995's SOFT
1996's SOFT
OVERSEA SOFT

## 원더 보이 인 몬스터 월드

세가　1991년 10월 25일　7,000엔　5M ROM

「몬스터 랜드」 시리즈 3번째 작품이자 「원더 보이」 시리즈의 마지막 작품인 액션 RPG. 발매 당시에 방영된 TV 광고의 광고 문구는 '아름다운 세계의 끝없는 이야기'. 과거 작품에 등장했던 인물의 자손까지 나오는, 시리즈 집대성과도 같은 작품이다. 요정과 악마, 드래곤의 새끼 등을 동료로 삼을 수 있는 신규 시스템은 물론, 다양한 수수께끼가 있는 맵 등으로 탐색 요소가 전작보다 더욱 강화되고, 액션성도 향상되어 내용이 충실한 게임이 되었다.

## 마왕 연사자

타이토　1991년 10월 25일　6,800엔　4M ROM

KABUKI 솔저 '백사자'&'적사자'와 어둠의 KABUKI와의 싸움을 그린 일본풍 벨트스크롤 액션 게임. 자이언트 스윙으로 적을 호쾌하게 날려버리거나 거대한 종을 소환하는 등, 황당무계한 액션 연출로 유명해진 작품. 두루마리 획득 수에 따라 5종류의 요술을 쓸 수 있다.

## 쇼기의 별

홈 데이터　1991년 10월 31일　6,700엔　2M ROM

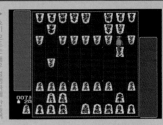

메가 드라이브 유일의 쇼기(일본 장기) 게임. 타이틀 화면에서 유명 만화 「거인의 별」의 주제가가 나오는 등 패러디 범벅인 코믹한 작품. 부친을 죽인 악의 비밀결사를 쫓는 어드벤처 모드, 본격 쇼기를 즐기는 혼쇼기 모드를 수록. 반칙 아이템도 있어 초보자도 즐기기 쉽다.

## 이스 Ⅲ : 원더러즈 프롬 이스

니혼 텔레네트　1991년 11월 1일　8,700엔　8M ROM

PC용 게임인 「이스」 시리즈 3번째 작품을 이식한 소프트. 황폐해진 페르가나를 무대로, 아돌의 새로운 싸움을 그린 액션 RPG이다. 전작과는 달리 전투 시 마법보다 검술이 메인이다. 방향키 조합으로 앉기와 점프 중 공격이 가능해, 이 전작과는 다른 조작기술이 필요하다.

## 블록아웃

세가　1991년 11월 1일　6,000엔　1M ROM

안쪽으로 깊이 들어간 3D 화면상에 떨어지는 블록을 잘 돌려 떨어뜨려, 평면을 채우면 사라진다. 탑 뷰 식 「테트리스」 같은 느낌의 게임. 입체로 그려진 블록을 쌓다 보면 안쪽이 보이지 않으므로, 기억력도 중요하다. 요령이 필요해 난이도가 높지만, 중독성도 높다.

 슈팅 게임　 액션 게임　 퍼즐 게임　 롤플레잉 게임　 시뮬레이션 게임　 스포츠 게임　 드라이브 게임　 어드벤처 게임　 교육 및 기타　 홈 게임

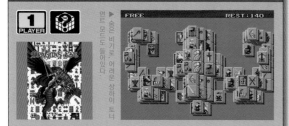

## 드래곤즈 아이 플러스 상하이 III

홈 데이터 1991년 11월 2일 5,800엔 2M ROM

마작 솔리테어로도 불리는 퍼즐 게임 「상하이」에 특수 룰을 추가해 대전 플레이가 가능해진 작품. 클리어하면 미소녀 그림을 볼 수 있는 일반적인 상하이 모드와, 패를 지우는 쪽과 더하는 쪽으로 나뉘어 싸우는 드래곤즈 아이 모드가 있다. 패 그림은 2종류 중 선택 가능.

## 루나크

타이토 1991년 11월 15일 6,800엔 4M ROM

아케이드 원작을 이식한 벨트스크롤 액션 게임. 동물 보호를 위해 밀렵조직의 인간을 학살한다는 초현실적 스토리와 잔혹한 표현으로 화제가 된 작품이다. 연출이 화려한 여러 무기들과 다채로운 격투 액션 덕에, 조작하는 것만으로도 재미있는 작품이기도 하다.

## 롤링 선더 2

남코 1991년 11월 19일 7,000엔 8M ROM

같은 이름의 아케이드 게임 이식작으로, 장애물과 고저차를 이용하며 총으로 싸우는 액션 슈팅 게임. 전작에서 괴멸된 악의 조직 겔드라가 30년이 지난 지금 네오 겔드라로 부활하여, 공작부대 롤링 선더가 다시금 악에 맞선다는 스토리로 전개된다. 전작에서도 높은 평가를 받았던 스파이 액션 영화풍 연출이 더욱 강화되고, 아케이드판에서 삭제되었던 장면도 수록했다. 게다가 부조리할 정도로 어려웠던 원작의 난이도도 이식되면서 조정되었다.

## 판타지아 : 미키 마우스 매직

세가 1991년 11월 22일 4,800엔 4M ROM

디즈니 만화영화 「판타지아」의 비디오 및 LD 출시에 맞춰 제작된 액션 게임. 개발사는 인포그람. 마법사의 제자가 잃어버린 음표를 찾아 모험한다. 조작감이 좋지 않아 저평가를 받는 편이지만 그래픽은 고품질이고, 캐릭터들의 움직임도 영화를 그대로 재현하고 있다.

## 비스트 워리어즈

니혼 텔레네트 1991년 11월 29일 8,400엔 8M ROM

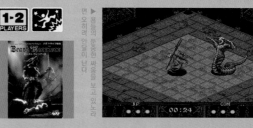

유전자 조작으로 태어난 용의 조련사가 되어, 기른 용을 싸움에 내모는 육성계 액션 게임. 시합 상금으로 아이템을 사서 용의 능력을 올리거나 다른 용과 합체시켜 강화한다는 육성 아이디어가 당시 기준으로는 참신했다. 세계 최강을 노리는 1인용, 대전하는 2인용 모드가 있다.

## 난세의 패자

아스믹　1991년 11월 29일　9,800엔　8M ROM

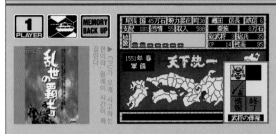

PC-8801용 전국시대 전략 시뮬레이션 시리즈 첫 작품 「천하통일」을 개량 이식한 게임. 한 지역 내에 성이 여러 개 있는 것은 당시엔 드문 특징이었다. 성을 빼앗고 나라를 넓혀 가는 전투 쪽에 중점을 두고, 내정은 최소한도만 구현했다. 꽤나 매니악한 장수도 다수 등장한다.

## 엑자일 : 시간의 틈새로

니혼 텔레네트　1991년 12월 6일　8,900엔　8M ROM

이슬람교도끼리의 항쟁과 유일신을 찾는 모험을 그린 액션 RPG. 플레이어는 아사신의 두령 새들러가 되어, 십자군과의 전쟁을 막기 위해 유일신을 찾아나선다. 종교전쟁이나 마약 등 이색적인 요소를 다수 도입한 퇴폐적인 세계관이 특징인 작품이다.

## 닌자 부라이 전설

세가　1991년 12월 6일　8,700엔　8M ROM

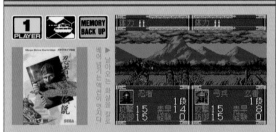

사악한 귀신에게 사로잡힌 노부나가를 토벌하러 닌자 부라이(武雷)가 바람의 군단을 이끌고 싸운다는 스토리의 턴제 전략 시뮬레이션 게임. 맵 안의 마을에서 장비를 갖춰, 승리 요건 달성을 노린다. 일본풍 「파이어 엠블렘」이라 불릴 만큼, 전투 시스템에 유사성이 엿보인다.

## 파이팅 마스터즈

트레코　1991년 12월 6일　6,800엔　4M ROM

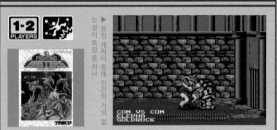

머나먼 미래에 12명의 영웅이 싸운다는 내용의 SF 대전격투 게임. 「스트리트 파이터 Ⅱ」로 시작된 대전격투 게임 붐에 편승해 발매된 작품 중 하나. 타격의 위력이 극단적으로 낮고, 던지기가 주력 기술이다. 벽이나 지면에 상대를 내던져 체력을 깎는 플레이가 호쾌하다.

## 솔 피스

울프 팀　1991년 12월 12일　6,800엔　CD-ROM

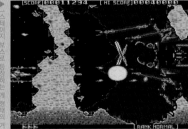
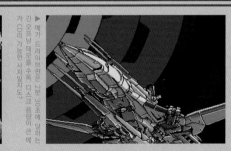

메가 CD의 킬러 소프트로 등장한 횡스크롤 슈팅 게임. 원작은 X68000판. 플레이어 기체의 이동에 연동되어 방향이 바뀌는 부포, 그리고 다관절로 움직이는 적이 특징인 작품이다. 이런 표현들은 메가 CD의 회전확대축소 기능을 어필하는 용도로 홍보에 사용되었지만, 사실은 프로그램, 즉 소프트웨어로 구현한 것이다. 메가 CD판만의 특징적인 요소로는 오히려 신규로 제작된 2분 30초 분량의 긴 오프닝 데모와, CD-DA로 수록된 BGM이 꼽힌다.

 슈팅 게임　 액션 게임　 퍼즐 게임　 롤플레잉 게임　 시뮬레이션 게임　 스포츠 게임　 드라이브 게임　 어드벤처 게임　 교육 및 기타　HOME 홈 게임

## 헤비 노바

마이크로네트 1991년 12월 12일 6,800엔 CD-ROM

로봇이 소재인 SF 대전액션 게임. 각 스테이지의 전반은 횡 스크롤 액션 게임 형식이지만, 후반은 스타일이 바뀌어 대 전격투 게임풍 화면으로 전환되어, 적 로봇과의 일대일 전 투가 된다. 전투에서 승리하면 사용 가능한 기술이 늘어나, 로봇이 성장하게 된다.

## 태평기

세가 1991년 12월 13일 8,700엔 8M ROM

NHK의 TV 대하드라마가 원작인 시뮬레이션 게임. 남북조 시대를 무대로 아시카가 타카우지와 쿠스노키 마사시게가 활약하는 2가지 시나리오를 즐긴다. 징병으로 전력을 보충 해, 미나토가와 전투 승리를 노린다. 드문 남북조시대 소재 작인데다 완성도도 높아 귀중한 작품.

## 노스탤지어 1907

슈르드 웨이브 1991년 12월 14일 7,200엔 CD-ROM

1907년, 북대서양을 항해하던 호화여객선 노스탤지어 호에 폭파사건이 발생. 범인이라는 누명을 쓴 카스케는 진범을 찾기 위해 정보를 모으기 시작한다…… 타이타닉 호가 모 티브인 추리 어드벤처. 캐릭터들의 복잡한 인간관계, 연극 적인 느낌의 대사 연출, 세피아톤 그래픽이 양질의 미스터 리풍 분위기를 내는 작품이다. 게임 후반에는 폭탄 해체 미 니게임이 있는데, 이것이 후일 괴작 게임 「스즈키 폭발」의 아이디어 원천이 되었다는 일화가 있다.

## F1 서커스 MD

일본물산 1991년 12월 20일 7,500엔 4M ROM

PC엔진용 레이싱 게임 「F1 서커스 '91」의 이식판. 이식개발 사는 마이크로닉스. 초고속 스크롤이 주는 압도적인 스피 드감으로 호평을 받은 작품이다. 날씨 개념이 있어 코스의 컨디션이 그때그때 변화한다. 전 16경기를 치르는 월드 챔 피언십을 포함, 4가지 모드를 수록.

## 어니스트 에반스

울프 팀 1991년 12월 20일 7,300엔 CD-ROM

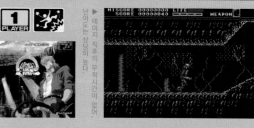

「엘 비엔토」의 수년 후, 트레저 헌터인 어니스트가 네크로 노미콘을 찾아 모험하며 사신 부활을 저지하기까지를 그 린 작품. 큼직하게 그려진 어니스트의 부드러운 다관절 움 직임이 특징이다. 메가 CD의 대용량을 살려, 스테이지 중간 데모는 풀 보이스가 들어갔다.

## 아이 러브 도널드 덕 : 그루지아 왕의 비보

 세가　1991년 12월 20일　4,800엔　4M ROM

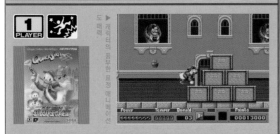

도널드 덕이 주인공인 코믹 액션 게임. 변기가 막혔을 때 쓰는 뚫어뻥이 도널드의 무기로, 적을 기절시키거나 봉 부분에 올라타 발판으로 삼는 등으로 스테이지를 진행한다. 한 스테이지가 짧고 진행의 힌트도 보여주는 등, 난이도가 낮다. 그래픽은 상당히 고품질.

## 언데드라인

 PALSOFT　1991년 12월 20일　8,800엔　8M ROM

원작은 T&E 소프트가 개발한 MSX2용 게임. 각각 특색이 있는 6개 스테이지를 임의의 순서로 공략하는 액션 슈팅이지만, 맵 상에 숨겨진 요정을 획득하면 플레이어의 능력치가 성장한다는 RPG적 요소도 있다. MSX2판과는 달리, 플레이어 캐릭터는 전사로 고정된다.

## 다이나 여신탄생

 IGS　1991년 12월 20일　8,900엔　8M ROM

기적의 힘을 가진 자매의 기구한 운명을 그린 액션 게임. 무거운 세계관, 스토리성이 높은 스테이지 전개, BGM에 이르기까지 수준 이상의 작품이다. 기본적으로는 검과 마법으로 싸우지만, 스테이지에 따라 말, 그리폰, 거인을 타고 싸우는 등 다채로운 구성이 특징이다.

## 태스크포스 해리어 EX

 트레코　1991년 12월 20일　8,500엔　8M ROM

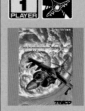

아케이드판의 이식작. 전 13스테이지 중 홀수판은 고고도 공중전, 짝수판은 저고도 지상전으로 구성된다. 성적에 따라 스테이지 중간에 등장하는 인물이 3가지 패턴으로 변화한다. 메가 드라이브판은 옵션의 포메이션과 플레이어 기체의 속도를 임의로 변경이 가능하다.

## 더블 드래곤 II

 PALSOFT　1991년 12월 20일　8,800엔　4M ROM

벨트스크롤 액션의 원형을 만든 「더블 드래곤」의 속편. 테크노스 재팬의 같은 이름의 아케이드 게임을 이식했다. 전작에서 공격 조작이 변경되어, 좌우 공격과 점프로 버튼이 나뉘었다. 또한 적 알고리즘의 진화와 난이도 조정 덕에 전반적으로 세련된 작품이 되었다.

## 노부나가의 야망 무장풍운록

 코에이　1991년 12월 20일　11,800엔　8M ROM

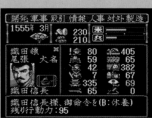

「노부나가의 야망」 시리즈 4번째 작품. 1555년부터 시작해 천하통일을 노린다. 작품의 테마인 '기술과 문화'에 맞춰 문화도와 패러미터가 추가. 문화도는 금전수입이나 교육 효율에 영향을 주고, 기술은 채굴·조선·철포 제조에 필요하다. 또한 시리즈 최초로 다기(茶器)가 등장한다.

 슈팅 게임　 액션 게임　 퍼즐 게임　 롤플레잉 게임　 시뮬레이션 게임　 스포츠 게임　 드라이브 게임　 어드벤처 게임　 교육 및 기타　 홈 게임

## 행성 우드스탁 : 펑키 호러 밴드

세가　1991년 12월 20일　6,800엔　CD-ROM

세가와 빅터음악산업이 공동으로 개발한 뮤지컬 RPG. 행성 우드스탁에 사는 소년과 외계인 음악 그룹 '펑키 호러 밴드 (FHB)'의 여행을 그린 이야기이다. 여행 도중 선율을 모으 고 소리로 전투하는 등 음악으로 가득한 세계관과 스토리 가 특징. 가상 밴드 FHB와 제휴도 했다.

## 나카지마 사토루 감수 F-1 GRAND PRIX

바리에　1991년 12월 20일　7,800엔　8M ROM

F1 레이서 나카지마 사토루의 이름을 건 레이싱 게임 3부 작 중 첫 번째. 시험주행 성적에 따라 결정되는 소속팀과 계 약하여, 이적을 반복하며 챔피언을 노린다. 나카지마는 이 작품 발매 전 달에 은퇴했지만, 게임 내에선 현역. 그의 조 언을 받으며 라이벌로서 기량을 겨룬다.

## 삼국지 II

코에이　1991년 12월 26일　14,800엔　8M ROM

삼국지연의가 소재인 「삼국지」 시리즈의 2번째 작품. 플레 이어는 일국의 군주가 되어 고대 중국의 통일을 노린다. 오 리지널 군주를 등장시킬 수 있는 신군주 시스템, 무장의 성 격과 수명이 설정된 숨겨진 데이터 등, 후작에도 계승된 여 러 요소가 이 작품부터 등장했다.

## 골든 액스 II

세가　1991년 12월 27일　6,000엔　4M ROM

검과 마법의 대인기 판타지 액션 게임의 오리지널 속편. 전 작에서 세계를 구한 세 전사를 조작해 어둠의 황제 다크 갈 드를 타도한다. 전작보다 마법이 쓰기 편하고 연출도 화려 하게 진화. 음악은 닌텐도 DS 「너를 위해서라면 죽을 수 있 어」 등을 맡은 하타야 나오후미의 데뷔작.

## 몽환전사 바리스

니혼 텔레네트　1991년 12월 27일　8,400엔　8M ROM

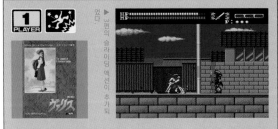

미소녀 게임의 선구자 「몽환전사 바리스」 시리즈 첫 작품의 리메이크판. 게임 시스템은 3편에 가까워져, 미로 형태의 맵이 없어지고 심플한 횡스크롤 액션 게임이 되었다. 같은 시기에 발매된 PC엔진판과는 일부 연출이 다르고, 특히 유 코의 기본 액션 시 팬티가 슬쩍 보이는 연출이 없다.

## 천하포무 : 영웅들의 포효

게임 아츠　1991년 12월 28일　7,800엔　CD-ROM

무장 1,200명이 등장하는 대용량 전국시대 전략 시뮬레이 션 게임. 배반이나 항복 등 적 무장의 행동이 리얼하고 전개 도 빨라, 플레이가 매우 간편하다. 오프닝에 쓰인 실사영상 은 TV 대하드라마 「다케다 신겐」의 미사용 장면으로, 박력 이 넘쳐 당시 게이머들을 놀라게 했다.

# 1992

## MEGA DRIVE SOFTWARE ALL CATALOGUE

이 해에 발매된 타이틀은 총 99종. 출시 당초의 '세가 아케이드 게임 이식 전용기'라는 이미지는 슬그머니 지워지고, '대용량 데모와 생음원 출력의 CD-ROM 게임'과 '서양 인기 게임의 이식'이라는 메가 드라이브의 독자적인 색깔이 확립된 해다.

전자의 이미지는 전년도에 이어 게임 아츠와 울프 팀이 꾸준히 견인하고, 니혼 텔레네트도 PC엔진과 병행하여 자사의 PC게임을 파워 업하여 이식하며 적극적으로 이끌어갔다.

후자의 이미지는 미국의 대형 게임 제작사 일렉트로닉 아츠가 빅터와 합

자회사를 설립하여, 미국의 자사 빅 타이틀을 차례차례 발매했다. 이전까지는 세가가 대리 발매하는 경우가 많았지만, 설립 이후부터는 자사 직접 판매로 전환하게 된다.

---

### 슈퍼 판타지 존

선 소프트    1992년 1월 14일    6,800엔    8M ROM

**1 PLAYER**

슈팅 게임에 최초로 상점 시스템을 도입한 「판타지 존」의 오리지널 속편. 판타지 존 정복을 꾀하는 다크 메논 군과 오파오파와의 싸움이 그려진다. 횡스크롤로 무한 루프되는 맵 상의 기지를 모두 파괴하고, 그 후 나타나는 보스를 격파하

는 것이 목적. 게임 시스템은 기본적으로 전작을 그대로 계승하지만, 폭탄 개수는 무한이 되었고 탄수제한이 있는 스페셜 무기가 추가되었다. 팝한 느낌의 세계관 재현도가 높아, 명작으로 꼽는 유저도 많다.

---

### 마루코는 아홉 살 : 두근두근 쇼핑

남코    1992년 1월 14일    6,000엔    4M ROM

**1-4 PLAYERS**    HOME

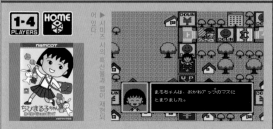

인기 애니메이션 「마루코는 아홉 살」 소재의 말판놀이 게임. 작품의 무대인 시즈오카 현 시미즈 시내를 여행하는 마루코 일행이 선물을 사 모으며 1~99곳의 목적지로 향한다. 선물의 조합에 따른 효과도 있어, 잘 모으면 고득점 나온다. 발송하기 전인 선물은 쟁탈도 가능.

---

### 조 몬태너 II : 스포츠 토크 풋볼

세가    1992년 1월 24일    6,800엔    8M ROM

**1-2 PLAYERS**

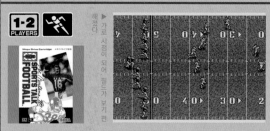

「조 몬태너 풋볼」의 속편. 영어 실황중계가 추가되어, 시합 상황을 실시간으로 설명해준다. 게다가 공격 시 캐리어(볼을 갖고 있는 선수)가 확대 표시되는 기능도 추가되어, 전작보다 리얼함과 박력이 넘치는 게임이 되었다.

---

 슈팅 게임   액션 게임   퍼즐 게임   롤플레잉 게임   시뮬레이션 게임   스포츠 게임   드라이브 게임   어드벤처 게임   교육 및 기타   홈 게임

## JuJu 전설

세가　1992년 1월 31일　6,000엔　4M ROM

데이터 이스트의 퇴사자들이 창립한 TAD가 개발한 아케이드 게임의 이식판. 마법에 걸려 원숭이 모습으로 변한 주인공이 마왕으로부터 애인을 구해내기 위해 싸운다. 침 뱉기나 점프 시의 액션이 코믹한 작품. 이식되면서 스테이지가 4개 더 늘어나, 총 10스테이지가 되었다.

## 테크모 월드컵 '92

심스　1992년 1월 31일　6,200엔　2M ROM

아케이드 게임의 이식작. 세계 24개국 팀 중에서 원하는 팀을 선택해 시합하는 축구 게임이다. 포메이션 4종이 준비되어, 선수의 기본 위치를 지정 가능. 예선 리그를 돌파해 결승 토너먼트로 세계최강을 가리는 월드컵 모드, 원하는 팀을 골라 싸우는 1P · 2P 모드가 있다.

## 악어악어 월드

KANEKO　1992년 1월 31일　6,600엔　4M ROM

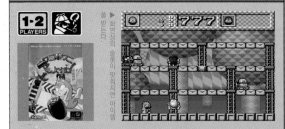

같은 회사의 아케이드 게임 「베를린 장벽」에서 캐릭터를 교체하고 개변 이식한 작품. 앞서 발매된 게임 기어판도 있지만, 플레이어가 악어인 것은 이 작품뿐. 해머로 지면에 구멍을 내고, 구멍에 빠진 적을 해머로 쳐서 쓰러뜨린다. 모든 적을 퇴치하면 스테이지 클리어.

## 소서 킹덤

메사이야　1992년 2월 7일　8,800엔　8M ROM

당시엔 드물었던 택티컬 배틀(맵 상에서 커맨드 배틀로 싸우는 전투 형식)을 채용한 롤플레잉 게임. 레벨이 아니라 칭호로 캐릭터가 얼마나 강한지를 보여주며, 사용한 능력에 따라 성장의 방향성이 변화한다. 전략성 높은 시스템과 여운이 남는 BGM의 평이 높다.

## SD 바리스

니혼 텔레네트　1992년 2월 14일　6,800엔　4M ROM

「몽환전사 바리스 Ⅱ」의 캐릭터를 SD화한 액션 게임. 오리지널 요소로 유코에게 6종류의 코스튬이 준비되어 있어, 입수한 복장을 마음대로 갈아입힐 수 있다. 차이나 드레스를 입으면 공격력이 올라가는 등, 입은 의상에 따라 능력치가 변화한다.

## 항구의 트레이지아

니혼 텔레네트　1992년 2월 14일　8,900엔　8M ROM

바깥세상을 동경해 고향을 떠난 청년 로이의 사랑과 모험 이야기. 동료들로부터 우정과 신뢰를 배우고, 때로는 배신당하면서도 성장해가는 주인공의 모습이 드라마틱하게 그려진다. 나쁜 조작성 등으로 당시엔 저평가를 받았지만, 스토리를 호평하는 유저도 많다. 마에다 마히로의 커버 일러스트도 수려하다.

## 정령신세기 페이에리아

울프팀　1992년 2월 18일　7,400엔　CD-ROM

정령기사의 마지막 후예가 납치당한 공주를 구하러 간다는
왕도 전개로 시작하는 RPG. 전투 시 적과 아군의 캐릭터 그
래픽이 크게 표시되는 것이 특징으로, 상황에 따라 표정과
포즈가 다양하게 바뀐다. 로딩이 너무 긴게 문제이지만, 재
미있는 아이디어가 많이 들어가 있다.

## 크루드 버스터

데이터 이스트　1992년 2월 28일　7,800엔　8M ROM

핵전쟁 후의 황폐한 뉴욕이 무대인 횡스크롤 액션 게임으
로, 아케이드 이식작. 지상에 놓인 물건은 뭐든 무기로 쓸
수 있는 호쾌한 액션이 특징으로, 적은 물론 표지판, 철골,
심지어 전차까지도 던져서 공격할 수 있다. 자판기를 던지
면 회복 드링크가 튀어나오는 등, 호쾌하고 즐거운 작품.

## 로드 블래스터즈

텐겐　1992년 2월 28일　6,800엔　4M ROM

아타리의 같은 이름의 아케이드 게임 이식작. 적을 샷으로
파괴하면서 코스를 돌진하는 상쾌한 카 레이싱+3D 슈팅 게
임이다. 아이템으로 연료를 보충하며 골에 도달하는 것이
목적. 떨어져 내려오는 지원부품을 얻으면 무기가 강화되
어, 더욱 화끈한 액션을 즐길 수 있다.

## 강철제국

HOT·B　1992년 3월 13일　7,800엔　8M ROM

가상의 공상과학소설을 영화화했다는 설정으로 제작된 스
팀펑크계 슈팅 게임. 전투기 에트피리카와 비행선 제펠론
중 하나를 조작해, 독일풍 군사국가와 대결한다. 무성영화
를 의식해 제작된 오프닝을 시작으로, 스토리성에 중점을
둔 연출과 세계관이 뛰어나다.

## 배틀마니아

빅 토카이　1992년 3월 6일　6,800엔　4M ROM

해결사 콤비 '오오토리이 마니아'와 '하네다 마리아'가 범죄
결사와 싸우는 슈팅 게임. 플레이어가 마니아, 옵션이 마리
아로서, 사격방향 좌우전환이 가능하고 무적인 마리아를 어
떻게 쓰느냐가 공략의 키포인트이다. 깊이감 있는 다중 스

크롤 등, 기술적으로도 뛰어난 작품. 잡탕 개그가 가득한 메
가 드라이브 굴지의 이색작으로도 유명해, 세가와 연관 있
는 지명을 딴 인물명 등 세가 관련 소재가 다수 있고, 특정
게임기를 밟는 영상까지 비기로 숨겨 놔 화제를 모았다.

 슈팅 게임　 액션 게임　 퍼즐 게임　 롤플레잉 게임　 시뮬레이션 게임　 스포츠 게임　 드라이브 게임　 어드벤처 게임　 교육 및 기타　 홈 게임

## 샤이닝 포스 : 신들의 유산

세가　1992년 3월 20일　8,700엔　12M ROM

「샤이닝」 시리즈 2번째 작품. 3D 던전 RPG였던 전작과는 달리, 이후의 시리즈 작품과 마찬가지로 시뮬레이션 RPG가 되었다. 전투 파트에서는 맵 상에 유닛이 배치되고 민첩성 순으로 턴이 돌아온다는, 당시로서는 참신한 시스템이 채용 되었다. 마법으로 경험치만 얻고 철수한 후 다시 전투에 도 전하는 식의 레벨 올리기도 가능. 전작에서 호평받았던 풍 부한 애니메이션과 간단한 인터페이스도 계승해, 난이도도 쉽고 눈도 즐거운 수작이 되었다.

---

## 토우잼 & 얼

세가　1992년 3월 13일　6,800엔　8M ROM

지구에 불시착한 우주인들이 주인공인 액션 게임. 매번 무 작위로 생성되는 맵을 탐색하여, 우주선 부품을 10개 모으 는 게 목적이다. 카툰 애니메이션풍의 코믹한 캐릭터와 힙 합 느낌의 음악이 독특한 작품. 이 작품의 개발자가 참여한 시리즈 신작이 2019년 3월에 북미에서 발매되었다.

---

## 아트 얼라이브

세가　1992년 3월 27일　3,800엔　1M ROM

메가 드라이브 최초의 그림 그리기 소프트. 직선, 곡선, 원 등을 그리는 선 그리기 기능을 비롯해, 스탬프나 템플릿, 칠 하기 기능으로 자유롭게 그림을 그릴 수 있다. 스탬프로 소 닉 더 헤지혹 등의 캐릭터를 연속 포즈로 찍을 수도 있어, 간단한 애니메이션 제작도 가능.

---

## 코즈믹 판타지 스토리즈

니혼 텔레네트　1992년 3월 27일　7,800엔　CD-ROM

기획·시나리오·감독을 오치 카즈히로, 메카닉 디자인을 오하라 쇼헤이가 맡은 SF 모험활극 「코즈믹 판타지」 2작품 의 합본. 스토리 중요 부분을 비주얼 신으로 보여주는 수법 을 본격 도입, 당시 생소했던 이러한 연출이 널리 퍼지는 계 기가 되었다. 오프닝 데모는 신규로 제작.

---

## 선더 프로레슬링 열전

휴먼　1992년 3월 27일　7,400엔　4M ROM

유혈 표현을 한 발짝 앞서 도입한 프로레슬링 게임 시리 즈 「파이어 프로레슬링」의 스핀오프 격 작품. 실존 레슬 러가 모델인 선수 12명으로, 쟁탈전 형식의 월드 챔피언 십 모드를 포함해 4가지 모드로 싸워볼 수 있다. 게이지 를 모아 큰 기술을 거는 시스템이 이 작품의 최대 특징.

---

HARDWARE │ 1988's SOFT │ 1989's SOFT │ 1990's SOFT │ 1991's SOFT │ 1992's SOFT │ 1993's SOFT │ 1994's SOFT │ 1995's SOFT │ 1996's SOFT │ OVERSEA SOFT

HARDWARE
1988's SOFT
1989's SOFT
1990's SOFT
1991's SOFT
1992's SOFT
1993's SOFT
1994's SOFT
1995's SOFT
1996's SOFT
OVERSEA SOFT

## 섀도우 오브 더 비스트 : 마성의 굴레

 MEGA DRIVE　빅터음악산업　1992년 3월 27일　8,800엔　8M ROM

 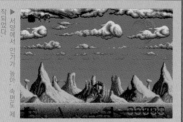

▶ 서양에서 인기가 높아 속편도 제작되었다.

괴물 모습으로 바뀌어버린 주인공의 복수를 그린 액션 게임. 원작은 리플렉션즈 사가 개발한 아미가용 게임. 메가 드라이브판은 원작의 투명한 느낌의 사운드끼진 재현하지 못했지만, 어둡고 환상적인 세계관은 제대로 표현했다. 리메이크판이 PS4용으로 다운로드 판매중.

## 스톰로드

MEGA DRIVE　마이크로 월드　1992년 3월 27일　6,800엔　4M ROM

▶ 판타지풍이 강한 그래픽이 인상적이다.

모든 요정의 구출이 목적인 면 클리어형 퍼즐 액션 게임. 원작은 휴슨 컨설턴츠 사의 영국산 PC게임이다. 아이템을 하나만 가질 수 있는 주인공을 요정까지 인도해야 하는 전략성을 요구한다. 요정의 누드 일러스트로 물의를 빚었지만, 실제 게임은 하드하고 깊이가 있다.

## 터보 아웃런

MEGA DRIVE　세가　1992년 3월 27일　6,000엔　4M ROM

▶ 스포츠카보다 늦게 골인하면 다음 섹션 진출. 발시 급발여자가적의 차로 갈아타 버린다.

▶ 터보를 연속으로 사용하면 오버히트로 어디에서 쓸지 잘 가늠하는 것이 포인트다.

85p에 게재된 「아웃런」의 속편인, 같은 이름의 아케이드 게임 이식판. 전작에 있었던 루트 분기는 없어지고, 외길 연속으로 16코스를 달려 미 대륙을 동서로 횡단한다. 한 섹션에 해당하는 4개 구간마다 엔진, 타이어, 터보 중 하나를 임의 순서로 튠업할 수 있다. 이 작품 최대의 특징은 바로 '터보' 기능인데, 발동하면 경찰차나 라이벌 차를 가볍게 제칠 수 있다. 사용 횟수에 제한이 있지만, 상쾌한 스피드감을 맛볼 수 있다.

## 피트 파이터

MEGA DRIVE　텐겐　1992년 3월 27일　7,800엔　8M ROM

▶ 실사 스캔 기술이 보급되는 계기가 되었다.

아타리가 개발한 아케이드용 타이틀의 이식작. 2D 스크롤 대전격투 게임이다. 레슬러, 킥복서, 가라테 선수 중 한 명을 조작해 마스크드 워리어에 도전권을 걸고 싸운다. 관객에 섞여 공격해오는 적이나 스테이지 상에 배치된 흉기 등을 사용하는 액션 게임적 요소도 있다.

## A열차로 가자 MD

MEGA DRIVE　세가　1992년 4월 10일　6,800엔　4M ROM

MEMORY BACK UP

▶ 실시간으로 마을이 발전해가는 광경을 장관이다.

PC게임 「A열차로 가자」 시리즈 첫 작품의 이식작. 선로나 역을 적절히 배치해 대륙을 발전시켜 얻은 수익으로 철도를 확장한다는 내용으로, 철도회사 경영보다는 도시발전 시뮬레이션에 가까운 게임이다. 1년 내에 대통령관저와 별장을 선로로 이으면 게임 클리어.

 슈팅 게임　 액션 게임　 퍼즐 게임　 롤플레잉 게임　 시뮬레이션 게임　 스포츠 게임　 드라이브 게임　 어드벤처 게임　 교육 및 기타　 홈 게임

## 데스 브링거 : 숨겨진 문장

니혼 텔레네트　1992년 3월 13일　7,400엔　CD-ROM

PC-9801에서 인기를 얻었던 같은 이름의 타이틀을 이식. 이동화면을 3D, 전투화면을 2D로 표현했다. 밤낮 개념을 도입한 것이 당시로서는 신선했고, 특히 메가 CD판에서는 새로이 오토 매핑을 추가했다. 이벤트 CG도 신규로 그려서 수록했다.

## 아리시아 드라군

게임 아츠　1992년 4월 24일　7,800엔　8M ROM

짜임새 있는 구성의 액션 슈팅 게임. 미소녀 아리시아를 조작해 교주 도르가를 쓰러뜨려라! 특징은 전방위의 적에 명중하는 번개 공격과, 수호동물의 존재. 4마리의 수호동물은 각각 특성이 다르다. 클리어 조건은 스테이지마다 다르며, 목숨제가 아닌 라이프제가 도입되었다.

## 대항해시대

코에이　1992년 4월 29일　11,800엔　8M ROM

원작은 PC-8801mkⅡSR판. 후일 '대항해 시리즈'로 불리는 시뮬레이션 게임의 첫 작품. 항해사 레온 페레로가 되어, 모험과 교역을 거듭해 빼앗긴 작위를 되찾자. 명성을 올려야 신분이 상승하지만, 명성을 어떻게 올릴지는 플레이어 마음대로인 높은 자유도가 특징. 칸노 요코의 음악도 매력적이다.

## 배드 오멘

HOT·B　1992년 4월 24일　6,800엔　4M ROM

종스크롤 슈팅 요소를 가미한 블록 격파 게임. 패드 2개를 조작해 신비의 블루 사파이어를 쳐서 날리자. 적은 다크 월드에서 나타난 질투심 넘치는 악마. 패드는 좌우로 빙글빙글 돌릴 수 있다. 빠른 템포로 진행되는 간편한 시스템이 최대 포인트. 보스전도 있다.

## 마법동자☆타루루토

세가　1992년 4월 24일　3,880엔　4M ROM

에가와 타츠야 원작의 애니메이션을 게임화한 작품. SEGA 로고가 표시될 때부터 음성이 나와, 몰입감을 높여 준다. 스테이지 1의 BGM에 애니메이션 주제가가 나오는 등, 곳곳에 작품 팬을 즐겁게 하는 연출이 많다. 그래픽은 원작에 충실 하게 그려져 있고, 캐릭터의 재현도도 매우 높다. 게임 자체는 정석적인 횡스크롤 액션이지만, 당시로서는 신선한 기믹도 많아 액션 게임으로서도 고품질 작품이 되었다. 개발사는 포켓몬 시리즈로 친숙한 게임 프리크.

## 슬라임 월드

마이크로 월드　1992년 4월 30일　6,800엔　4M ROM

▶주의해서 전진하자.
사방에 뛰는 제네이 묻지 않도록

미지의 행성 슬라임 월드에서 슬라임 젬을 찾아내라. 원작은 미국 아타리 사의 휴대기 'LYNX'용 게임으로, 이후 제네시스로 이식되었다. 화면 구성은 딱 고전 서양 게임 분위기. 원작에 비해 아이템이 강화되어, 공략법이 달라졌다. 상하 분할 화면으로 2인 플레이도 가능.

## 나카지마 사토루 감수 F1 HERO MD

바리에　1992년 5월 15일　7,800엔　8M ROM

▶얼마나 빨리 코스를 외우느냐가 공략의 키포인트이다.

나카지마 사토루의 이름을 건 레이스 게임 제 2탄. 얼핏 「슈퍼 모나코 GP」와 비슷한 드라이버 시점의 유사 3D로, 게임 모드는 총 3가지이다. 레이스 개시 전 나카지마의 코스 해설이 특징. 엔진과 타이어를 고르는 등의 세세한 세팅도 가능. 최후의 슈퍼 A 클래스는 나카지마와 겨룬다.

## 시저의 야망 II

마이크로네트　1992년 5월 28일　8,800엔　8M ROM

MEMORY BACK UP

▶3종의 병과에는 각각 장단점이 존재한다.

플레이어는 로마의 영웅 시저가 되어, 원로원이 입안한 여러 작전을 수행한다. 게임은 총 15스테이지. 아시아를 무대로 한 다양한 전장이 준비되어 있다. 운용 가능한 병과는 전투, 간접공격, 기동의 3종류. 실시간제이므로, 그때그때 변화하는 상황에 대응해야 한다.

## 아일로드

울프 팀　1992년 5월 29일　7,800엔　CD-ROM

BACK UP RAM

▶맵이 너무 넓어 공략에 시간이 소모했다

연출에 정평이 나 있는 울프 팀이 제작한 유사 3D RPG. 메가 CD의 용량을 살린 호화로운 구성으로, 주제가와 캐릭터 음성은 물론 실사를 스캔한 프롤로그까지 들어갔다. 캐릭터 디자인과 작화 감수는 미키모토 하루히코. 오토 매핑 기능이 없어, 난이도는 매우 높다.

## 카멜레온 키드

세가　1992년 5월 29일　6,800엔　8M ROM

▶문자가 세겨진 프라이즈 블록에서 헬멧이 출현. 이름 얻으면 9종류의 히어로로 변신한다!

▶스테이지 마지막에 있는 백기를 얻으면 오 게임과 비슷하다.

미국의 개발회사 Sega Technology Institute가 개발한 횡스크롤 액션 게임. 이 회사를 설립한 마크 서니는 「마블 매드니스」등으로 유명한 게임 디자이너이다. 그야말로 미국스러운 그래픽이 특징. 게임은 후일의 소닉 더 헤지혹을 연상케 하는 하이 스피드로 진행된다. 카멜레온 키드는 헬멧을 쓰면 9가지 모습으로 변신이 가능. 아이들을 잡아간 와일드 사이드의 보스 '헤디 메탈'을 쓰러뜨리기 위해, 스페셜 파워를 구사해 4스테이지 103라운드를 공략한다.

 슈팅 게임　 액션 게임　 퍼즐 게임　 롤플레잉 게임　 시뮬레이션 게임　 스포츠 게임　 드라이브 게임　 어드벤처 게임　 교육 및 기타　 홈 게임

## 퀴즈 스크램블 스페셜

 세가　1992년 5월 29일　6,800엔　CD-ROM

메가 CD로 출시된 허무개그계 퀴즈 게임. 노다 박사와 조수 야츠하타가 원래 세계로 돌아가기 위해, 동물들이 출제하는 사지선다 퀴즈를 푼다는 심플한 내용. 퀴즈를 풀면 '지력'이란 에너지가 차올라 원래 세계로 돌아갈 수 있다. 전 6 스테이지. 2인 동시 플레이 가능.

## 그랜드 슬램 : 더 테니스 토너먼트 '92

니혼 텔레네트　1992년 6월 12일　6,800엔　4M ROM

메가 드라이브 최초의 테니스 게임. 당시의 유명 선수를 매우 닮은 24명 중 1명을 골라 그랜드 슬램을 노린다. 조작성은 양호하고, 음성과 효과음도 당시로는 리얼하게 재현했다. 엑시비션, 서킷, 트레이닝의 3개 모드를 준비. 오리지널 캐릭터를 제작해 플레이할 수도 있다.

## 톱 프로 골프

 소프트 비전　1992년 6월 19일　8,800엔　8M ROM

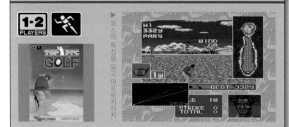

세계의 톱 프로 선수를 상대로, 남국의 섬에 설치된 코스를 도는 골프 게임. 등장하는 프로는 30명. 강호를 상대하는 토너먼트와 일대일 매치 플레이, 스트로크 플레이와 핸디캡 등 4가지 모드를 즐긴다. 라운드 개시 전에 와이어 프레임으로 코스가 표시되는 것도 큰 특징.

## 스피드볼 2

 CRI　1992년 6월 19일　6,800엔　4M ROM

9명 한 팀으로 금속제 볼을 이용해 겨루는 근미래 스포츠 게임. 상대 골에 볼을 넣거나, 상대 10명을 때려죽이면 승리한다. 핸드볼과 아이스하키를 섞은 듯한 경기로, 룰은 간단하기 짝이 없고 반칙도 딱히 없다. 압도적인 스피드와 폭력, 그리고 금속적인 매력이 넘치는 작품.

## 마법소녀 실키 립

 니혼 텔레네트　1992년 6월 19일　7,400엔　CD-ROM

추억의 고전 마법소녀 애니메이션을 오마쥬한 미소녀 어드벤처 게임. 오프닝과 엔딩은 물론 아이캐치까지 있다. 전 11화 구성. 본편은 필드 이동식 어드벤처. 이동, 대화, 전투의 3가지 모드로 구성되어, 대화 커맨드 선택 시 감정을 부가할 수 있는 것이 큰 특징이다. 감정치는 이동 시와 타임 브레이크 시엔 평균화도 가능하다. 주인공 립에 야마모토 유리코, 라이벌 이자벨라에 히사카와 아야, 립의 보호자 격인 도메 오오타케에 와카모토 노리오라는 실로 매니악한 성우 기용도 특징.

HARDWARE ｜ 1988's SOFT ｜ 1989's SOFT ｜ 1990's SOFT ｜ 1991's SOFT ｜ 1992's SOFT ｜ 1993's SOFT ｜ 1994's SOFT ｜ 1995's SOFT ｜ 1996's SOFT ｜ OVERSEA SOFT

## 로열 블러드

MEGA DRIVE | 코에이 | 1992년 6월 25일 | 9,800엔 | 8M ROM

1 PLAYER | MEMORY BACK UP

▶ 명령은 최저한으로 간략화해 초보자도 즐기기 쉽다.

코에이 최초의 판타지 시뮬레이션. 원작은 1991년 패미컴으로 발매. 세계관은 오리지널로, 「반지의 제왕」의 영향이 강하다. 시스템은 초기 코에이 시뮬레이션 기반으로, 초보자를 배려해 난이도도 낮췄다. 전투에선 인간 부대와 그 지역의 몬스터·마법사를 어떻게 섞어서 운용할지가 관건.

## 투기왕 킹 콜로서스

MEGA DRIVE | 마이크로 월드 | 1992년 6월 26일 | 5,800엔 | 8M ROM

1 PLAYER | MEMORY BACK UP

▶ 선공권과의 뚜껑술의 저절렬액 몸무한 무기의 수가 다른액

「공작왕」의 만화가 오기노 마코토가 제작한 액션 RPG. 투기장 노예가 된 주인공이 자신의 운명과 맞선다. 비극적 세계관이 특징. 난이도 조정이 절묘해, 끈기 있게 진행하면 실력이 서툴러도 어떻게든 엔딩을 볼 수 있다. 시나리오 테마는 무겁지만 끝까지 여운이 남는 전개.

## 루나 더 실버 스타

세가 | 1992년 6월 26일 | 7,800엔 | CD-ROM

1 PLAYER | BACK UP RAM

▶ 반에 파티에서 이탈해버린다. 일테나의 전쟁이 히로인이기도 한 소꿉친구이 루나는 여신의 아 아셔게도 이야기

ルナと歌の練習する 約束してるんだろ アレス 早く帰んないとおこられるゾ

おはよう アレス 遅かったのね

▶ 는 정통 RPG 답답한 짜임새 덕에 초보자도 즐기기 쉽다. 시스템도 또렷한 편이다. 타인과의 대화에다 이야기를 진전시키는

드래곤 마스터가 장래희망인 소년 아레스의 이야기. 메가 CD를 대표하는 RPG로, 정통적인 스타일이면서도 게임 밸런스가 우수하다. 던전도 복잡하게 꼬여있지 않고, 전투도 상쾌하게 진행된다. 메가 CD 타이틀답게 오프닝의 애니메이션 연출뿐만 아니라, 엔딩에다 삽입곡과 악곡도 풍부하다. 전투 및 이동 시 '거리' 개념을 도입해, 기존의 RPG와 달리 전략적 요소가 들어갔다. 후일 세가 새턴을 필두로 여러 게임기에 이식되었다.

## 페이퍼보이

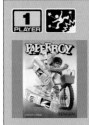

MEGA DRIVE | 텐겐 | 1992년 6월 26일 | 6,800엔 | 4M ROM

1 PLAYER

▶ 달게임

아르바이트 소년이 구독자의 우편함에 신문을 던져 넣는 게임. 우편함에 제대로 넣지 않거나 유리창을 깨뜨리면 다음날 구독이 줄어버린다. 원작은 미국 아타리 사가 1984년 가동한 아케이드 게임. 매우 많은 기종에 이식된 당대 히트작이다. 패키지와 설명서가 독특해 읽어볼 만.

## 데이비드 로빈슨 바스켓볼

MEGA DRIVE | 세가 | 1992년 7월 10일 | 4,800엔 | 4M ROM

1-2 PLAYERS

▶ 은 드 물린. 비슷한 시청을 재택한 농구 게임

1990년대 활약한 슈퍼 센터 '데이비드 로빈슨'을 내세운 게임. 특징은 쿼터뷰식 게임 화면이다. 다른 농구 게임과는 완전히 다른 시점이지만, 의외로 위화감이 없다. 등장하는 선수는 모두 가상이며, CPU의 방어가 철저한 편이라 난이도가 높다.

 슈팅 게임  액션 게임  퍼즐 게임  롤플레잉 게임  시뮬레이션 게임  스포츠 게임  드라이브 게임  어드벤처 게임  교육 및 기타  홈 게임

## 피구왕 통키

세가　1992년 7월 10일　3,800엔　4M ROM

**1-6 PLAYERS**

코시타 테츠히로의 인기 만화(원제는 「불꽃의 투구아 돗지 단페이」)를 게임화한 피구 게임. 당시 초등학생들에게 피구 붐을 일으킨 만화로, 한국에서도 대히트했다. 시스템은 「열혈고교 피구부」를 진화시킨 느낌으로, 조작이 쉽고 스피디하다. 호쾌한 연출이 많고, 원작의 필살기와 포메이션도 나온다.

## 아이르톤 세나 슈퍼 모나코 GP II

세가　1992년 7월 17일　7,800엔　8M ROM
아날로그 조이패드(XE-1AP : 전파신문사 발매) 대응

**1 PLAYER**

1990년 발매된 「슈퍼 모나코 GP」의 속편. 당시 F1의 인기 드라이버였던 아이르톤 세나가 감수했다. 시스템은 전작의 틀을 유지하며, 비기너와 마스터의 두 모드를 추가했다. 'SENNA Grand Prix' 모드에 등장하는 코스는 세나가 직접 설계했다. 난이도는 매우 높다.

## 글레이 랜서

메사이야　1992년 7월 17일　8,300엔　8M ROM

**1 PLAYER**

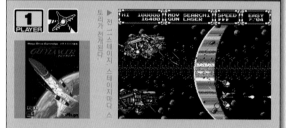

뚜렷한 스토리로 진행되는 횡스크롤 슈팅 게임. 7종류의 샷(거너)과 5종류의 포메이션(무버)을 구사해 외계인과 싸운다. 거너는 플레이 도중 자유롭게 변경 가능. 메사이야가 절정기였을 때의 작품으로, 준수한 게임성과 미려한 그래픽은 물론, 뛰어난 음악과의 조화도 훌륭하다.

## 올림픽 골드

세가　1992년 7월 24일　4,800엔　4M ROM

**1-4 PLAYERS**

1992년 개최된 바르셀로나 올림픽을 소재로 한 게임. 100m 달리기, 해머던지기, 양궁, 110m 허들, 장대높이뛰기, 다이빙, 200m 수영의 총 7종 경기를 플레이할 수 있다. 경기종목에 따라 조작방법이 달라, 익숙해지려면 시간이 걸린다. CPU가 강해 난이도는 높다.

## 썬더 포스 IV

테크노 소프트　1992년 7월 24일　8,800엔　8M ROM

**1 PLAYER**

시리즈 4번째 작품이자, 테크노 소프트가 출시한 최후의 메가 드라이브용 작품. 메가 드라이브를 대표하는 최고의 걸작 슈팅이다. 전 10스테이지 중 최초의 4개 스테이지는 자유롭게 선택이 가능하다. 난이도 설정은 4단계. 소지한 무기

수와 죽은 횟수에 따라 난이도가 바뀐다. 전작과 달리 샷은 풀 오토 고정으로, 죽으면 난이도에 관계없이 그 시점에서 장비 중인 무기와 클로를 빼앗긴다. 신규 요소로 추가된 모으기 공격 '썬더 소드'는 매우 강력하다.

HARDWARE

1988's SOFT

1989's SOFT

1990's SOFT

1991's SOFT

1992's SOFT

1993's SOFT

1994's SOFT

1995's SOFT

1996's SOFT

OVERSEA SOFT

## 다이나 브라더즈

CRI　1992년 7월 24일　8,800엔　8M ROM

파이팅 패드 6B 대응

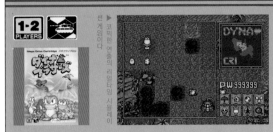

1-2 PLAYERS

코믹한 연출의 리얼타임 시뮬레이션 게임이다.

「포퓰러스」의 공룡판 격인 시뮬레이션 게임. 플레이어는 신이 되어 공룡을 육성해, 초식공룡을 늘려 파워가 모이면 육식공룡으로 적진을 침공한다. 종교적 면모기 강한 「포퓰러스」와는 달리, 공룡이 우주인을 포식하는 모습이 코믹하고 귀엽다. 게임 팬으로 유명한 정신과 의사 카야마 리카가 감수.

## 트윙클 테일

WAS　1992년 7월 24일　7,800엔　8M ROM

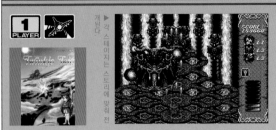

1 PLAYER

각 스테이지는 스토리에 맞춰 전개된다

주인공 견습마법사 사리아가 세계를 구하는 슈팅 게임. 공격은 통상공격 3종류와 마법공격 2종류가 있다. 8방향으로 이동 가능하며, 보스전만 위 방향으로 고정. 보스를 물리쳐 마법사를 도와주면 라이프가 하나 늘어난다. 잘 그려진 그래픽이 멋지다.

## 데토네이터 오건

HOT·B　1992년 7월 31일　7,800엔　CD-ROM

1 PLAYER　BACK UP RAM

기본적인 스토리는 OVA를 따라간다.

타츠노코 프로의 「우주의 기사 테카맨」을 오마쥬한 같은 이름의 OVA가 원작인 커맨드 선택식 어드벤처. 플레이어는 주인공 신도 토모루가 되어, 다른 별의 생명체 이바류다와 싸운다. 어드벤처 파트와 배틀 파트로 구성된 비주얼 중시 작품으로, 세이브 파일은 3개.

## 스플래터하우스 PART II

남코　1992년 8월 4일　5,800엔　8M ROM

1 PLAYER

주인공 릭의 마스크가 두 개골 형태로 바뀌었다.

메가 드라이브로만 발매된, 같은 이름의 타이틀의 오리지널 속편. 전작과 마찬가지로 횡스크롤 액션 게임이며, 전 8 스테이지로 구성되어 있다. 라이프는 최대 5개이고, 스테이지를 클리어하면 2개까지만 회복된다. 다만 난이도에 따라 회복량은 달라진다.

## 수라의 문

세가　1992년 8월 7일　6,000엔　8M ROM

1 PLAYER

전일 상대와의 거리감이 기술을 가늠하는 중요한 요소로, 접근전일 경우 넣을 수 있는 기술은 펀치 계 중거리에서는 킥 계, 원거리에서는 퀵 계로 나뉜다.

당시 월간 소년 매거진에 연재되던 같은 이름의 만화를 게임화했다. 순수 격투 게임이 아니라, 커맨드로 기술을 선택하는 시뮬레이션 게임이다. 테크모 「캡틴 츠바사」의 격투 게임판이랄까. 공략법 자체도 원작 만화를 따라가므로, 이

이 작품은, 원작 만화 기준 10권까지의 내용을 현현 참고해 진행한다.

를 재현해내면 이길 수 있다. 반대로 원작을 모르면 공략이 매우 어렵다. 비주얼의 완성도는 매우 좋아, 원작을 잘 재현해냈다. 연출도 심혈을 기울여 원작의 전개를 재현했다. 제작사는 당시 세가의 자회사였던 심스.

 슈팅 게임　 액션 게임　 퍼즐 게임　 롤플레잉 게임　 시뮬레이션 게임　 스포츠 게임　 드라이브 게임　 어드벤처 게임　 교육 및 기타　 홈 게임

## 열혈고교 피구부 축구 편 MD

PALSOFT　1992년 8월 7일　8,800엔　4M ROM

원작은 1987년 발매된 패미컴용 게임. 식중독에 걸린 축구부 대신 피구부가 출전해, 필살 슛으로 전국 우승을 노린다. 시합 개시 전에 대략적인 작전을 정할 수 있어, 이를 설정하면 AI가 어느 정도 작전대로 움직여준다. 시합 도중엔 반칙이 없으므로, 거친 플레이도 유감없이 구사 가능.

## 표주박섬 표류기 : 대통령이 되어라!

세가　1992년 8월 7일　4,800엔　4M ROM

1960년대 NHK에서 방송했던 TV 인형극의 게임판. 플레이어는 돈 가바쵸, 호랑이수염, 박사, 선데이 선생님 중 하나를 조작해 국민의 지지를 얻어 대통령이 되는 게 목표다. 고전 보드게임 스타일로, 「모모타로 전철」과 비슷하다. 돈이 아니라 국민의 지지를 모으는 것이 포인트.

## 페르시아의 왕자

빅터음악산업　1992년 8월 7일　7,800엔　CD-ROM

「카라테카」의 크리에이터 조던 메크너가 개발한 액션 게임. 주인공의 유연한 움직임과 칼날 및 가시 함정의 잔혹한 표현 등이 특징으로, 미국에서는 밀리언셀러를 달성한 인기작이다. 메가 드라이브판 오리지널 요소로, 애니메이션풍 캐릭터가 나오는 오프닝이 들어갔다.

## 부라이 : 팔옥의 용사 전설

세가　1992년 9월 11일　7,800엔　CD-ROM

시나리오와 게임 디자인을 이이지마 타케오, 캐릭터 디자인을 아라키 신고와 히메노 미치, 음악을 SHOW-YA가 맡는 등 당대 일류 크리에이터가 집결했다. 원작은 1988년 발매된 PC게임. 메가 CD판은 시나리오를 재구성하고 이벤트 CG를 추가했으며, 캐릭터 보이스가 들어갔다.

## 선더 스톰 FX

울프 팀　1992년 8월 28일　7,800엔　CD-ROM

원작은 1984년 발매된 아케이드 게임. 전년에 발매된 「환마대전」에 이은 레이저디스크 게임 제 2탄이다. 플레이어는 헬리콥터 LX-3의 파일럿이 되어 비행기나 헬리콥터, 전차 등 적기를 파괴해 적 테러 조직을 괴멸시켜야 한다. 미사일로만 파괴 가능한 적도 있으므로 기관포만 쏴서는 안 된다. 스튜디오 Z5와 이데온, 던바인의 캐릭터 디자이너로 유명한 코가와 토모노리가 제작한 삽입 애니메이션은 지금도 평가가 높다.

HARDWARE
1988's SOFT
1989's SOFT
1990's SOFT
1991's SOFT
1992's SOFT
1993's SOFT
1994's SOFT
1995's SOFT
1996's SOFT
OVERSEA SOFT

## 제독의 결단

MEGA DRIVE　코에이　1992년 9월 24일　14,800엔　8M ROM

코에이가 개발한 첫 2차대전 시뮬레이션 게임으로, 'WWⅡ 게임 시리즈' 제 1탄이다. 캠페인 시나리오 '미일 교섭결렬' 과 쇼트 시나리오 8개로 구성되며, 커맨드는 이동화면에서 4시간당 한 번, 전투는 HEX전 진행. 선택 가능한 국가는 일본과 미국. 일본을 선택하면 연합함대 사령관이 된다.

## 원더 도그

MEGA CD　빅터음악산업　1992년 9월 25일　7,200엔　CD-ROM

원더 메가의 마스코트 캐릭터가 주인공인 액션 게임. 10스테이지 구성으로, 400종류의 적 캐릭터가 등장한다. 「소닉 더 헤지혹」과 비슷한 디자인으로, 스피드와 상쾌함을 중시했다. 난이도는 그리 높지 않다. 손 클리어 후에 표시되는 패스워드로 컨티뉴 가능.

## 라이즈 오브 더 드래곤

MEGA CD　세가　1992년 9월 25일　6,800엔　CD-ROM　세가 마우스 대응

미국 다이내믹스 사가 개발한 사이버펑크 어드벤처 게임. 화면상의 커서를 움직이면 커맨드가 표시되는 것이 특징으로, 커맨드를 선택하면 그에 맞는 액션이 일어난다. 게임 도중에도 시간이 계속 흐르므로, 특정 시간에 일어나는 이벤트가 있는가 하면, 플레이어의 행동과 무관하게 이벤트가 발생하기도 한다. 옷을 입지 않고 외출하는 등 플레이어가 상황에 맞지 않게 행동하면 게임 오버. 아이템을 잘못 사용해도 클리어가 불가능한 상황이 되는 등, 난이도가 매우 높다.

## 킹 새먼

MEGA DRIVE　HOT·B　1992년 9월 26일　6,800엔　4M ROM

메가 드라이브 최초이자 유일한 낚시 게임. 연어낚시 토너먼트에 출장해 우승하는 것이 목표. 낚아 올린 물고기의 총 중량으로 승부가 결정된다. 루어나 라인의 세팅도 가능하지만, 물고기가 안 보이는 경우도 있다. 물고기와의 밀고 당기기 요소도 있지만, 일단은 '운'이 중요한 게임.

## 치키치키 보이즈

MEGA DRIVE　세가　1992년 10월 16일　6,000엔　8M ROM

같은 이름의 아케이드 게임 이식판. RPG 요소가 결합된 액션 게임으로, 대부분이 「몬스터 월드」와 닮았다. 검술이 특기인 형과 마법이 특기인 동생 중 하나를 골라 플레이한다. 컨티뉴는 가게에서 살 수 있지만 모아두는 건 불가능. 코믹한 설정임에도 난이도는 비교적 높다.

슈팅 게임　액션 게임　퍼즐 게임　롤플레잉 게임　시뮬레이션 게임　스포츠 게임　드라이브 게임　어드벤처 게임　교육 및 기타　홈 게임

### 체르노브

데이터 이스트    1992년 10월 16일    7,800엔    8M ROM

원작은 불온하기 짝이 없는 설정으로 유명한 아케이드 게임. 개성이 강한 시스템이지만 조작성은 좋다. 하지만 메가 드라이브판에선 과격한 요소가 삭제되어 무난한 방향으로 수정되었다. 그래픽도 다시 그려져, 원작과는 세계관이 아예 달려졌다. BGM도 스테이지마다 별개의 곡이 들어갔다. 문제의 엔딩 역시 최후에 후일담이 추가되어, 사람에 따른 해석의 여지를 남겨뒀다. 그 외에도 장애물의 세부적인 배치 등이 변경되어, 공략이 어려워졌다.

### 빅센 357

메사이야    1992년 10월 23일    8,800엔    8M ROM

PC엔진의 「비장기병 카이저드」와 세계관을 공유하는 미션 클리어형 시뮬레이션. 스토리는 별개이지만, 합치면 장대한 이야기를 즐길 수 있다. 시스템은 「랑그릿사」와 동일. 비기 커맨드로 시나리오와 사운드 셀렉트가 가능. 매뉴얼에 실린 로봇의 러프 스케치가 멋지다.

### 기동경찰 패트레이버 : 98식, 기동하라!

마바    1992년 10월 23일    7,800엔    4M ROM

과거 바비 인형의 수입판매를 담당한 반다이의 자회사 마바가 개발한 필드 이동형 어드벤처 게임. 테러리스트가 특차 2과를 점거했다는 설정 탓에, 관사에서도 적과의 배틀이 발생. 이기면 돈을 얻지만, 고토 대장과의 주사위 도박 외엔 쓸 일이 없다. 감수로 오시이 마모루가 참여했다.

### 슈퍼 H.Q.

타이토    1992년 10월 23일    6,800엔    4M ROM

자사의 아케이드 게임 「체이스 H.Q.」의 이식판. 레이싱 게임으로 분류되지만, 일반적인 레이싱 게임과는 다르게 위장한 경찰차로 범인의 차를 육탄 저지한다. 준비된 차종은 스포츠카, 4WD, 세미 트레일러로 3종류. 미인 오퍼레이터 '낸시'도 스테이지 처음에 등장한다.

### 크라잉 : 아생명전쟁

세가    1992년 10월 30일    6,800엔    8M ROM

메가 드라이브의 오리지널 슈팅 제 3탄. 특징은 플레이어가 '생물병기', 적기가 '아공생명체'로서 모든 등장 캐릭터가 생물이라는 점. 사용 가능 캐릭터는 4종류. 적 캐릭터가 놀랍도록 정교하게 그려져, 혐오감이 생길 정도이다. 난이도는 적절해 게임으로서의 완성도는 높다.

## 블랙홀 어설트
마이크로네트 1992년 10월 23일 6,800엔 CD-ROM

메가 CD 초기에 발매된 로봇 액션 「헤비 노바」의 속편. 로봇간의 일대일 대전격투 게임이다. 1P 전용의 스토리 모드와 최대 8대까지 참가 가능한 토너먼트 전, 대전 모드, 리그전의 4가지 모드로 즐길 수 있다. 버튼 배치는 초대 「아랑전설」과 「월드 히어로즈」 타입. 스테이지 무대인 혹성마다 중력 차가 있는 등, 공들인 장치가 많다. 메카 디자인과 연출도 뛰어나고, 스토리 모드의 데모 무비가 일품인 게임.

## 프로야구 슈퍼 리그 CD
세가 1992년 10월 30일 7,800엔 CD-ROM

메가 CD로 발매된 첫 야구 게임. 타자가 타석에 들어설 때 얼굴 컷인이 나오는데, 그래픽이 잘 그려져 야구 팬들을 기쁘게 한다. 게임은 페넌트레이스 혹은 엑시비션의 선택제로, 구장도 6종류 중에서 선택이 가능하다. 선수명감 모드도 탑재되어, 각 선수의 91년도 성적을 볼 수 있다.

## 홀리필드 복싱
세가 1992년 10월 30일 7,800엔 4M ROM

이밴더 홀리필드를 피처링한 권투 게임. 홀리필드는 올림픽 동메달에 헤비급 챔피언 4관왕까지 획득한 빛나는 성적을 자랑하는 선수다. 화면은 선수의 상반신이 서로 맞서는 구성으로, 위아래로 펀치를 뺄 수 있다. 룰이 단순해 즐기기 쉽다. 최종 보스는 홀리필드 본인.

## 랜드스토커 : 황제의 재보
세가 1992년 10월 30일 8,700엔 16M ROM

「드래곤 퀘스트」 3・4편의 수석 프로그래머였던 나이토 칸 씨가 개발을 맡은 쿼터뷰 액션 RPG. 그가 고안한 'DDS(Diamond-Shaped Dimension System)520'을 채용해, 지형의 고저차와 깊이감을 표현했다. 캐릭터 디자인은 「샤이닝 포스」 시리즈의 타마키 요시타카가 담당. 점프 액션과 맵 탐색의 두 요소가 고차원적으로 융합되어, 정감 있는 도트 그래픽과 어우러져 신선함과 친숙함이라는 두 마리의 토끼를 잡아냈다.

108

## 에어 매니지먼트 : 창공에 건다

코에이 1992년 11월 1일 11,800엔 8M ROM

항공사 경영을 그린 경영 시뮬레이션 제 2탄. 32년 내로 라이벌사보다 먼저 22개 도시 항로를 연결하는 게 목표. 그러면서도 경영상태를 흑자화하고 게임 레벨에 따른 연간이용 객수도 만족시켜야 한다. 시나리오는 1963년과 1983년 2종류가 있고, 양쪽 모두 당시 사회상이 담겨 있다.

## 삼국지 III

코에이 1992년 11월 8일 14,800엔 12M ROM

코에이의 간판 역사 시뮬레이션 게임 제 3탄. 가정용 최초 이식판으로서, 슈퍼 패미컴판과 같은 날 발매되었다. 지역이 아닌 도시의 지배가 목표로, 고대 중국의 주요 도시 전체를 지배하면 클리어. 8인 멀티플레이가 가능하고, 신 요소로서 무장에 신분 개념이 도입되었다.

## 타임 걸

울프 팀 1992년 11월 13일 7,800엔 CD-ROM

타이토가 1985년 가동한 레이저디스크 게임의 이식판. 주인공인 타임 걸 레이카의 캐릭터와 실수했을 때의 코믹한 연출이 화제가 되어, LD 게임 중에선 상당한 지명도와 캐릭터 인기를 자랑한다. 시스템은 화면 표시에 따라 레버와 버튼을 조작하는 LD 게임 전통의 리액션식. 중요 시스템으로서 위기에 몰린 레이카가 일시적으로 시간을 멈추는 이벤트 '타임 스톱'이 발생해, 일정 시간 내에 선택지 중 적절한 것을 선택해야 탈출할 수 있다.

## 프로 풋볼

일렉트로닉 아츠 빅터 1992년 11월 20일 6,800엔 4M ROM

지금도 「매든 NFL」로 꾸준히 이어지는 정통 시리즈의 제 1탄. 타이틀의 '존 매든'은 NBC 해설가로, 명예의 전당에까지 오른 인물이지만 일본에선 무명이라 패키지에서 이름이 빠졌다. 화면은 깊이감 있는 필드로, 플레이북에서 플레이를 선택하는 전통적인 방식이다.

## 프로 하키

일렉트로닉 아츠 빅터 1992년 11월 20일 6,800엔 4M ROM

원작은 일렉트로닉 아츠 사가 미국에서 발매한 제네시스용 아이스하키 게임. NHL의 공식 라이선스를 받았다. 메가 드라이브판은 북미보다 1년 늦게 발매. 팀은 내셔널 팀 혹은 NHL 팀 중에서 선택 가능하다. 링크 표현은 탑 뷰 스타일로, 선수의 움직임이 리얼하게 재현되었다.

HARDWARE | 1988's SOFT | 1989's SOFT | 1990's SOFT | 1991's SOFT | 1992's SOFT | 1993's SOFT | 1994's SOFT | 1995's SOFT | 1996's SOFT | OVERSEA SOFT

## 레밍스

선 소프트　1992년 11월 20일　7,800엔　8M ROM

영국 시그노시스 사가 1991년 발매한 액션 퍼즐 게임. 이름의 유래는 '집단자살' 습성이 있다고 오해받는 레밍(나그네쥐)에서 왔다. 앞으로 걷기만 하는 레밍에게 지시를 내려 제한시간 내에 규정된 마릿수 이상을 출구로 인도하자. 쓰이는 커맨드는 8종류. 2P 대전 모드도 있다.

## 로드 래쉬

일렉트로닉 아츠 빅터　1992년 11월 20일　7,800엔　8M ROM

경쟁상대를 때릴 수 있는, 진기한 바이크 레이싱 게임. 상대가 무기를 들고 있다면 빼앗아 쓸 수도 있다. 레이스로 상금을 받아 그 돈으로 바이크를 강화하여 다음 레이스에 나선다. 등장하는 바이크 중엔 '슈리켄', '가미카제', '반자이' 등 일본식 이름이 많다.

## 소닉 더 헤지혹 2

세가　1992년 11월 21일　6,800엔　8M ROM

초음속 액션으로 호평받은 시리즈의 제 2탄. 소닉의 파트너인 여우 '마일즈 '테일즈' 프로워'가 처음 등장한 작품이기도 하다. 특징은 스핀 대시의 추가와, 2P 컨트롤러로 테일즈를 조작할 수 있다는 것, 2인 대전 플레이가 가능하다는 것이다. 게다가 카오스 에메랄드를 모두 모으고 링이 50개 이상이면 슈퍼 소닉으로 변신할 수도 있다. 전작에서 제대로 진화된 작품이지만, 난이도가 더 높아졌고 세이브 기능이 여전히 없으니 플레이 시 주의할 필요가 있다.

## 전인 알레스터 : Nobunaga and his Ninja force

컴파일　1992년 11월 27일　6,800엔　CD-ROM

전국시대 소재의 SF 일본풍 슈팅 게임. 컴파일 설립 10주년 기념작품으로 제작되었다. 오다 노부나가의 부하인 주인공이 전인(電忍) 알레스터를 타고 오다 군을 둘러싼 포위망을 부수기 위해 다이묘들과 싸운다. 철갑병에 탄 다이묘는 이마가와 요시모토와 우에스기 켄신, 다케다 신겐 등 지금도 유명한 장수들뿐.

## 사이드 포켓

데이터 이스트　1992년 12월 11일　7,800엔　8M ROM

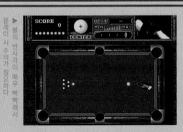

멋스러운 분위기의 당구 게임. '1P POCKET GAME', '2P POCKET GAME', '2P 9-BALL GAME', 'TRICK GAME'의 4가지 플레이 모드가 있는데, 메가 드라이브판 고유의 매력인 BGM이 유명하다. 메뉴의 'JUKEBOX'를 선택하면 22곡의 세련된 BGM을 감상할 수 있다.

 슈팅 게임　 액션 게임　 퍼즐 게임　 롤플레잉 게임　 시뮬레이션 게임　 스포츠 게임　 드라이브 게임　 어드벤처 게임　 교육 및 기타　 홈 게임

## 파워 애슬리트

KANEKO　1992년 12월 11일　8,500엔　8M ROM

젊은 격투가가 되어 세계 곳곳의 격투가 8명과 싸우는 대전 격투 게임. 펀치와 킥, 필살기를 구사해 싸우는 「스트리트 파이터 II」식 게임이지만, 대전할 상대는 플레이어가 자유롭게 고를 수 있다. 또한 싸워 이기면 패러미터가 올라가는 등, 육성 게임 요소도 가미했다.

## 램파트

텐겐　1992년 12월 11일　6,800엔　4M ROM

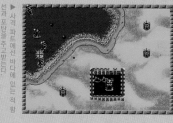

1990년대 미국에서 인기를 얻은 아케이드 게임이 원작. 슈팅과 퍼즐 요소가 있는 시뮬레이션으로, 사격 파트와 복구 파트가 교대로 이어지며, 어느 파트든 일정 시간 후에는 다음 파트로 넘어간다. 일본에선 인지도가 낮지만, 심플하고도 심오해 미국과 유럽에서는 팬이 많다.

## 나카지마 사토루 감수 F-1 슈퍼라이선스

바리에　1992년 12월 11일　9,000엔　8M ROM

나카지마 사토루가 감수한 F1 레이싱 게임 제 3탄. 전작과 달리 위에서 내려다보는 시점이 되었다. 세세한 세팅도 가능. 레이스 개시 전에 나카지마의 조언과 2D 미소녀인 그리드 걸이 나온다. 최대의 특징은 전 16팀, 32명의 드라이버가 모두 실명으로 등록되어 있다는 점.

## R.B.I.4. 베이스볼

텐겐　1992년 12월 18일　7,800엔　8M ROM

미국에서는 시리즈화된 인기 게임. 미국판 「패미스타」라 할 만하지만, 캐릭터 비율은 미국답게 8등신. 구단과 선수는 실명으로 등록되었다. 데이터는 91년판을 사용. 멋진 플레이를 재현하는 리플레이 기능도 있다. 텐겐다운 매뉴얼과 패키지는 한 번 볼만한 가치가 있다.

## 애프터 버너 III

CRI　1992년 12월 18일　8,400엔　CD-ROM　아날로그 조이패드(XE-1AP : 전파신문사 발매) 대응

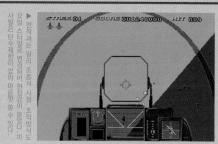

「애프터 버너」의 이름을 계승했지만, 내용 면에서는 아케이드 게임 「스트라이크 파이터」의 시스템을 채용했다. 하지만 적의 출현 패턴이나 BGM이 다르므로, 순수한 이식작은 아닌 셈. 시점이 2편과 달리 기본적으로 조종석 시점이지만, 후방에서 적이 접근해올 때는 후방 시점으로 전환된다. 모드는 일반 모드와 타임 트라이얼 2가지가 있다. 같은 시기에 FM TOWNS판도 발매되었다.

HARDWARE
1988's SOFT
1989's SOFT
1990's SOFT
1991's SOFT
1992's SOFT
1993's SOFT
1994's SOFT
1995's SOFT
1996's SOFT
OVERSEA SOFT

## 미키 마우스와 도널드 : 월드 오브 일루전

세가　1992년 12월 18일　6,800엔　8M ROM

메가 드라이브의 디즈니 게임 제 4탄. 미키나 도널드를 조작해, 성에 사는 마녀를 쓰러뜨리고 납치된 미니를 구출하자. 전 5스테이지로, 각 스테이지마다 보스전이 있다. 2인 동시 플레이가 가능. 2명이 모두 있어야 풀리는 퍼즐도 있어, 공략하려면 협력이 중요하다.

## 갬블러 자기중심파 2 : 격투! 도쿄 마작랜드 편

게임 아츠　1992년 12월 18일　7,800엔　CD-ROM

카타야마 마사유키 원작의 인기 만화를 게임화한 작품. 메가 드라이브로는 제 2탄. 도쿄 마작랜드에서 일확천금을 노리는 스토리 외에, 여자와 데이트해 마작하는 데이트 마작이나 프리 대전 등 여러 모드가 있다. 등장 캐릭터가 대폭 늘어, 50명의 개성 넘치는 마작사들이 등장한다.

## 뿌요뿌요

세가　1992년 12월 18일　4,800엔　4M ROM

「테트리스」 붐 와중에 등장한 낙하 퍼즐 게임. CPU와의 대전을 처음 실현한 기념비적인 작품이기도 하다. 물론 1인 플레이도 대전 플레이도 가능. 룰은 간단해, 떨어져 내리는 뿌요뿌요를 같은 색끼리 가로세로로 4개 붙여서 없애면 된다. 메가 드라이브판의 특징은 원작인 아케이드판부터가 세가 시스템 C 기판으로 만들어졌다는 점. 이 기판이 메가 드라이브 호환이었기에, 재현도 높은 이식이 가능했다. 개성 넘치는 캐릭터가 다수 나오는 것도 큰 매력.

## 파친코 쿠냥

소프트 비전　1992년 12월 18일　8,500엔　8M ROM

메가 드라이브로 발매된 유일한 파친코 게임. 18세 미소녀 '렌'이 10년 넘게 행방불명인 아버지를 찾기 위해, 파치파치 차이나타운의 파친코 대를 정복해간다. 이 게임이 발매된 1992년은 이른바 '하네모노 붐' 시기였다. 파친코점 안에 있는 사람들과의 대화가 꽤 현실감이 있다.

## 로드 블래스터 FX

울프 팀　1992년 12월 18일　7,800엔　CD-ROM

원작은 1985년 데이터 이스트가 발매한 레이저디스크 게임. 애니메이션 제작은 토에이 동화가 담당해 상당히 퀄리티가 높다. 플레이어는 'LX-5'의 드라이버가 되어, 습격해 오는 차량과 바이크를 격퇴해야 한다. 신규 조작법으로 동시 누르기가 추가된 것이 포인트.

 슈팅 게임　 액션 게임　 퍼즐 게임　롤플레잉 게임　시뮬레이션 게임　 스포츠 게임　 드라이브 게임　어드벤처 게임　교육 및 기타　HOME 홈 게임

## T.M.N.T. 리턴 오브 더 슈레더
코나미　1992년 12월 22일　6,800엔　8M ROM

일본에서도 방영된 미국의 TV 애니메이션 「틴에이지 뮤턴트 닌자 터틀즈」를 게임화한 작품. 코나미가 발매한 첫 번째 메가 드라이브용 소프트. 시스템은 횡스크롤 벨트 액션으로, 개성 넘치는 네 캐릭터 중 둘을 골라 2인 동시 플레이도 가능하다. 특징은 캐릭터의 액션이 다채로워 질리지 않는다는 점. 또한 한 화면에 6명까지 적 캐릭터가 나오고 음성도 상당히 공을 들이는 등, 아케이드 게임에 버금가는 표현력을 보여준다. BGM의 완성도도 매우 높다.

---

## 캡콤의 퀴즈 : 영주님의 야망
심스　1992년 12월 25일　7,800엔　CD-ROM

캡콤이 1991년 발표한 아케이드 게임의 이식판. 8명의 전국시대 다이묘 중 하나를 골라 38개국 통일을 노린다. MD판의 특징은 성우가 퀴즈를 읽어준다는 점. 요코야마 치사, 혼다 치에코, 하야시바라 메구미, 모리카와 토시유키 등 인기 성우가 게임의 모든 퀴즈를 낭독한다.

---

## 태즈매니아
세가　1992년 12월 25일　6,800엔　4M ROM

미국 워너브라더스가 제작한 인기 애니메이션 「루니 튠즈」에 등장하는 태즈매니안데블이 주인공인 횡스크롤 액션 게임. 전 18스테이지로 구성되었다. 원작에 충실한 설정으로 움직임이 상당히 다채롭다. 몸을 회오리처럼 회전시켜 적을 공격할 수 있고, 고추를 먹고 불을 뿜기도 한다.

---

## 천무 : 메가 CD 스페셜
울프 팀　1992년 12월 25일　9,800엔　CD-ROM
세가마우스 대응

삼국지 정사를 소재로 한 역사 시뮬레이션 게임. 다른 삼국지 게임 거의 대부분이 삼국지연의 기반이다 보니, 무장에 대한 평가가 타 작품과는 크게 다르다. 울프 팀답게 연출에 공이 들어가, 오프닝에 중국에서 촬영된 실사 드라마 동영상이 사용되었다. 시나리오는 총 6개가 수록.

---

## 드림 팀 USA
일렉트로닉 아츠 빅터　1992년 12월 26일
7,800엔　8M ROM

바르셀로나 올림픽의 미국 대표팀을 피처링한 농구 게임. NBA를 대표하는 스타들을 모은 사상 최강의 팀이라는 이른바 드림팀도 포함하여, 등장인물은 모두 실명으로 등록되었다. 게임 모드는 엑시비션과 토너먼트 2종류가 마련되어 있다.

1 PLAYER 1인용　1-2 PLAYERS 1~2인용　1-3 PLAYERS 1~3인용　1-4 PLAYERS 1~4인용　1-5 PLAYERS 1~5인용　MEMORY BACK UP 메모리 백업　BACK UP RAM 백업 RAM 대응 게임　MODEM 메가 모뎀 대응 게임　SEGA TAP 세가 냅 대응 게임

113

# 1993

## MEGA DRIVE SOFTWARE ALL CATALOGUE

이 해에 발매된 타이틀은 130종으로, 한 해에 발매된 수로는 최대 년도에 해당한다. 이 시기부터는 각 회사들이 메가 드라이브 및 메가 CD의 성능을 거의 최대치까지 끌어낼 수 있게 되어, 게임 아츠의「유미미 믹스」와「실피드」, 세가의「슈퍼 시노비 Ⅱ」·

「에코 더 돌핀」,「건스타 히어로즈」등, 메가 드라이브를 대표하게 된 타이틀이 속속 발매되었다. 또한 캡콤도「스트리트 파이터 Ⅱ」를 발판삼아 메가 드라이브에 참여해(발매가 연기되는 바람에 '대시 플러스'라는 타이틀로 완성되긴 했지만) 자사 이식작다운 역량을 제대

로 보여주었다.

한편 레이저액티브+메가 LD도 이 해에 발매되어, LD의 장기인 고품질 영상을 활용한 타이틀도 즐길 수 있게 되었다.

---

### 사이킥 디텍티브 시리즈 Vol. 3 : AYA
데이터 웨스트　1993년 1월 3일　7,600엔　CD-ROM

데이터 웨스트의 메가 CD 참여 제 1탄. 'Vol. 1'과 'Vol. 2'는 FM TOWNS로 발매. 사람의 마음에 잠입하는 탐정 후루야기 카즈야의 옛 연인에 얽힌 이야기로, 주 무대는 심상 풍경. 동영상 재생 시스템 'DAPS'를 채용해, 현실과는 다른 세계를 애니메이션과 실사로 표현했다.

---

### 유럽 전선
코에이　1993년 1월 16일　12,800엔　8M ROM

제2차 세계대전 소재의 전술 시뮬레이션 게임. 코에이 'WWⅡ 게임 시리즈' 제 2탄이다. 맵을 하나씩 클리어하는 형식으로, 개별 맵으로도 플레이 가능. 시나리오는 전부 6종류로, 추축군이나 연합군을 골라 플레이한다. 부대 생산 개념이 없고, 상층부에 요청해야 보충된다.

---

### 베어 너클 Ⅱ : 사투로의 진혼가
세가　1993년 1월 14일　7,800엔　16M ROM

시리즈 제 2탄. 납치된 아담(전작의 캐릭터)을 구하기 위해 주인공 4명이 일어선다.「파이널 파이트」타입의 벨트스크롤 액션이지만, 격투 게임적 요소도 가미하여 기술과 콤보가 다양하게 파생된다. 버튼 연타로 밀어붙여도 후반 스테

이지까지는 어떻게든 갈 수 있는 저난이도 덕분에 발군의 통쾌감을 맛볼 수 있다. 코시로 유조의 팝 사운드와 배리에이션이 풍부한 스테이지 디자인 등, 메가 드라이브 게임 전체를 통틀어서도 걸작 중 하나다.

 슈팅 게임　 액션 게임　퍼즐 게임　롤플레잉 게임　 시뮬레이션 게임　스포츠 게임　드라이브 게임　어드벤처 게임　교육 및 기타　 홈 게임

## 유미미 믹스

게임 아츠　1993년 1월 29일　7,800엔　CD-ROM

메가 CD 유저라면 반드시 가지고 있어야 할 인터랙티브 코믹. 시나리오, 캐릭터 디자인, 콘티, 레이아웃, 타이틀, 설정을 만화가 타케모토 이즈미가 맡았다. 기존의 애니메이션 제작법 대신 게임기의 BG와 스프라이트를 이용해서 애니메이션을 그려내, 깔끔하고 따뜻함이 있는 영상을 구현했다. 작품에 기용된 성우들의 연기도 상당히 뛰어나다. 주제가도 당시의 인기 아이돌 타카하시 쿠미코를 기용하고 설명서에도 만화를 넣는 등, 구석구석에 공이 들어갔다.

## 더 킥복싱

마이크로월드　1993년 1월 29일　8,500엔　8M ROM

서양 개발작다운 분위기의 킥복싱 게임. 룰은 3라운드 내로 상대의 체력을 제로로 만들거나 판정승하는 것. 특징은 부드러운 움직임과 조작성으로, A 버튼과 방향키 입력으로 13종류의 기술을 구사할 수 있다. 1라운드 당 3회까지 필살기도 쓸 수 있어, 이를 쓰는 타이밍이 승리의 열쇠.

## F22 인터셉터

일렉트로닉 아츠 빅터　1993년 2월 12일　8,900엔　8M ROM

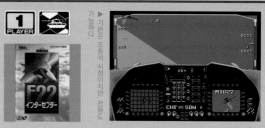

메가 드라이브 게임 중에서는 희귀한 플라이트 시뮬레이터. 미군 전투기 F-22를 조종해 적기를 격추한다. 4곳의 전장에서 임무를 수행하는 캠페인 모드와, 미션을 제작해 즐기는 크리에이트 모드가 있다. 「애프터 버너」와 비슷한 파일럿 시점. 조작도 간단해 배우기 쉽다.

## 사신 드락소스

일렉트로닉 아츠 빅터　1993년 2월 19일　8,900엔　8M ROM

서유럽에서 개발된 횡스크롤 액션으로, 「소던」 시리즈 제 2탄이기도 한 작품. 분위기는 「마계촌」과 비슷해, 괴이한 다크 판타지 분위기가 풍긴다. 나이프와 도끼로(주무기는 다르지만) 액션도 거의 동일. 조작이 빡빡하고 아이템 사용법도 어려워 난이도가 높지만, BGM은 매우 호평을 받았다.

## G-LOC

세가　1993년 2월 26일　6,800엔　8M ROM

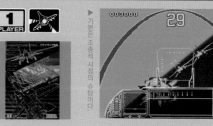

아케이드에서 가동된 같은 이름의 공중전 게임 이식작. 원작이 체감형 기체라, 게임성이 크게 달라졌다. 전 4스테이지 30미션. 파일럿 시점으로 지시에 따라 미션을 수행한다. 무기는 벌컨포 미사일. 제한시간 내라면 몇 번 격추당해도 페널티가 없다. 컨티뉴는 2번까지 가능.

## J리그 챔피언 사커

게임 아츠　1993년 2월 26일　6,800엔　4M ROM

게임 아츠와 쇼가쿠칸이 공동 개발한 축구 게임. J리그 정규 라이선스 상품으로, 선수 전원이 실명으로 출전한다. 심플한 축구 게임으로, 그래픽도 충실하게 그려져 있다. J리그 개막에 맞춰 발매되었지만, 버그가 발견되어 리콜된 후 6월 18일 수정판이 재발매되었다.

## 배트맨 리턴즈

세가　1993년 2월 19일　6,800엔　8M ROM

DC 코믹스 원작, 팀 버튼 감독으로 개봉된 대히트 영화의 게임판. 더 펭귄과 캣우먼과의 싸움이 그려진다. 횡스크롤 액션이지만, 와이어를 이용한 상하 이동도 가능하다. 사용 가능한 무기는 5종류로, 배트맨다운 액션을 즐길 수 있다.

## 마징사가

세가　1993년 2월 26일　6,800엔　8M ROM

같은 이름의 나가이 고 원작 만화의 게임판. 개발사는 「원더 프로젝트 J」의 기브로. 「베어 너클」풍 횡스크롤 액션으로, 캐릭터의 움직임이 매우 리얼하다. 그래픽이 공들여 그려져, 캐릭터의 재현도도 높다. 보스전에선 마징가가 거대화하여 대전격투 게임 분위기가 된다.

## 심어스

세가　1993년 3월 12일　7,800엔　CD-ROM
세가 마우스 대응

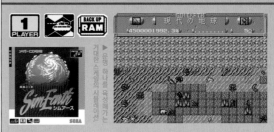

「심시티」에 이은 시리즈 제 2탄. 가이아 이론 기반의 행성 개발 시뮬레이션으로 플레이어는 신이 되어 행성에서 발생하는 다양한 난관을 해결한다. 방대한 스케일이 특징으로, 최종 목표는 생물 문명을 진화시켜 다른 행성으로 이주하는 것. MD판은 나레이션을 성우 코야마 마미가 맡았다.

## 닌자워리어즈

타이토　1993년 3월 12일　7,800엔　CD-ROM

타이토가 1988년 발매한 아케이드 게임의 이식판. 메가 드라이브판은 원작의 느낌에 충실하기 위해 화면 위아래를 잘라내 레이아웃을 잡았다. BGM도 원작판과 ZUNTATA의 어레인지판을 선택 가능. 2P 플레이도 가능하고, 오프닝도 ZUNTATA가 출연하는 오리지널 컨텐츠이다.

## 울프차일드

빅터음악산업　1993년 3월 19일　8,800엔　CD-ROM

영국 코어 디자인 사가 개발한 액션 게임. 주인공은 늑대인간으로 변신 가능하도록 자신을 개조한 청년. 납치당한 아버지를 구하러 악의 조직 '키메라'의 기지로 단신 침투한다. 세계관은 호러보다는 SF풍. 변신하면 공격이 강화되며, 아이템을 입수해 8종의 펀치로 싸운다.

 슈팅 게임　 액션 게임　퍼즐 게임　롤플레잉 게임　 시뮬레이션 게임　 스포츠 게임　 드라이브 게임　 어드벤처 게임　 교육 및 기타　 홈 게임

## 스플래터하우스 PART III

남코　1993년 3월 19일　6,800엔　16M ROM

시리즈 제 3탄. 과거작과 달리 안쪽으로도 이동 가능한 벨트스크롤 액션으로 변경됐다. 라이프도 게이지제로 바뀌고, 컨티뉴는 무제한으로 가능. 패스워드는 게임 오버 화면에 표시된다. 자막은 영어 그대로이지만, 기술이나 데모 내용 등이 서양판과 달리 일부 변경되었다.

## 푸른 늑대와 하얀 암사슴 : 원조비사

코에이　1993년 3월 25일　11,800엔　10M ROM

정통 역사 시뮬레이션 시리즈 3번째 작품. 유럽을 포함해, 유라시아 대륙 전투의 패권을 겨룬다. 기후와 문화권 개념이 새로 도입되어, 이를 고려해 전략을 세워야 한다. 플레이하는 족장도 테무진 외에 3명이 추가. MD판은 전투 신이 쇄신되어 모두 2D 연출로 변경되었다.

## GODS

PCM 컴플리트　1993년 3월 26일　8,800엔　8M ROM

영국 비트맵 브라더즈 사가 개발한, 퍼즐 요소가 강한 액션 게임. 헤라클레스가 되어 세상에 평화를 가져오고 영원한 생명을 얻자. 그러려면 사신이 깃든 신전을 탈환해야 한다. 복잡하게 꼬인 미로를 전진해, 수수께끼를 풀며 공략한다. 패스워드로 컨티뉴도 가능.

## 아웃런 2019

심스　1993년 3월 26일　8,800엔　8M ROM

「아웃런」의 근미래 버전. 원래는 「정커즈 하이」라는 이름의 오리지널 게임으로 개발 중이었다. 조작계는 아웃런을 계승. 스타트 시 뮤직 셀렉트가 존재하여, 6곡 중 1곡을 선택 가능하다. BGM 작곡은 현재 쟈니즈와 하로프로 등에서 작곡가로 활약 중인 사코 시게키.

## 재규어 XJ220

빅터음악산업　1993년 3월 26일　8,800엔　CD-ROM

메가 CD 최초의 레이싱 게임. 제작사인 영국 코어 디자인 사는 훗날 「툼 레이더」로 유명해진다. 영국 재규어 사가 제작한 실존 스포츠카 '재규어 XJ220'을 조작해 16시합을 치른다. 게임 모드로는 그랑프리와 월드 투어, 프리 프랙티스와 에디터의 4종류가 있다.

## 도라에몽 : 꿈도둑과 7명의 고잔스

세가　1993년 3월 26일　6,800엔　4M ROM

도라에몽이 아이들의 꿈을 빼앗아간 적 '고잔스'와 싸우는 횡스크롤 액션 게임. 전원을 켜면 SEGA 로고와 동시에 도라에몽이 나타나 '세~가~'라고 직접 말해주는 게 포인트. 패키지에는 특제 알루미늄 필통과 연필이 들어있다. 그래픽이 섬세해, 세계관을 멋지게 표현해낸다.

## 배틀토드

세가　1993년 3월 26일　6,800엔　4M ROM

지막까지 일본어화되진 않아서 대사 등은 영어 그대로 표시. 이게 오히려 독특한 분위기를 만들어낸다.

쓰는 키는 방향 버튼, 공격 및 점프 버튼 하나씩. 심플한 조작이면서도 조합에 따라 다채로운 액션을 구사한다.

영국 레어 사가 개발한 횡스크롤 액션 게임. 레어는 3D CG 렌더링 기술로 평가가 높아, 훗날 닌텐도 산하에서 「슈퍼 동키 콩」을 개발하게 된다. 스토리는 개구리 3마리가 납치당한 동료를 구출하기 위해 어둠의 여왕과 일전을 벌인다는 내용. 캐릭터의 움직임이 다채롭고, 스테이지 고유 연출에도 공이 들어가 있다. 캐릭터는 물론 배경까지도 세밀하게 그려내 게임성이 우수하다. BGM도 평가가 높아, 모든 스테이지 곡을 들어볼 가치가 있다. 전 12스테이지 구성.

## 아네트여 다시 한 번

울프 팀　1993년 3월 30일　7,800엔　CD-ROM

소녀로 변신한 주인공이 전작의 고성채에서 미

크툴루 신화 모티브의 액션 게임 시리즈 3번째 작품. 횡스크롤이었던 전작과 달리, 벨트스크롤을 채용했다. 주인공 아네트 메이어가 펜던트와 두 얼굴 여신상의 수수께끼를 파고드는 이야기로, 이벤트 신은 성우를 기용해 호화롭다. 주제가는 성우 미나구치 유코가 불렀다.

## NBA 프로 바스켓볼 : 불스 VS 레이커즈

일렉트로닉 아츠 빅터　1993년 4월 2일　8,900엔
8M ROM

농구다운 경쾌한 템포가 장점

「드림 팀 USA」에 이은, 같은 회사의 농구 게임 제 2탄. 이전 시즌의 NBA 결승전 '불스 VS 레이커즈'가 모티브이다. 마이클 조던을 시작으로, 선수 전원이 실명으로 등장. 90-91 시즌 데이터를 채용했다. 미국 게임의 이식인 만큼 그래픽은 뛰어난 편.

## 파이널 파이트 CD

세가　1993년 4월 2일　8,800엔　CD-ROM

완전한 이식을 메가 CD의 성능으로 보여주는 작품.

걸작 벨트스크롤 액션의 메가 CD판. 먼저 발매된 SFC판과는 달리, 주인공 3명이 모두 등장하고 2인 동시 플레이도 가능하다. 마찬가지로 SFC판엔 없는 4스테이지 공업지대도 재현. 적 배치도 아케이드판을 따른다. 게다가 오리지널 요소로 타임 어택과 오프닝 무비도 추가.

## 울트라맨

마바　1993년 4월 9일　5,800엔　4M ROM

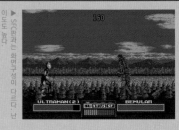

SFC판과는 화면구성이 달라진 이동 화면.

SFC판의 이식작으로, 울트라맨을 조작해 괴수를 무찌르는 대전격투 게임. 전 10스테이지. 타 격투 게임과 달리 괴수는 체력이 0이어도 쓰러지지 않으며, 반드시 스페시움 광선으로 끝내야 한다. 또한 제한시간 3분에, 마지막 1분간은 BGM이 바뀌는 등 원작 설정을 따른 연출도 있다.

 슈팅 게임　 액션 게임　 퍼즐 게임　 롤플레잉 게임　 시뮬레이션 게임　 스포츠 게임　 드라이브 게임　 어드벤처 게임　 교육 및 기타　 홈 게임

## PGA 투어 골프 II

일렉트로닉 아츠 빅터　1993년 4월 16일
9,800엔　8M ROM

미국의 골프단체 'PGA 투어' 공인 골프 소프트 제 2탄. 스트로크, 토너먼트, 스킨즈 매치의 3가지 모드 중 하나를 골라 플레이한다. 플레이 전 코스 전체가 표시되고, 프로 선수가 조언해준다. 조작성은 매우 우수하고, 당시 활약했던 프로 골퍼 10명이 실명으로 등록되어 있다.

## 세가 클래식 : 아케이드 컬렉션

세가　1993년 4월 23일　2,980엔　CD-ROM

과거 메가 드라이브로 발매했던 타이틀을 메가 CD에 수록한 옴니버스 게임 소프트. 수록작은 「골든 액스」·「더 리벤지 오브 시노비」·「컬럼스」·「스트리트 오브 레이지」로 4작품. 다만 골든 액스는 2인 동시 플레이가 불가능하고 BGM이 아케이드판 음원으로 나오는 등 몇 가지가 변경되었다.

## 스위치

세가　1993년 4월 23일　8,800엔　CD-ROM　세가 마우스 대응

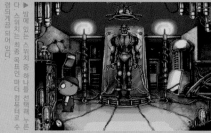

미쳐 돌아가는 컴퓨터를 정상화하기 위해, 실질적으로는 맵 상의 다양한 방을 돌며 이런저런 스위치를 계속 누르기만 하는 게임. 각 방엔 2개부터 10개까지의 스위치가 있고, 이동 외의 스위치를 누르면 일발 개그가 나온다. '누르면 안 되는 버튼'도 섞여있어, 이걸 누르면 세계의 유명 건축물이 폭파된다. 일정 수 파괴되면 게임 오버. 성우 시라이시 후유미가 주인공 '슬랩'을 담당. 극단 WAHAHA 혼포의 히사모토 마사미, 시바타 리에 등이 기획했다.

## 아랑전설 : 숙명의 싸움

세가　1993년 4월 23일　8,800엔　12M ROM

네오지오 최초의 대전격투 게임이 메가 드라이브로 이식되었다. 심플하고 난이도가 낮으며, 잘 그려진 그래픽과 호화 사운드로 인기를 얻었다. 적 캐릭터도 다들 개성파뿐. 이후의 시리즈로 연결되는 설정도 이 작품에서 완성되었다. 다만 MD판엔 빌리 칸이 나오지 않는다.

## 삼국지 III

코에이　1993년 4월 23일　14,800엔　CD-ROM

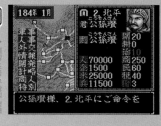

코에이의 메가 CD 참여 제 1탄. 게임은 기본적으로 카트리지판과 동일. CD-ROM 내에 사운드웨어와 무장 약력이 수록된 무장전이 포함됐고, 시나리오 0 '황건적의 난'이 추가되었다. 이는 시리즈 중 최초로 황건적이 등장하는 시나리오이다. 플레이하려면 별도로 백업 RAM이 필요하다.

## 데저트 스트라이크 : 걸프 작전

일렉트로닉 아츠 빅터　1993년 4월 23일　8,900엔　8M ROM

걸프 전쟁이 테마인 슈팅 게임. 주인공은 무장 헬리콥터 '아파치'의 파일럿이 되어 테러리스트 킬바바 장군의 야망을 저지한다. 플레이어 기체가 헬리콥터이다 보니 조작감이 독특하다. 스테이지 시작 전 브리핑에서 클리어 요건이 제시된다. 전 4스테이지로, 난이도는 높다.

## 볼 잭스

남코　1993년 4월 23일　6,000엔　2M ROM

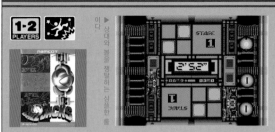

대전형 액션 게임. 레일 위에 실린 게 형태의 로봇을 조작해, 상대의 레인에서 볼을 쟁탈한다. 제한시간 내에 자신의 레인에 볼을 3개 넣으면 승리. 볼이 없어지면 로켓 암으로 볼을 빼앗는다. 적기를 파괴할 수도 있다. 심플하지만 깊이 있는 룰이 실로 남코다운 작품이다.

## 메갈로마니아

CRI　1993년 4월 23일　8,800엔　8M ROM

「포퓰러스」 타입의 리얼타임 시뮬레이션. 플레이어는 신으로서 자국을 강화해 상대국을 침략한다. 특징은 문명 레벨을 올리면 핵무기까지 제조가 가능하다는 것. 플레이 시간이 짧아 15분이면 끝. 패스워드로 컨티뉴도 가능. 카트리지 게임으론 드물게 캐릭터 보이스도 있다.

## 란마 1/2 백란애가

메사이야　1993년 4월 23일　8,300엔　CD-ROM

오리지널 스토리로 전개되는 어드벤처 게임. 커맨드 선택식 어드벤처 파트와, 가위바위보로 진행하는 격투 파트로 구성된다. 세이브는 패스워드식으로, 게임 오버 시에 표시된다. 격투 파트에선 동체시력이 필요하다. 오리지널 캐릭터인 '난죠 아리사'는 시마즈 사에코가 연기.

## 코끼리! 코끼리! 코끼리! 레스큐 대작전

일렉트로닉 아츠 빅터　1993년 4월 29일　8,900엔　4M ROM

코믹한 분위기의 횡스크롤 액션 게임. 아기코끼리 로로를 조작해, 서커스단에 끌려간 엄마코끼리를 구출해내자! 4마리의 동료가 스테이지 내에 붙잡혀 있어, 구출하면 그 스테이지 한정으로 고유 스킬을 이용해 힘을 빌려준다. 동료를 전부 구해내야만 진 엔딩을 볼 수 있다.

## 007 : 사투

텐겐　1993년 5월 14일　6,800엔　4M ROM

인기 영화 시리즈의 게임판. 겉보기엔 남코의 「롤링 선더」와 비슷한 구조로, 플레이어 캐릭터 모션이 잘 만들어졌다. 목적은 납치된 금발 미녀들을 구출하고 적의 비밀기지를 폭파하는 것. 전 4스테이지. 라이프제와 목숨제를 병용했다. 텐겐스러운 설명서도 읽어볼 만.

 슈팅 게임　 액션 게임　 퍼즐 게임　 롤플레잉 게임　 시뮬레이션 게임　 스포츠 게임　 드라이브 게임　 어드벤처 게임　 교육 및 기타　 홈 게임

## 엑스랜자

 세가　1993년 5월 28일　7,800엔　8M ROM
파이팅 패드 6B 대응

로봇을 조작해 싸우는 SF 슈팅. 메가 드라이브의 동시발색 수를 2배로 늘려낸 프로그래밍 기술로 격찬을 받았다. 정밀하게 그려진 그래픽과 와이어프레임으로 표시되는 데모가 두드러지며, 확대축소 연출도 큰 볼거리. 게임 자체의 난이도는 매우 높다.

## 환영도시 -ILLUSION CITY-

마이크로캐빈　1993년 5월 28일　4,980엔　CD-ROM

원작은 1991년 발매된 PC-9801용 게임. 필드 이동식 RPG로, 입체적인 맵 구성이 가능한 VR 시스템과 필드 캐릭터를 사용한 이벤트 연출이 가능한 조연 시스템을 탑재했다. 사이버펑크와 전기물을 조합한 세계관도 큰 특징이다.

## 스노우 브라더스

텐겐　1993년 5월 28일　7,800엔　8M ROM

토아플랜에서 발매된 아케이드 게임의 이식판. 주인공 닉과 톰을 조작해 납치당한 공주를 구출하는 것이 목적. 겉보기엔 「버블보블」과 닮은 이른바 층층단형 게임으로, 눈덩이로 만든 적을 굴려 대량의 적을 일거에 쓸어버리면 대단한 상

쾌함을 맛볼 수 있다. 메가 드라이브판은 전 70스테이지로 변경. 스테이지 5를 클리어하고 나면 주인공 2명이 적에게 사로잡혀, 이후엔 공주가 플레이어 캐릭터가 된다는 연출이 추가되었다.

## 타이코 입지전

코에이　1993년 5월 28일　11,800엔　10M ROM

말단병사로 시작해 최고 관직 '타이코'까지 올라선 토요토미 히데요시의 생애를 그린 역사 시뮬레이션 게임 시리즈 첫 작품. 높은 자유도가 특징으로, 역사대로 공적을 쌓아 타이코가 될 수도 있고, 혼노지의 변 없이 노부나가를 보좌해 천하통일을 할 수도 있다. 반대로 노부나가에 반기를 드는 것도 가능.

## 데바스테이터

울프 팀　1993년 5월 28일　7,800엔　CD-ROM

OVA 「D-1 DEVASTATOR」의 게임판. 하지만 게임 스토리는 오리지널이다. 플레이어는 가변 로봇 '벡터 버서스'를 조작해 초국가군사조직 NADO 및 이공간생명체 데바이스타와 싸운다. 메가 CD의 대용량을 살려, 오프닝과 스테이지 중간 데모에 OVA 영상을 삽입했다.

## 나이트 스트라이커

타이토　1993년 5월 28일　7,800엔　CD-ROM　아날로그 조이패드(XE-1AP : 전파신문사 발매) 대응

원작은 1989년 타이토가 발매한 아케이드용 유사 3D 슈팅 게임. 가정용 게임기 이식은 메가 드라이브편이 최초. 플레이어는 차량 '인터그레이'에 탑승해 적을 격파하며, 분기되는 스테이지를 진행해간다. 메가 CD 내의 68000 CPU를

사용한 영상처리능력이 없었다면 이식이 불가능했을 작품으로, 해상도를 반절로 낮췄지만, 게임성은 양호하다. 전파신문사의 아날로그 조이패드를 지원하고, BGM도 오리지널과 어레인지 2종류에서 선택할 수 있다.

## LHX 어택 초퍼

일렉트로닉 아츠 빅터　1993년 6월 4일　6,800엔　8M ROM

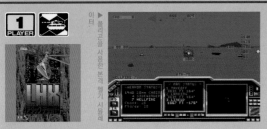

공격헬기의 파일럿이 되어, 다양한 임무를 수행하는 플라이트 시뮬레이터. 선택 가능한 기종은 LHX와 아파치 2종류. 난이도는 Easy, Hard, Very Hard의 3단계 중 선택할 수 있다. 임무는 포로 구출이나 적 기지 파괴 등을 준비했다. 게임 내 시점도 11종류 중 선택 가능.

## 제임스 폰드 II : 코드네임 로보코드

일렉트로닉 아츠 빅터　1993년 6월 9일　5,900엔　4M ROM

몸체가 늘어나는 대구(물고기) '제임스 폰드'가 주인공인 코믹 횡스크롤 액션 게임. 원작은 1991년 제네시스와 아미가, 아타리 ST로 발매된 서양 게임. 스토리는 숙적 메이비 박사를 물리쳐 산타클로스의 장난감 공장을 구해낸다는 것. 기발한 설정과 그래픽으로 호평을 받았다.

## 슬랩 파이트 MD

텐겐　1993년 6월 11일　7,800엔　8M ROM

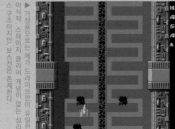
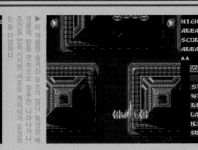

1986년 토아플랜이 개발, 타이토가 발매한 종스크롤 슈팅의 이식판. 파워 업은 복잡한 편이지만, 토아플랜 작품 치고는 난이도가 높지 않아 즐기기 쉽다. 숨겨진 요소가 대량 존재하는 것이 특징이다. 메가 드라이브판의 개발사는 NMN

소프트웨어. BGM 담당은 코시로 유조로, 토아플랜의 개발진이 감수했다. 게임 모드는 원작을 숨겨진 요소까지 모두 재현한 모드와, 게임 내용을 일신한 어레인지의 2종류 중에서 선택이 가능하다.

 슈팅 게임　 액션 게임　 퍼즐 게임　 롤플레잉 게임　 시뮬레이션 게임　 스포츠 게임　 드라이브 게임　 어드벤처 게임　 교육 및 기타　 홈 게임

## J리그 프로 스트라이커

세가 1993년 6월 18일 8,800엔 8M ROM

J리그 개막에 맞춰 발매된 축구 게임. 같은 해 12월에는 선수 데이터를 갱신한 완전판도 발매되었다. 선수와 팀명은 실명으로 등록. 프리매치에서는 오리지널 팀 '세가 스타즈'도 선택 가능. 세가는 당시 제프 이치하라 팀의 스폰서이기도 했다. 볼 터치가 어려워 난이도는 높다.

## 파워 몽거

일렉트로닉 아츠 빅터 1993년 6월 18일 8,900엔 8M ROM

1991년 발매된 아미가용 타이틀의 이식판. 「포퓰러스」와 「테마 파크」를 제작한 피터 몰리뉴 씨의 작품이다. 「포퓰러스」의 발전형이라 할 만한 내용의 리얼타임 시뮬레이션. 세계관은 중세이며 플레이어는 유랑 중인 전 국왕으로, 전 인구의 2/3 이상을 지배하는 것이 목표이다.

## A랭크 선더 : 탄생 편

RIOT 1993년 6월 25일 7,800엔 CD-ROM

메가 CD 오리지널 작품인 필드 이동식 어드벤처 게임. 시스템은 같은 회사의 「마법소녀 실키 립」의 발전형으로, 감정이 대화와 전투에 큰 영향을 끼친다. 전투 파트에는 카드 게임 요소를 넣었다. 주제가와 삽입곡은 가수 시몬 마사토로, 그가 은퇴 전에 부른 마지막 작품이다.

## 탑 프로 골프 2

소프트 비전 1993년 6월 25일 8,500엔 8M ROM

호평받았던 전작의 속편. 남국에 만들어진 코스가 무대로, 매치 플레이·스트로크 플레이·핸디캡 매치·토너먼트의 4가지 게임을 즐긴다. 화면구성은 전작과 같이 매우 보기 쉬운 레이아웃. 난이도도 적절해 초보자라도 가볍게 즐길 수 있다. 매치플레이는 최대 4명까지 가능.

## 엘리미네이트 다운

소프트 비전 1993년 6월 25일 8,500엔 8M ROM

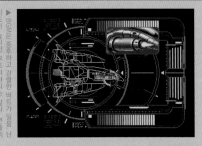

수많은 메가 드라이브용 슈팅 게임 중에서도 굴지의 완성도를 자랑하는 작품. 하지만 발매 당시에는 이미 슈팅 게임 자체의 인기가 식은 때여서, 이 작품은 발매량 자체가 매우 적었다. 샷은 파워 업 아이템을 5개 모으면 레벨 업하며, 3단계까지 상승한다. 적의 공격에 맞춰 샷의 발사 방향을 전환할 수도 있고, 일시정지 중에는 스피드도 자유롭게 변경이 가능하다. 화려한 연출과 우직한 게임성이 실로 메가 드라이브다운 게임이라 하겠다.

## 골든 액스 III

## 스틸 탤런즈

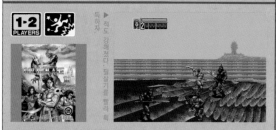

세가　1993년 6월 25일　6,800엔　8M ROM

텐겐　1993년 6월 25일　6,800엔　4M ROM

인기 벨트스크롤 액션 시리즈 제 3탄. 아케이드 원작의 이식판이 아닌 가정용 오리지널 타이틀이다. 플레이어 캐릭터가 리뉴얼되어, 새로운 캐릭터 4명이 등장한다. 선택되지 않은 플레이어 캐릭터는 게임 도중 스테이지 보스로 출현. 전 8스테이지. 다만 스테이지 2~6는 2종류가 있다.

원작은 1991년 미국 아타리 사가 출시한 아케이드 게임. 폴리곤을 구사한 3D 플라이트 시뮬레이션으로, 플레이어는 전투헬기 파일럿이 되어 부대 에이스를 목표로 훈련한다. 원작과 마찬가지로 1인 플레이 혹은 2인 협력 플레이로 소종한다. 훈련 프로그램은 12종류.

## 메가 슈바르츠실트

## 다이내믹 컨트리클럽

세가　1993년 6월 25일　7,800엔　CD-ROM

세가　1993년 7월 16일　7,800엔　CD-ROM

코가도 스튜디오가 1989년 발매한 PC용 시뮬레이션 게임의 이식판. 「슈바르츠실트 II」의 리메이크로, 시나리오 클리어형 시뮬레이션의 선구자이기도. 메가 CD판 오리지널 요소로, 함대전이 리얼타임제로 변경되었다. 애니메이션 영상과 성우를 기용한 데모 무비도 추가.

폴리곤으로 표시되는 코스를 도는 골프 게임. 초보자용으로 만들어져, 룰과 용어의 검색이 가능하다. 클럽은 물론 캐디까지 선택 가능. 메가 CD다운 추가요소로서, 등장 캐릭터의 보이스가 꽤 많이 나온다. 코스 어드바이스뿐만 아니라, 캐디까지도 음성이 있을 정도.

## 슈퍼 시노비 II

세가　1993년 7월 23일　6,800엔　8M ROM

1989년 발매된 횡스크롤 액션 「슈퍼 시노비」의 속편. 플레이어는 정의의 닌자 '죠 무사시'로서, 적 조직 'NEO ZEED'와의 전투가 확대되어 간다. 전 8스테이지. 전작을 진화시킨 작품으로, 액션이 더욱 다채로워졌다. 적을 쓰러뜨리며 전

진하여, 최후에 스테이지 보스를 쓰러뜨리면 클리어. 수리검은 개수 제한이 있고, 아이템을 얻으면 회복된다. 라이프제와 목숨제를 병용해, 대미지를 입으면 라이프가 줄고 라이프가 없으면 목숨을 하나 잃는다.

  슈팅 게임　 액션 게임　 퍼즐 게임　 롤플레잉 게임　  시뮬레이션 게임　  스포츠 게임　 드라이브 게임　 어드벤처 게임　  교육 및 기타　 홈 게임

## 아쿠스 Ⅰ·Ⅱ·Ⅲ

울프 팀　1993년 7월 23일　8,800엔　CD-ROM

PC판의 1~3편을 한 작품으로 묶어, 시스템을 통일했다. 「아쿠스」의 스토리를 완전히 이해 가능한 타이틀. 특징은 비주얼 신과 드라마성 높은 스토리로, 이벤트 신에 대화가 많고 등장 캐릭터 모두가 개성적이다. 기본 시스템은 「위저드리」와 비슷해, 맵 그리기가 필수.

## 성마전설 3×3EYES

세가　1993년 7월 23일　8,800엔　CD-ROM

같은 이름으로 된 만화의 게임판. 시스템은 전통적인 RPG이다. 볼거리는 오프닝과 이벤트 신으로, 컷인 그림에도 공을 들여 원작의 캐릭터를 매우 잘 재현해냈다. 이벤트 신에서는 OVA와 동일한 성우가 기용되어 대화한다. 스토리는 매우 긴 편. 도중에 서브 퀘스트도 추가된다.

## 로드 래쉬 Ⅱ

일렉트로닉 아츠 빅터　1993년 7월 23일　8,900엔　8M ROM

인기 시리즈 제 2탄. 전작처럼 바이크를 타고 공도 레이스에 나선다. 알래스카부터 5개 주를 돌며, 3위 이내로 들어와야 포인트를 번다. 신 요소는 체인 콤보와 니트로의 추가. 체인 콤보는 상대에게 주는 격투 대미지를 올려주고, 니트로는 최고속도를 넘는 가속이 가능하다.

## NBA 플레이오프 : 불스 VS 블레이저즈

일렉트로닉 아츠 빅터　1993년 7월 30일　8,900엔　8M ROM

이전 발매된 「불스 VS 레이커즈」의 속편. 1992년 NBA 결승전이 소재이다. 전작의 마이너 체인지판이라 겉보기에 큰 변경은 없다. 이 작품부터 처음으로 디펜스 설정이 가능해졌다. 그 외에도 마크맨이 붙은 상태로 슛을 하면 골 결정률이 내려가는 등, 소소한 변경점이 있다.

## 에코 더 돌핀

세가　1993년 7월 30일　6,800엔　8M ROM

영국 왕립해양생물보호단체의 추천을 받은 사이드뷰 액션 어드벤처 게임. 돌고래 에코를 조작해 곳곳에 흩어진 동료를 찾아 드넓은 바다를 헤맨다. 그래픽이 실로 아름다워 「아쿠아존」에 필적한다. 돌고래의 움직임이 부드럽고 스피드감도 있어, 헤엄치고 점프하기만 해도 기분이 좋다. 반면 물속에서 호흡할 수 없어, 에어포켓이나 해수면으로 나오지 않으면 질식한다는 제약도 있다. 장애물을 부수는 등 조작이 어려운 장소에선 갇힐 수도 있어, 꽤 고난이도를 자랑한다.

HARDWARE

1988's SOFT

1989's SOFT

1990's SOFT

1991's SOFT

1992's SOFT

1993's SOFT

1994's SOFT

1995's SOFT

1996's SOFT

OVERSEA SOFT

## 기사전설

코단샤 총연　1993년 7월 30일　9,800엔　10M ROM

제 2차 세계대전이 무대인 전략 시뮬레이션. 독일군과 연합군의 전차전이 테마이다. 전차중대 규모의 국지전을 시뮬레이트하며, 전차와 인물은 모두 실명으로 등장. 시나리오는 전부 16개. 전장은 광대하고, 전황은 실시간으로 변화한다. 적을 착아내서 포격 커맨드로 공격하자.

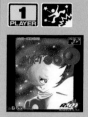

## 사이보그 009

RIOT　1993년 7월 30일　7,800엔　CD-ROM

이시노모리 쇼타로 원작의 유명 만화를 게임화한 작품. 플레이어는 시마무라 죠가 되어 블랙 고스트와 싸운다. 기본 무기인 총 '슈퍼건'은 3단계로 파워 업. 가속장치는 일정 시간 무적이 된다. 그래픽은 1979년의 애니메이션 기준. 엔딩은 원작 블랙 고스트 편의 라스트 신을 재현했다.

## 실피드

게임 아츠　1993년 7월 30일　8,800엔　CD-ROM

원작은 1986년 발매된 PC판. 다만 시스템 외의 공통점은 없다. 메가 CD를 대표하는 쿼터뷰 종스크롤 슈팅으로, 전 20 스테이지로 구성되며 안(앞)으로 들어갈수록 플레이어 기체가 작아지고, 바깥(뒤)으로 나올수록 커진다. 플레이어와 적

기체만 실시간 폴리곤으로 그려지고, 배경은 CD-ROM에 수록된 동영상을 재생하여 표현했다. 폴리곤과 동영상의 괴리감이 없도록 처리하여, 마치 화면 전체를 폴리곤으로 그려낸 듯이 보여준다.

## 바리 암

휴먼　1993년 7월 30일　7,500엔　CD-ROM

SF풍의 횡스크롤 슈팅 게임. 플레이어는 가변 중공격기 '바리 암'을 조종해 토성 위성궤도 상에 탄생한 독립 군사국가 제우스와 싸우게 된다. 시작 시 바리 암은 전투기 형태. 파워 업 아이템을 모으면 로봇 형태로 변신한다. 바리 암과 적보스의 디자인이 우수. BGM도 우수하다.

## 에가와 스구루의 슈퍼 리그 CD

세가　1993년 8월 6일　7,800엔　CD-ROM

야구해설자 에가와 스구루가 감수한 야구 게임. 세가의 「슈퍼 리그」 시리즈 마지막 작품이기도 하다. 오프닝 무비에 에가와의 피칭 폼이 실사영상으로 나오는 등 공들여 만들어져 있다. 특징은 선수의 약점이 특훈으로 보완된다는 점. 세가 탭으로 8인 동시 플레이 가능.

 슈팅 게임　 액션 게임　 퍼즐 게임　 롤플레잉 게임　 시뮬레이션 게임　 스포츠 게임　 드라이브 게임　 어드벤처 게임　 교육 및 기타　 홈 게임

HARDWARE
1988's SOFT
1989's SOFT
1990's SOFT
1991's SOFT
1992's SOFT
1993's SOFT
1994's SOFT
1995's SOFT
1996's SOFT
OVERSEA SOFT

## 게이오 유격대

빅터 엔터테인먼트　1993년 8월 6일　7,400엔　CD-ROM

가상의 에도 시대가 무대인 횡스크롤 슈팅 게임. 주인공 '라미'를 조작해, 대대로 계승된 보물 열쇠를 되찾아라! 개그적 성격이 강한 캐릭터도, 세계관도 좋은 의미로 미쳐 돌아간다. 에도 시대라면서 편의점이 있고, 마을엔 무려 지하철이 달리고, 라미의 복장은 바니걸이고, 애완동물은 '포치'란 이름의 드래곤이다. 무대도 중간부터 일본을 벗어나, 막판에는 노아의 방주를 찾아 아라랏 산까지 가버린다. 라미의 목소리는 당시 14세였던 배우 칸노 미호가 맡았다.

## 로켓 나이트 어드벤처즈

코나미　1993년 8월 6일　7,800엔　8M ROM

코나미의 메가 드라이브 참가 제 2탄. 서양갑옷을 걸치고 로켓을 등에 진 주머니쥐 '스파크스터'를 조작해 제퓌로스 왕국을 구해내자! 판타지 세계가 무대인 횡스크롤 액션 게임. 특징은 로켓 어택, 즉 이동과 공격을 겸비한 고속이동으로, 벽에 닿으면 튕기는 특성도 있다. 제어가 까다로워 숙련이 필요하지만, 높은 곳에 올라가기 위한 필수 액션. 캐릭터의 움직임이 부드럽고 그래픽도 정성들여 그려졌다. 스테이지 상에도 다양한 장치가 숨겨져 있다.

## 위저드 오브 이모탈

일렉트로닉아츠빅터　1993년 8월 10일　9,800엔　16M ROM

쿼터뷰 액션 게임. 원제는 「더 이모탈」로, 아미가용 게임이었다. 마법사를 조작해 8층으로 구성된 던전을 탐색한다. 적과 조우하면 전투하게 된다. 나이프로 대미지를 입히며, 마법은 결정타로 사용한다. 수수께끼가 많은 게임이자, 난이도도 상당히 높다.

## 마블 매드니스

텐겐　1993년 8월 13일　6,800엔　4M ROM
세가 마우스 대응

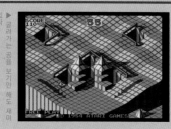

화면상에 있는 마블(공)을 굴려, 제한시간 내에 골까지 도달하는 액션 게임. 원작인 아케이드판에 비해 발색수는 적지만, 고도의 물리연산을 원작만큼 하이레벨로 재현했다. 세가 마우스를 뒤집어 트랙볼 느낌으로 조작하는 것을 전제로 만든, 최초이자 유일한 게임이다.

HARDWARE
1988's SOFT
1989's SOFT
1990's SOFT
1991's SOFT
1992's SOFT
1993's SOFT
1994's SOFT
1995's SOFT
1996's SOFT
OVERSEA SOFT

## I WILL : THE STORY OF LONDON

파이오니어　1993년 8월 20일　9,800엔　LD-ROM

메가 LD 전용 소프트 제 1탄. 주인공은 영국 전역을 차로 이동하며 누군가에 도둑맞은 광역 오존 발생장치를 찾아 나선다. 특정 지점에 삽입된 동영상이 모두 실사 드라마인 것이 특징. 동영상 속에 사건 해결의 힌트가 숨겨져 있다. 덤으로 미니게임인 포커도 플레이 가능.

## 킬링 게임 쇼

일렉트로닉 아츠 빅터　1993년 8월 20일　8,900엔
8M ROM

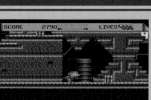

원작은 1991년 발매된 영국산 PC게임. 플레이어는 개구리처럼 점프할 수 있는 파워 슈트를 조작해, 폐쇄된 공간에서 탈출해야 한다. 전 12레벨로 각 2스테이지 구성. 에너지가 떨어지면 물론이고, 넘쳐 오른 용암에 닿아도 게임 오버. 난이도는 5단계로 조정이 가능하다.

## 더 그레이트 피라미드

파이오니어 LDC　1993년 8월 20일　9,800엔　LD-ROM

귀중한 영상자료와 CG로 피라미드에 관한 정보를 알려주는 다큐멘터리 소프트. 레이저액티브와 동시에 발매되었다. 피라미드뿐만 아니라 고대 이집트의 지식을 실사영상으로 해설한다. 보고싶은 정보나 알고싶은 유적을 메뉴로 직접 선택 가능. 내부구조는 CG를 활용해 해설했다.

## 피라미드 패트롤

타이토　1993년 8월 20일　9,800엔　LD-ROM

본체와 같은 날 발매된 타이토의 메가 LD 타이틀 제 1탄. 무대는 근미래의 화성. 최신형 전투기 PMFX-T05 시그로트에 탑승해, 화성 위와 피라미드 내에서 적과 싸운다. 특징은 1인칭 시점의 유사 3D 화면과 레이저액티브를 이용한 미려한 영상. 전 8스테이지 구성.

## 작호(雀豪) 월드컵

빅터 엔터테인먼트　1993년 8월 27일　8,200엔
CD-ROM

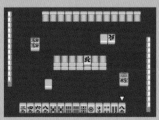

1983년 일본물산의 아케이드 게임 이식판. 플레이어의 목적은 4인 대국 속임수 금지 룰로 일본 지역 예선을 돌파하여, 세계대회를 우승하는 것. 대전 가능 캐릭터는 88명. 대전 상대 4명은 플레이 시작 시 선택한다. 마작실력 학습 기능을 탑재해, 4인 분량의 데이터를 축적 가능하다.

## 쥬라기 공원

세가　1993년 8월 27일　6,800엔　16M ROM

스티븐 스필버그 감독의 공룡 영화를 게임화한 작품. 횡스크롤 액션 게임이지만, 인간과 공룡의 두 가지 시점으로 플레이할 수 있다. 그랜트 박사 시점으로는 쥬라기 공원 탈출이 목표이다. 공룡 랩터 시점으로는 경비원이나 다른 공룡을 습격할 수 있다. 컨티뉴는 패스워드 시스템.

 슈팅 게임　 액션 게임　 퍼즐 게임　 롤플레잉 게임　 시뮬레이션 게임　 스포츠 게임　 드라이브 게임　 어드벤처 게임　 교육 및 기타　 홈 게임

## 아아 하리마나다

세가   1993년 9월 3일   7,800엔   16M ROM

사다야스 케이 원작 만화의 게임판. 목적은 원작대로 스모 선수 '하리마나다'로 70연승을 하는 것. 게임 자체는 대전 격투로, 스모 게임인데도 점프가 있고 필살기도 쓰는 등 황당한 시스템이다. 요코즈나(하드) 난이도로 70연승을 하면 진 엔딩 '하리마나다 체조 1장'을 볼 수 있다.

## 뮤턴트 리그 풋볼

일렉트로닉 아츠 빅터   1993년 9월 10일   8,900엔   8M ROM

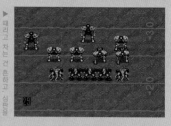

SF풍의 미식축구 게임. 단, 팀은 7명으로 구성된다. 19종류 의 필드에서 상대 팀과 혈투를 벌인다. 선수는 트롤, 외계 인, 로봇, 해골, 초인 등으로, 평범한 인간은 아예 없다. 룰은 폭력적이어서 상대를 태클해 부상을 입히는 건 예사고, 폭 탄으로 죽일 수도 있다.

## 건스타 히어로즈

세가   1993년 9월 10일   6,800엔   8M ROM

호쾌한 액션 게임으로 유명한 트레저의 기념비적인 데뷔작. 장르는 액션 게임으로, 플레이어는 서로 개성이 다른 레드 와 블루 중 하나를 골라 플레이한다. 기본 샷이 4종류, 조합 되는 무기가 10종류라 실로 다채롭다. 게다가 캐릭터의 액 선도 다양하게 준비되어, 공격과 점프 외에도 삼각 뛰기나 슬라이딩, 폭탄 되던지기까지 가능하다. 전 7스테이지 구성 으로, 최초의 4스테이지는 자유롭게 선택할 수 있다. 2인 동 시 플레이도 가능.

## 노부나가의 야망 전국판

코에이   1993년 9월 15일   8,800엔   4M ROM

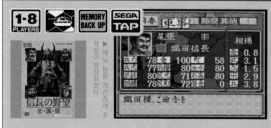

간판 역사 시뮬레이션 제 2탄. 전국시대 다이묘가 되어 천 하통일을 노린다. 시스템 자체는 원작보다 진화되어, 세가 마우스도 지원한다. 시나리오는 4개가 있고, 사투리 모드도 추가. 나라 수는 긴키 중심의 17개국과 일본 전토를 포괄하 는 50개국 중 선택 가능하다.

## 위닝 포스트

코에이   1993년 9월 17일   9,800엔   CD-ROM

메가 드라이브 최초의 경마 게임. 플레이어는 마주로, 보유 마를 육성해 중앙경마를 제패하고 프랑스에서 개최되는 개 선문상 우승을 노린다. 마주의 활동을 리얼하게 재현해, 교 배에 좋은 강한 경주마를 찾아내야 한다. 메가 CD판은 육 성한 말을 메모리얼로 저장 가능.

HARDWARE
1988's SOFT
1989's SOFT
1990's SOFT
1991's SOFT
1992's SOFT
1993's SOFT
1994's SOFT
1995's SOFT
1996's SOFT
OVERSEA SOFT

## 건틀릿

  텐겐　1993년 9월 17일　7,800엔　8M ROM

미국 아타리 사가 1985년 발매한 아케이드 게임의 이식판. 플레이 모드는 4종류로, 아케이느판을 재현한 아케이드 모드, 아케이드 모드를 1인 플레이하는 레코드 모드, 여럿이서 경쟁 플레이하는 배틀 모드, 그리고 가정용 오리지널인 퀘

스트 모드가 준비되어 있다. 세이브도 패스워드로 가능. 사키모토 히토시와 이와타 마사하루의 오리지널 모드 전용 신곡 BGM도 호평을 받았다. 게다가 세가 탭도 지원해, 아케이드 판처럼 4인 동시 플레이도 가능하다.

## 선더호크

 빅터 엔터테인먼트　1993년 9월 17일　7,800엔　CD-ROM

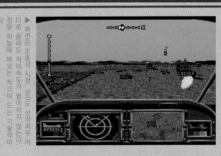

1992년 유럽 PC용으로 발매된 전투헬기 시뮬레이션 게임의 이식판. 플레이어는 가상의 전투헬기 AH-73M을 조종해 세계 곳곳 60개 이상의 미션을 클리어한다. 특징은 기존의 헬리콥터 시뮬레이션과는 차원이 다른 대박력. 스피드가 실로

빠르고, 효과음과 연출도 화려하다. 조작성도 양호하고 조작반응도 좋으며, 화면 움직임도 부드럽다. 게다가 처리속도가 떨어지는 일도 거의 없다. 미션은 간단한 것이 많지만, 익숙해지기까지는 난이도가 높은 편.

## 웃는 세일즈맨

 세가　1993년 9월 17일　7,800엔　CD-ROM
세가 마우스 대응

같은 이름의 후지코 후지오Ⓐ 원작 애니메이션을 게임화. 플레이어는 '듬직한 얼굴', '용감해봐야 손해', '변해버린 남자' 세 이야기의 주인공이 되어, 선택지를 골라 진행한다. 그래픽도 성우도 애니메이션 그대로. 멀티 엔딩으로, 잘못 고르면 '쿵~!!'까지도 못 가고 끝나버린다.

## 소닉 더 헤지혹 CD

 세가　1993년 9월 23일　7,800엔　CD-ROM

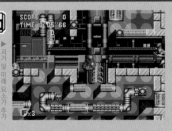

「소닉」 시리즈 3번째 작품. 이 작품에서 히로인 '에이미 로즈'와 메탈 소닉이 처음 등장. 오프닝 및 엔딩 무비는 토이 동화 제작이다. 리틀 플래닛에 잠든 타임 스톤을 찾아, 소닉과 Dr.에그맨이 세 번째로 대결한다. 특징은 타임 워프의 존재로, 과거나 미래로 갈 수 있다.

 슈팅 게임　액션 게임　퍼즐 게임　롤플레잉 게임　시뮬레이션 게임　스포츠 게임　드라이브 게임　어드벤처 게임　교육 및 기타　홈 게임

## 맥도널드 트레저 랜드 어드벤처

세가　1993년 9월 23일　6,800엔　8M ROM

게임 제작 장인집단 트레저의 2번째 작품. 맥도널드의 간판 캐릭터였던 도널드가 주인공인 횡스크롤 액션 게임이다. 적을 연기로 만들 수도 있고 이동수단도 되는 마법의 스카프로 총 4스테이지를 공략. 라이프제와 목숨제를 병용했고, 초보자를 위해 회복수단도 많이 넣었다.

## 원숭이 섬의 비밀 : 유령 해적 대소동!

빅터 엔터테인먼트　1993년 9월 23일　8,800엔
CD-ROM　세가 마우스 대응

스티븐슨 원작의 해양소설을 조지 루카스 감독의 루카스아츠 사가 게임화. 직접 개발한 SCUMM 시스템을 탑재해, 영화 같은 그래픽을 실현했다. 화면상의 커서를 사용해 주인공을 이동시켜, 커맨드 란에 표시된 행동 중에서 적절한 것을 고른다. 난이도는 높은 편.

## 푸른 늑대와 하얀 암사슴 : 원조비사

코에이　1993년 9월 24일　9,800엔　CD-ROM

기본적인 내용은 이전에 발매된 카트리지판과 동일. 메가 CD의 용량을 살려 게임을 좀 더 강화했다. 구체적으로는 캐릭터의 음성 추가, 신 시나리오 '겐페이 동란' 도입, 오프닝에도 CG 추가, 인명사전과 사운드웨어 내장 등이다. 가격도 카트리지판보다 저렴해졌다.

## 조던 VS 버드 : ONE on ONE

일렉트로닉 아츠 빅터　1993년 9월 24일　8,900엔
8M ROM

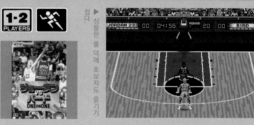

NBA의 전설적인 선수 마이클 조던과 래리 버드로 1on1을 플레이하는 게임. 플레이어는 조던과 버드 중 하나를 선택해 플레이한다. 게임 타입은 1on1 외에도 3점슛 컨테스트나 슬램덩크 컨테스트 등이 있고, 농구 룰을 잘 몰라도 즐길 수 있다.

## 스트리트 파이터 II 대시 플러스

캡콤　1993년 9월 28일　9,800엔　24M ROM　파이팅 패드 6B 대응

폭발적인 히트를 기록한 대전격투 게임이 드디어 메가 드라이브로도 등장. 24메가 ROM을 채용, 용량이 증가한 덕에 가정용 이식작 중에선 유일하게 아케이드판과 동일한 오프닝 데모의 스트리트 파이트 장면을 재현했다. '대시 모드'와 '익사이트 모드'를 탑재하고, 대시 모드에선 10단계까지 스피드 조절이 가능하다. 게다가 MD판에는 '그룹 배틀'이라는 팀 대전 모드도 추가되었다. 이 게임의 출시에 맞춰, 6버튼 사양의 파이팅 패드 6B가 새로 발매되었다.

## 샤이닝 포스 II : 고대의 봉인

MEGA DRIVE | 세가 | 1993년 10월 1일 | 8,800엔 | 16M ROM

1992년 발매된 전작 「샤이닝 포스 : 신들의 유산」의 속편. 이 작품도 시뮬레이션 RPG로서, 시스템을 그대로 계승했다. 다만 세계관이 동일함에도 불구하고 무대·캐릭터 모두 물 갈이되어, 전작과의 관련성은 거의 없다시피 하다. 플레이어는 주인공 '보우이'가 되어, 동료들과 함께 악마군의 침략에 맞선다. 캐릭터 디자인, BGM 등 전반적 요소가 초보자 눈높이에 맞춰져 있다. 적의 사고시간이 더욱 짧아지는 등, 세부적인 개량도 곳곳에 가해졌다.

## 컬럼스 III : 대결! 컬럼스 월드

MEGA DRIVE | 세가 | 1993년 10월 15일 | 6,800엔 | 4M ROM

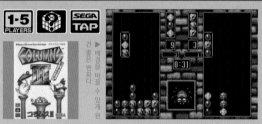

시스템을 대전에 특화시킨 「컬럼스」. 멀티탭을 사용하면 최대 5명까지 대전 플레이가 가능하다. 특징은 '점멸석'의 등장. 3연쇄 이상 성공하면 출현하며, 제한시간 내에 없애면 상대 필드에 불리한 효과가 걸린다. 대전 모드에서는 더욱 강력한 '슈퍼 점멸석'도 출현한다.

## Vay : 유성의 갑옷

MEGA CD | 심스 | 1993년 10월 22일 | 7,800엔 | CD-ROM

전통적인 시스템을 채용한 RPG. 판타지와 거대 로봇을 조합한 세계관이다. 플레이어는 주인공 왕자 하이베르거가 되어, 양친의 복수와 연인 에린을 구출하기 위해 전설의 갑옷을 찾아 나선다. 'BEEP! 메가 드라이브' 잡지를 통해 적 캐릭터와 NPC를 모집하는 기획도 개최했다.

## 페블 비치의 파도

MEGA DRIVE | 세가 | 1993년 10월 29일 | 8,800엔 | 12M ROM

같은 회사의 「머나먼 오거스타」의 파생작. 코스는 미국에 실존하는 페블 비치 골프 링크스. 전작처럼 2D와 3D 폴리곤을 조합한 묘사 시스템 'POLYSYS'를 채용해, 코스를 리얼하게 재현했다. 시스템 항목을 극히 세분화해, 바람 방향과 세기가 스코어에 큰 영향을 준다.

## 리설 인포서즈

MEGA CD | 코나미 | 1993년 10월 29일 | 9,800엔 | CD-ROM
광선총(저스티파이어 : 코나미 발매) 대응

원작은 1992년 코나미가 가동한 아케이드 게임. 실사 건슈팅의 선구작으로, 패키지에 아케이드와 마찬가지로 하늘색 광선총을 동봉했고 2P용 핑크색 광선총도 별도로 판매했다. 전 5스테이지 구성으로, 원하는 스테이지부터 골라서 즐길 수가 있다.

 슈팅 게임  액션 게임  퍼즐 게임  롤플레잉 게임  시뮬레이션 게임  스포츠 게임  드라이브 게임  어드벤처 게임  교육 및 기타  홈 게임

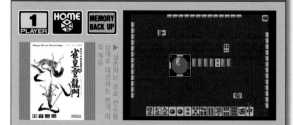

## 작황 등용문

세가  1993년 11월 5일  6,800엔  8M ROM
세가 마우스 대응

1987년 발매된 PC용 게임의 이식판. 일본 프로마작연맹 감수의 유일한 공인 소프트이자 진지한 마작 게임으로, 코지마 타케오·안도 미츠루·이토 유코 등 당시의 유명 프로 선수들이 사진과 실명으로 등장. 경기용 마작, 일반 마작의 2가지 모드가 있으며, 상대로 27명의 마작사가 나온다.

## 파티 퀴즈 MEGA Q

세가  1993년 11월 5일  6,800엔  8M ROM

최대 5인 동시 플레이가 가능한 퀴즈 게임. 플레이어는 퀴즈 프로 출전자가 되어 우승을 노린다. 문제는 모두 4지선다 퀴즈로 출제. 3번째 문제가 끝나는 시점에 실제 퀴즈 프로처럼 광고가 나와, 멀티 탭이나 파이팅 패드 6B 등 세가가 실제 판매하던 관련상품을 홍보한다.

## 알라딘

세가  1993년 11월 12일  7,800엔  16M ROM

대히트한 디즈니 애니메이션의 게임판. 고전적인 스타일의 횡스크롤 액션 게임이다. 특징은 뭐니 뭐니 해도 캐릭터의 움직임. 디즈니 애니메이션 특유의 캐릭터 모션을 잘 재현했다. 주인공 알라딘의 공격 방식은 칼과 사과. 다만 사과

던지기는 횟수 제한이 있고 위력도 낮다. 전 6스테이지로, 위아래가 높은 구성이 특징. 스테이지 하나가 여러 지역으로 나뉘어 있다. 세이브는 패스워드제로, 문자가 아니라 캐릭터 얼굴을 조합하는 특이한 형태다.

## 다크 위저드 : 되살아난 어둠의 마법사

세가  1993년 11월 12일  6,800엔  CD-ROM

「파이널 판타지」 시리즈 I~III편의 각본가인 테라다 켄지 씨가 시나리오를 맡은 시뮬레이션 RPG. 플레이어는 4명의 주인공(성왕) 중 하나를 고른다. 선택된 주인공마다 이야기가 달라지지만, 다른 성왕과 싸우지는 않는다. 진 엔딩을 보려면 여러 조건을 만족시켜야 한다.

## 아르슬란 전기

세가  1993년 11월 19일  7,800엔  CD-ROM

다나카 요시키의 원작 소설을 게임화한 작품. 14개 시나리오를 클리어해 파르스 왕국을 루시타니아에서 해방시킨다. 시나리오는 원작을 따라가므로 분기가 없다. 시뮬레이션이지만 내정된 요소가 없어, 이동과 전투로만 착착 진행되는 것이 특징. 아르슬란에 직접 명령할 수는 없으니 주의하자.

사이드바: HARDWARE | 1988's SOFT | 1989's SOFT | 1990's SOFT | 1991's SOFT | 1992's SOFT | 1993's SOFT | 1994's SOFT | 1995's SOFT | 1996's SOFT | OVERSEA SOFT

## 나이트 트랩

세가 1993년 11월 19일 8,800엔 CD-ROM

세가가 발매한 버추얼 시네마 제 1탄. 실사 촬영 동영상으로 전개되는 호러 어드벤처 게임이다. 연쇄실종사건을 수사하기 위해, 특별수사팀 S.C.A.T가 사건의 열쇠를 쥔 마틴의 집에 설치된 함정을 역이용해 수상한 사람들을 체포해간다.

실시간으로 게임이 진행되므로, 플레이어가 손을 놓고 있어도 스토리는 계속 이어진다. 영상을 보면서, 수상한 자가 들어간 방을 단면도에서 선택해 함정을 발동시키는 식의 진행이다. 난이도는 후반 들어 급격히 올라간다.

## 스페이스 펑키 B.O.B.

일렉트로닉 아츠 빅터 1993년 11월 19일 8,900엔
8M ROM

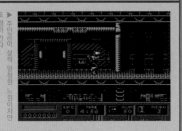

개그풍이 물씬한 횡스크롤 액션 게임. 플레이어는 살짝 멍청한 느낌의 기계생명체 B.O.B.를 조작해 미로로 가득한 행성을 탈출한다. 무기는 총과 '리모트 아이템'이라는 보조 아이템. 총은 아이템을 얻으면 파워 업한다. 전 50스테이지로, 다양한 난관은 물론 보스전도 있다.

## 플린스톤

타이토 1993년 11월 19일 3,880엔 4M ROM

미국에서 인기가 많았던 애니메이션을 게임화한 작품. 점프 위주로 진행하는 횡스크롤 액션 게임이다. 주인공 프레드를 조작해 가족과 동료의 의뢰를 해결한다. 캐릭터와 배경 묘사는 원작 애니메이션을 충실히 재현했다. 게임 자체는 난이도가 높고 위험한 함정이 많으니 주의.

## MiG-29

텐겐 1993년 11월 26일 7,800엔 8M ROM
파이팅 패드 6B 대응

원작은 영국 PC용으로 발매된 플라이트 시뮬레이션. 구소련의 전투기 Mig-29를 조작해 4가지 작전을 수행하자. 조작 시스템이 상당히 리얼해, 이륙은 물론 랜딩기어 수납까지 직접 조작해야 한다. 시점 전환 기능도 내장했다. 파이팅 패드 6B도 지원한다.

## 알샤크

샌드스톰 1993년 11월 26일 8,800엔 CD-ROM

게임 제작집단 라이트 스터프의 데뷔작. 1989년 발매된 PC 게임의 이식작으로, 캐릭터 디자인은 키무라 아키히로가 담당했다. 같은 스텝이 제작한 「에메랄드 드래곤」의 흐름을 이은 RPG로, 시스템은 거의 동일. 이벤트 일부에 캐릭터 보이스가 들어가 분위기를 살려준다.

 슈팅 게임  액션 게임  퍼즐 게임  롤플레잉 게임  시뮬레이션 게임  스포츠 게임  드라이브 게임  어드벤처 게임  교육 및 기타  홈 게임

## 킹 오브 더 몬스터즈

세가　1993년 11월 26일　6,800엔　8M ROM

같은 이름의 아케이드 게임 이식판. 일본의 도시를 무대로 몬스터들이 프로레슬링을 벌인다. 이 작품의 특징은 건물을 파괴하는 등으로 오염도가 높아질수록 점수를 번다는 것. 이건 인류가 지상을 오염시킨 끝에 몬스터가 출현했다는 세계관을 따르기 때문이다.

## 더 서드 월드 워

마이크로네트　1993년 11월 26일　7,800엔　CD-ROM

세계 16개국 중 하나를 선택하여, 국정(군사·경제·외교·내정)을 행하면서 군사적, 또는 경제적 지배지역을 넓혀 승리요건을 만족시키는 것이 목적인 시뮬레이션 게임. 시나리오는 5개가 준비되어 있다. 패배요건 중 '시간 경과로 플레이어가 사망'이란 항목이 있는 것도 특징.

## 테크모 슈퍼 보울

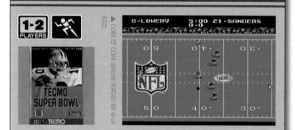

테크모　1993년 11월 26일　8,900엔　8M ROM

같은 이름의 패밀리 컴퓨터용 소프트의 파워 업판. 미식축구가 소재로, NFL 선수들이 1993년 시점의 실명 및 최신 데이터로 등장한다. 게임 모드는 3종류가 있다. 룰과 전략 등을 매뉴얼에서 세세히 설명하고 있어, 초보자도 즐길 수 있는 걸작이다.

## 마이트 & 매직 III

CRI　1993년 11월 26일　6,800엔　CD-ROM
파이팅 패드 6B 대응, 세가 마우스 대응

같은 이름의 PC게임 이식판. 「울티마」, 「위저드리」와 함께 3대 RPG로 불리며, 테라 제도(諸島)를 무대로 모험을 펼치게 된다. 오토 매핑은 물론 아이템에 설명이 붙는 등 플레이어의 부담을 덜어주는 시스템이 많지만, 그럼에도 난이도는 높다.

## T.M.N.T. 토너먼트 파이터즈

코나미　1993년 12월 3일　8,800엔　16M ROM

「틴에이지 뮤턴트 닌자 터틀즈」를 소재로 한 대전격투 게임. 공격은 심플하게 펀치와 킥 2종류뿐으로, 필살기를 쓸 때는 강약 2종류로 나뉜다. 그래픽과 모션은 매우 훌륭해. 닌자거북이의 세계를 잘 표현해냈다. 대전 승패 결정 후, 대전 내용을 리플레이로 볼 수도 있다.

## 다이나 브라더즈 2

CRI　1993년 12월 3일　8,800엔　16M ROM
파이팅 패드 6B 대응

리얼타임 시뮬레이션 게임 「다이나 브라더즈」의 속편. 스토리 모드 및 대전 플레이가 추가되었다. 새로이 비행 유닛 '프테라'도 추가되어 전략성이 증가했다. 늘어난 유닛이 중요한 의미를 가지는 맵도 있는 등, 전작 못지않게 잘 만들어진 수작.

HARDWARE | 1988's SOFT | 1989's SOFT | 1990's SOFT | 1991's SOFT | 1992's SOFT | 1993's SOFT | 1994's SOFT | 1995's SOFT | 1996's SOFT | OVERSEA SOFT

## 사이킥 디텍티브 시리즈 Vol.4 : 오르골
데이터 웨스트　1993년 12월 10일　7,600엔　CD-ROM

전작 「AYA」와 같은 커맨드 선택식 추리 어드벤처 게임. 이 시리즈는 'D.A.P.S.'라는 동영상 재생 시스템을 탑재해 디스크 로딩 중에도 애니메이션과 음악이 계속 나오므로, 게임의 흐름이 끊기지 않고 미스터리한 세계관에 깊이 빠져드는 매력적인 타이틀이다.

## 소닉 스핀볼
세가　1993년 12월 10일　6,800엔　8M ROM

소닉을 소재로 한 핀볼 게임. 에그맨의 요새에 숨겨진 카오스 에메랄드를 모두 입수하면 보스에 도전하게 된다. 보통 상태와 볼 상태일 때 조작 방법이 바뀐다. 볼일 때 소닉을 날려 보낸 상태라면 좌우로 조작할 수 있는데, 이를 잘 이용하지 못하면 클리어가 어려워진다.

## 드래곤즈 리벤지
텐겐　1993년 12월 10일　7,800엔　8M ROM

판타지한 세계관을 지닌 핀볼 게임. 구역이 4곳으로 나뉘어지고, 각각 보너스 스테이지로 가는 입구가 있다. 보너스 스테이지는 8종류가 존재하고, 스테이지 내엔 사로잡힌 용사가 있다. 보너스 스테이지엔 각 테마에 맞는 아트워크도 있어, 이를 보는 것만으로도 재미있는 작품.

## 버추얼 카메라맨
트랜스페가서스 리미티드　1993년 12월 10일
9,800엔　LD-ROM

플레이어는 카메라맨으로, 등장하는 여성의 사진을 찍어 베스트셀러 사진집을 만드는 것이 목적이다. 등장하는 여성은 8명. 좋은 사진을 찍으면 여성과 사이가 좋아져, 끝에 가면 사적으로 누드 사진까지 촬영할 수 있다. 찍은 사진은 사진집이 되어, 언제라도 감상이 가능하다.

## 몽견관 이야기
세가　1993년 12월 10일　7,800엔　CD-ROM　세가 마우스 대응

게임 전체에 텍스트가 일절 없고, 동영상만으로 구성된 어드벤처 게임. 플레이어는 주인공 소년이 되어, 저택에 갇힌 여동생을 찾으러 내부를 탐색한다. 저택 안에는 세상을 등지고 나비가 되어버린 주민들이 하늘하늘 날아다니며 신비한 분위기를 풍긴다. 이 나비들은 소년에게 도움을 주기도 하지만, 믿어도 좋을지는 알 수 없다. 저택의 음산한 분위기 덕에, 아무 일이 일어나지 않아도 불안과 공포가 풍겨 나온다. 후일 세가 새턴으로 속편도 발매되었다.

 슈팅 게임　 액션 게임　 퍼즐 게임　 롤플레잉 게임　 시뮬레이션 게임　 스포츠 게임　 드라이브 게임　 어드벤처 게임　 교육 및 기타　 홈 게임

## 리설 인포서즈

코나미　1993년 12월 10일　9,800엔　16M ROM
광선총(저스티파이어 : 코나미 발매) 대응

같은 이름으로 된 아케이드 타이틀의 이식작으로, 132p에서 소개한 게임의 ROM 카트리지판이다. 기기 능력의 차이로 그래픽은 거칠어졌지만, 사운드가 좋고 게임 자체로도 훌륭한 재현도를 보여준다. 전용 광선총 '더 저스티파이어'는 주사선을 검출하는 원리라, LCD TV에선 쓸 수 없는 게 아쉽다.

## J리그 프로 스트라이커 완전판

세가　1993년 12월 17일　8,800엔　8M ROM

J리그가 개시된 1993년 6월 18일에 발매된 전작 「J리그 프로 스트라이커」의 선수 데이터를 교체한 작품. 시스템 등은 원작 「J리그 프로 스트라이커」와 변경점이 없다. J리그 오피셜 타이틀이므로 선수 이름은 전부 실명으로 수록되었다.

## 정글 스트라이크 : 이어지는 광기

일렉트로닉 아츠 빅터　1993년 12월 17일　8,900엔
16M ROM

「데저트 스트라이크」에 이은 스트라이크 시리즈 제 2탄. 탈옥한 마약왕 카를로스 오르테가는 사막의 폭군 '매드맨'의 아들 킬바바와 손을 잡고 핵무기를 확보했다. 어떻게든 카를로스를 저지해야 한다. 이번 작품은 헬리콥터 외에 호버크래프트나 스텔스 전투기 등도 조작이 가능하다.

## 머나먼 오거스타

T&E 소프트　1993년 12월 17일　8,800엔　12M ROM

2D와 3D 폴리곤을 융합해 리얼리티 넘치는 필드를 고속으로 묘사하는 'POLYSYS'란 이름의 기술을 이용해 제작된 골프 시뮬레이션. 완성도가 높아, 주간지에 특집기사가 게재되었을 정도였다. 토너먼트 실황을 넣는 등 현장감도 훌륭해, 골프 팬들에게 큰 호평을 받았다.

## 판타지 스타 4 : 천년기의 끝에서

세가　1993년 12월 17일　8,800엔　24M ROM

「판타지 스타」 시리즈의 4번째 작품(원제엔 넘버링 표기가 없으나, 메가 드라이브 미니 국내판의 표기를 따랐다). 알골 태양계를 무대로 한 시리즈로서는 완결작이다. 인기가 높았던 2편의 개발진이 재집결했기에 전투 시스템 등은 2편의 파워 업판이라고 할 만하며, 여러 부분에 밸런스 조정도 가해져 플레이어가 쓸데없이 스트레스를 받지 않도록 했다. 「판타지 스타 온라인」으로 처음 시리즈를 접한 사람이라도 꼭 플레이해보았으면 하는 작품.

## 부기우기 볼링

 MEGA DRIVE | 비스코　1993년 12월 17일　6,800엔　4M ROM

1-4 PLAYERS | SEGA TAP

▶ 그야말로 기본에 충실한 볼링게임.

메가 드라이브의 유일한 볼링 게임. 서는 위치, 볼의 스핀 방향, 투구 방향, 파워 등 기본 시스템은 충실히 구비되어 있다. 게다가 레인 상태라는 변수도 있어, 왁스가 잘 먹혀 있으면 볼이 부드럽게 굴러간다. 또한 대전 상대의 투구를 방해할 수도 있다.

## 메탈 팽

MEGA DRIVE | 빅터 엔터테인먼트　1993년 12월 17일　6,800엔
4M ROM

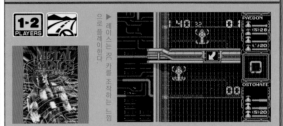

1-2 PLAYERS

▶ 레이스는 RC 카를 조작하는 느낌으로 플레이한다.

사이버펑크 세계관에서, 무기를 탑재한 머신을 조작해 상대 팀과 겨루는 레이싱 게임. 팀은 차량 4대로 구성되어, 적절히 선환하며 레이스로 경쟁한다. 레이스에서 이기면 상금을 얻고, 그 상금으로 머신을 강화 개조할 수 있다. 상금을 더블 업으로 불리는 것도 가능.

## 하이 롤러 배틀

 MEGA LD | CRI 종합연구소　1993년 12월 20일　9,800엔　LD-ROM

1 PLAYER

▶ 미사일은 얼핏 강해 보이지만 거의 맞지 않는다.

조종석 시점 3D 슈팅 게임. 플레이어는 기총수로서 헬기에 탑승한다. J-land란 나라가 지닌 대량파괴병기의 파괴가 목적. 실사영상으로 표현된 화면은 박력 만점이다. 타격판정이 엄격해 표적이 잘 격추되지 않는 등의 문제도 있지만, 난이도가 그리 높지 않아 적당히 즐길 만한 작품.

## 로켓 코스터

 MEGA LD | 타이토　1993년 12월 20일　9,800엔　LD-ROM

1 PLAYER

▶ 코스 아웃되지 않도록 주의하자

아케이드용 체감 머신 D3BOS의 이식작. 판타지, 어드벤처, 퓨처 코스 중에서 골라 제한시간 내에 골인하는 게 목적. '코스터'라고는 하나, 레일을 따라 주행하는 건 아니다. 이 작품은 RSS라 불리는 사운드 시스템을 사용해, 더 현장감 있는 사운드로 플레이할 수 있다.

## 배틀마니아 다이긴죠

MEGA DRIVE | 빅 토카이　1993년 12월 24일　7,800엔　8M ROM　파이팅 패드 6B 대응

1 PLAYER

▶ 오토타겟 마니아의 능력에. 캐릭터 어깨의 카피 마리아에게 가장을 하면 그녀의 의미가 없지만, 2인 플레이도 되는 레이저발생으로 파트너를 응원할 수도 있는거는. ▶ 2스테이지의 무대는 예수노시마 모노레일 엄내에서 싸우게 되는데 엑노시마만을 위해 제작자가 자비로 배경가져 자료를 채집하러 갔다고 한다.

전작 「배틀마니아」의 3년 후…가 아니라 3일 후로부터 시작되는 사이드뷰 스크롤 슈팅 게임. 스크롤 방향은 스테이지에 따라 가로·세로 2종류가 존재한다. 전작과 다른 점은 주인공 '마니아'의 공격 방법을 3종류 중에서 선택하는 식이라는 것. 덕분에 플레이어에게 익숙한 공격 방법을 고를 수 있게 되어 쉽게 즐길 수가 있다. 엔딩에서는 전작의 앙케트 엽서로 받은 질문을 개발자가 직접 답해주는 등, 팬들을 우대하는 자세로도 큰 호평을 받은 작품.

 슈팅 게임　 액션 게임　 퍼즐 게임　 롤플레잉 게임　 시뮬레이션 게임　 스포츠 게임　 드라이브 게임　 어드벤처 게임　 교육 및 기타　 홈 게임

## 어썸 포썸
텐겐　1993년 12월 25일　7,800엔　16M ROM

재활용을 테마로 잡은 액션 게임. 필드에 빈 캔 등이 흩어져 있어, 이를 50개 모아 재활용하면 1UP 및 체력 회복이 가능하다. 스테이지를 클리어하면 환경문제 관련 퀴즈가 출제되며, 정답을 맞히면 보너스 1만 점도 받게 된다.

## 크루 볼
일렉트로닉 아츠 빅터　1993년 12월 26일　6,800엔
4M ROM

미국의 하드록 밴드 '머틀리 크루'의 음악을 사용한 핀볼 게임. 'Dr. Feel good'과 'Live Wire' 등의 곡이 나온다. 핀볼 필드는 믹서나 이퀄라이저 등 음악기자재를 모티브로 삼아, 각 스테이지마다 설정된 조건을 만족시키면 클리어된다.

## 전국전승
사미　1993년 12월 28일　8,500엔　CD-ROM

전국시대에 주인공의 선조가 처단했던 잔혹한 군주가 '400년 후 아수라신과 하나가 되어 야망을 이루겠다!'라는 예언을 성취하여 부활하고 만다. 그 야망을 다시 부수기 위해 과거 무장의 자손인 주인공이 싸움에 나선다는 스토리. 전통적인 벨트스크롤 액션이지만, 현대와 전국시대를 왕래하며 진행하는 것이 특징. 아쉽게도 메가 CD판은 2인 동시 플레이 요소가 삭제되었다. 하지만 아케이드판에 손색이 없는 이식도가 훌륭하다.

## 플래시백
선 소프트　1993년 12월 29일　8,000엔　12M ROM

원작은 프랑스의 게임 개발사 델핀 소프트웨어가 아미가용으로 개발한 스크롤 액션. 2D 폴리곤을 사용하여 매우 부드러운 애니메이션이 특징. 전 6스테이지로 구성되어 있다. 난이도는 매우 높으므로, 각오를 다지고 진지하게 플레이하자.

## 마천의 창멸
코단샤 총연　1993년 12월 29일　8,900엔　8M ROM

발매연기를 거듭한 끝에 「판타지 스타 4 : 천년기의 끝에서」의 12일 후에 발매된 탓도 있어, 그리 알려지지는 못한 작품. 필드에서의 이동속도가 쾌적하고, 무기를 렌탈할 수 있는 등 독특한 시스템도 존재한다. 다만, 메가 드라이브용 RPG로서는 첫 손으로 꼽히는 고난이도를 자랑한다.

139

# 1994

## MEGA DRIVE SOFTWARE ALL CATALOGUE

이 해는 플레이스테이션, PC-FX 등의 32비트 게임기가 속속 발표되고, 세가 역시 차세대기로서 세가 새턴 + 메가 드라이브용 확장기기인 슈퍼 32X라는 2단계 진략으로 대응 히여, 차세대기 전쟁이 발발한 해다.

슈퍼 32X 투입에 맞춰 게임 패키지의 디자인 양식도 통일했다. 32X는 황색 띠, 메가 드라이브는 청색 띠를 베이스 컬러로 설정한 것이다(여담이지만, 이 시기부터 세가는 RPG를 '로프레(ロ プレ; 롤플레잉의 일본식 줄임말)'로 호칭하였다).

1994년에 발매된 타이틀 수는 120타이틀로, 작년 못지않은 종수였다. 당시의 유행을 반영했는지 「버추어 레이싱」 등의 폴리곤 게임, 「모탈 컴뱃」 등의 파이팅 패드 6B 지원 소프트가 두드러지는 것도 인상적이다.

---

### 제너럴 카오스 대혼전

일렉트로닉 아츠 빅터　1994년 1월 14일
8,900엔　8M ROM

아군 병사에 지시를 내려 적을 섬멸하는 리얼타임 전략 요소가 강한 시뮬레이션 게임. 4종의 부대 중에서 선택하여 출격시킨다. 난이도 자체는 높지 않아, 일거에 공격하면 클리어할 수 있는 경우가 많다. 병사의 내구력이 의외로 높으니 백골화되기 전까지 방심은 금물.

---

### 용호의 권

세가　1994년 1월 14일　8,800엔　16M ROM
파이팅 패드 6B 대응

같은 이름의 아케이드 타이틀 이식판. 아케이드와의 차이는 확대축소 기능이 빠진 정도로, 상당한 재현도를 자랑한다. 캔슬기가 가능해지고, 기력 감소 폭을 줄였으며, 설정에 따라서는 강공격을 강펀치와 강킥으로 분리시킬 수 있는 등 편의성에 중점을 두고 이식되었다.

---

### 이시이 히사이치의 대정계

세가　1994년 1월 28일　7,800엔　CD-ROM

같은 이름의 이시이 히사이치 원작 만화의 게임화. 신의 지시로 기업가의 비서가 되어, 국정에 영향을 가하게 된다. 게임 자체는 인생게임류 시스템으로, 운이 좌우하기 쉽다. 메인 게임에서 직위를 올리고, 서브게임에서 다른 의원과의 배틀로얄에 나서게 된다.

---

### 데빌즈 코스

세가　1994년 1월 28일　8,800엔　12M ROM

「머나먼 오거스타」 시리즈 첫 번째 작품. 기존 타이틀은 실존 코스를 그대로 옮겨오는 편이었지만, 이 작품은 완전 오리지널 코스가 마련되어 있다. 오리지널 코스는 타이틀에 걸맞은 고난이도 일색으로, 공략하려면 상당한 실력이 필요하다. 골프 게임 상급자 전용 게임이라 할 만.

---

 슈팅 게임　 액션 게임　 퍼즐 게임　 롤플레잉 게임　 시뮬레이션 게임　 스포츠 게임　 드라이브 게임　 어드벤처 게임　 교육 및 기타　 홈 게임

## 유☆유☆백서 외전

세가　1994년 1월 28일　8,800엔　16M ROM

같은 이름의 인기 만화를 소재로 한 어드벤처 게임. 오리지널 스토리로 그려지는 암흑무도회 2일 전의 이야기이다. 스토리 즐기기에 중점을 둬, 수수께끼 풀이 요소는 없다. 도중에 나오는 전투 신은 액션 게임 형식이지만 난이도가 낮다. 스토리를 즐기고픈 팬을 위한 게임.

## NFL 풋볼 '94

세가　1994년 2월 4일　8,800엔　16M ROM

명선수 조 몬태너가 주인공으로, 전 28팀의 800명이 넘는 선수들이 모두 실명으로 등장하는 미식축구 게임. 볼을 잡은 선수가 확대 표시되어, 박력 넘치는 시점으로 플레이할 수 있다. 물론 시즌대로의 플레이도 가능. 실황중계도 나와 시합 분위기를 살려준다.

## 동계올림픽

세가　1994년 2월 11일　7,800엔　16M ROM

최초로 독립 개최된 동계올림픽인 1994년의 릴레함메르 올림픽을 소재로 한 스포츠 게임. 수록된 종목은 10종류. 모드는 '풀 올림픽', '미니 올림픽', '연습경기'의 3종류가 있다. 상당히 어려운 게임이라, 꽤나 연구해야만 좋은 기록을 올릴 수 있을 것이다.

## NFL 프로 풋볼 '94

일렉트로닉 아츠 빅터　1994년 2월 18일
9,800엔　16M ROM

NFL의 명 해설자인 존 매든 씨가 감수·실황·해설해 주는 미식축구 게임. 이 게임 최대의 특징은 한 시즌을 통으로 플레이할 수 있다는 것. 게임 모드도 8종류가 있어, 다양한 설정 하에서 시합을 즐길 수 있다.

## 에어 매니지먼트 II : 항공왕을 목표로

코에이　1994년 2월 18일　12,800엔　8M ROM

항공사를 경영하는 비즈니스 시뮬레이션의 2번째 작품. 라이벌 회사 3개사와 업계 점유율 1위를 다투게 된다. 전작과의 큰 차이는 '허브&스포크' 개념이 도입된 것이다. 시나리오는 4종류가 준비되어 있고, 특정 시나리오 한정으로 등장하는 여객기도 존재한다.

## 이터널 챔피언즈

세가　1994년 2월 18일　7,800엔　24M ROM
파이팅 패드 6B 대응

미국에서 개발된, 「스트리트 파이터 II」의 영향을 받은 「모탈 컴뱃」이란 느낌의 격투 게임. 일본 느낌을 내고 싶었던 건지, 타이틀에 한자 '武士道(무사도)'가 들어가 있다. 게임 내 여기저기에 왜곡된 일본풍 이미지가 들어가 있어, 그걸 찾아보는 것만으로도 재미있는 작품.

HARDWARE
1988's SOFT
1989's SOFT
1990's SOFT
1991's SOFT
1992's SOFT
1993's SOFT
1994's SOFT
1995's SOFT
1996's SOFT
OVERSEA SOFT

## 쿨 스팟

**버진 게임　1994년 2월 18일　8,000엔　8M ROM**

청량음료 '7UP'의 로고 안에 있는 빨간 원 마크를 캐릭터화해, 이 캐릭터를 주인공 삼은 액션 게임. 캐릭터 이름은 타이틀과 같은 '쿨 스팟'이다. 게임의 목적은 사로잡힌 동료를 구출하는 것. 액션 패턴이 다양해, 부드러운 움직임으로 플레이어를 즐겁게 한다.

## 3D MUSEUM

**파이오니어　1994년 2월 25일　13,000엔　LD-ROM**

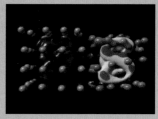

이 작품은 3D 영상을 즐기라는 목적으로 제작된 타이틀이다. 레이저액티브용 3D 안경을 사용하면 입체영상을 즐길 수 있다. 레이저액티브 최초의 양면 디스크로 발매된 타이틀. A면은 CG로 만든 입체영상을, B면은 실사영상을 이용한 입체영상을 수록했다.

## T2 : THE ARCADE GAME

**어클레임 재팬　1994년 2월 25일　8,800엔　8M ROM**

영화 「터미네이터 2」를 소재로 미드웨이 사가 개발한 건 슈팅 게임의 이식작. 아쉽게도 광선총 미지원으로, 컨트롤러로만 조작할 수 있다. 그래픽도 실사를 스캔해 사용하여, 원작의 분위기를 유지하며 「터미네이터 2」의 세계를 표현했다.

## 진 여신전생

**심스　1994년 2월 25일　7,800엔　CD-ROM**
**파이팅 패드 6B 대응, 세가 마우스 대응**

슈퍼 패미컴판을 이식한 작품. 이식되면서 악마 그래픽의 변경, 28마리의 오리지널 악마 추가, 2D 맵에서 3D 맵으로의 대폭 이미지 체인지, CD를 이용한 나레이션 음성 추가 등 여러 면에서 변경되었다. 게다가 난이도 조정도 추가되어 플레이하기 쉬워졌다.

## 스페이스 버서커

**파이오니어　1994년 2월 25일　9,800엔　LD-ROM**

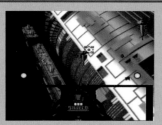

「피라미드 패트롤」처럼 플레이어가 기총수 역할을 연기하는 3D 슈팅 게임. 멋진 우주 풍경, 공들인 카메라워크 등 SF 영화를 방불케 하는 전개. 단점이라면, 적 기체가 배경과 일체화되어 찾기 힘들다는 점. 게다가 3스테이지뿐이라 20분이면 클리어할 수 있을 정도로 짧다.

## 데이비스컵

**텐겐　1994년 2월 25일　7,800엔　8M ROM**
**파이팅 패드 6B 대응**

타이틀인 '데이비스컵'이란 국가대항 남자 테니스 대회를 말한다. 64명의 선수 중 1명을 골라 세계제패를 노리는 테니스 게임. 테니스 게임으로는 드물게 심판에게 항의할 수 있다는 게 유례없는 특징. 당시로서는 희귀한 리플레이 기능 탑재 등, 다양한 시행착오가 엿보인다.

슈팅 게임　액션 게임　퍼즐 게임　롤플레잉 게임　시뮬레이션 게임　스포츠 게임　드라이브 게임　어드벤처 게임　교육 및 기타　홈 게임

## 노부나가의 야망 패왕전

코에이  1994년 2월 25일  12,800엔  8M ROM
세가 마우스 대응

「노부나가의 야망」 시리즈 제 5편. 전작까지는 지역을 쟁탈했지만, 이 작품부터 성의 쟁탈로 바뀌었다. 동시에 동맹 시스템도 개선해, 입장에 차이가 있어도 동맹을 맺을 수 있게 되었고 이를 이용한 동맹 통일도 가능해졌다. 그 외에 논공행상 등 세부적으로도 개량되었다.

## 와이알라에의 기적

세가  1994년 2월 25일  8,800엔  8M ROM

같은 이름의 PC-9801용 골프 게임의 이식작. 코스는 하와이에 있는 와이알라에 컨트리클럽. 이 작품에선 파워 게이지를 MAX로 맞추면 슈퍼 샷을 칠 수 있다. 우승을 노리는 토너먼트 모드, 연습할 수 있는 트레이닝 모드가 준비되어 있다.

## 마이크로코즘

빅터 엔터테인먼트  1994년 2월 25일  8,900엔  CD-ROM

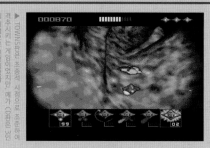

영국 시그노시스 사가 개발한 PC용 게임의 이식판. 리얼한 배경 동영상이 특징인 3D 슈팅이다. 라이벌 기업의 공작으로 사장의 몸에 심어진 마인드 컨트롤 시스템을 제거하기 위해, 미크로화로 체내에 침투하여 대뇌로 향한다는 스토리. 프랙털 엔진으로 만든 실사와 CG를 합성한 오프닝 데모는 당시에 큰 충격을 주었다. 게임 도중에도 배경은 실사처럼 표현되어, 실제로 체내에 들어온 듯한 생생함이 전해지는 작품.

## 2020년 슈퍼 베이스볼

일렉트로닉 아츠 빅터  1994년 3월 4일  9,800엔  8M ROM

같은 이름의 NEOGEO 아케이드 게임의 이식판. 일반적인 야구와 다른 점은 페어 존 확대와 홈런 존 축소 등으로 필드 규격이 변경되고, 선수가 파워 아머 등을 장비하고 있다는 점. 시합으로 번 상금으로 선수의 장비를 강화할 수 있는 것도 이 게임의 특징이다.

## 테크모 슈퍼 NBA 바스켓볼

테크모  1994년 3월 4일  8,900엔  8M ROM

슈퍼 패미컴으로 출시된 같은 이름의 타이틀 이식작. NBA 공인 게임으로, 선수는 모두 실명으로 등록되어 있다. 게임의 공방 감각이 매우 좋아, 스피드감 있는 스타일리시한 시합 전개를 즐길 수 있다. 선수도 데이터에 기반해 차별화되어, 농구 팬들도 납득할 만한 작품.

## 하이퍼덩크 더 플레이오프 에디션

MEGA DRIVE | 코나미 | 1994년 3월 4일 | 8,800엔 | 8M ROM

세가 탭을 사용하면 최대 8명까지 플레이가 가능한 수작 농구 게임. 간단한 조작으로 화려한 시합 전개를 즐길 수 있다. 사용 가능한 팀은 총 16팀으로, 각각 나름의 특징이 있다. 토너먼트 모드는 패스워드를 사용해 이어서 플레이 가능.

## 짱구는 못말려 : 폭풍을 부르는 원아

MEGA DRIVE | 마바 | 1994년 3월 11일 | 8,800엔 | 16M ROM

같은 이름의 슈퍼 패미컴 발매 타이틀의 이식작. 이식되면서 BGM, 미니게임이 변경되고 난이도가 조정되어, 그 덕에 상당히 밸런스가 좋아져 플레이하기도 쉬워졌다. 오프닝 데모와 대화 신의 내용은 원작을 잘 재현해내, 팬이라면 분명 재미있게 즐길 수 있을 것이다.

## 게임 통조림 Vol. 1

MEGA CD | 세가 | 1994년 3월 18일 | 3,980엔 | CD-ROM

20p의 '세가 게임 도서관' 전용 타이틀들을 서비스 종료 후 상품화한 것. 수록 게임은 「플리키」, 「패들 파이터」, 「하이퍼 마블스」, 「피라미드 매직 총집편」, 「판타지 스타 Ⅱ 텍스트 어드벤처」. 텍스트 어드벤처는 주인공 각 4명 시점의 시나리오가 수록되었다.

## 게임 통조림 Vol. 2

MEGA CD | 세가 | 1994년 3월 18일 | 3,980엔 | CD-ROM

Vol. 2는 「죽음의 미궁」, 「퍼터 골프」, 「메달 시티」, 「16t」, 「로봇 배틀러」, 「테디보이 블루스」, 「아워그」, 「잘해봐! 사랑의 두근두근 펭귄랜드 MD」, 「판타지 스타 Ⅱ 텍스트 어드벤처」를 수록. 텍스트 어드벤처는 Vol. 1처럼 4명 시점의 시나리오가 수록됐다.

## 버추어 레이싱

MEGA DRIVE | 세가 | 1994년 3월 18일 | 9,800엔 | 16M ROM | 파이팅 패드 6B 대응

아케이드에서 절대적인 존재감을 보여준 같은 이름의 타이틀 이식작. 폴리곤 묘사를 처리하는 커스텀 칩 '세가 버추어 프로세서'를 개발해 탑재함으로써, 당시 불가능하다고 여겨졌던 메가 드라이브로의 이식을 실현했다. 아쉽게도 그래픽은 아케이드에 못 미치지만, 조작감 자체는 아케이드에 비해 손색이 없어 플레이어들에게 높은 평가를 받았다. '저비용 고성능'을 테마로 만들어진 아케이드판의 혼을 잘 계승해낸 작품.

 슈팅 게임  액션 게임  퍼즐 게임  롤플레잉 게임  시뮬레이션 게임  스포츠 게임  드라이브 게임  어드벤처 게임  교육 및 기타  홈 게임

## F1 서커스 CD

일본물산　1994년 3월 18일　8,800엔　CD-ROM

PC엔진에서 시작된 시리즈의 10번째 작품으로, 드디어 3D 시점이 되었다. 이 작품은 CD의 장점을 활용해 실제 차량의 배기음을 사용했다. 또한 대용량을 살려 세부까지 세팅 가능한 것도 특징으로, 실제 세팅이 20항목 이상에 달해 구석구석까지 설정할 수 있다.

## 하임달

빅터 엔터테인먼트　1994년 3월 18일　8,800엔
CD-ROM

서양에서 대히트한 같은 이름의 PC용 액션 RPG 이식작. 바이킹인 주인공은 악신 로키가 빼앗아간 오딘의 검, 토르의 해머, 프레이의 창을 되찾기 위해 여행을 떠난다. 시스템은 쿼터뷰 시점의 필드 탐색식. 이른바 '서양 게임'으로, 난이도는 그다지 높지 않다.

## 뱀파이어 킬러

코나미　1994년 3월 18일　7,800엔　8M ROM

  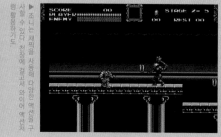

「악마성 드라큘라」 시리즈 11번째 작품이자, 메가 드라이브로 발매된 유일한 작품. 이 게임의 특징은 주인공을 2명 중에서 선택하여 즐길 수 있다는 것이다. 또한 게임성, 그래픽, 음악 모든 면에서 수준이 높은 작품이다. 이전 작품들과는 세계관이 크게 바뀌어, 무대는 유럽 전역이며 제1차 세계대전의 원흉을 쓰러뜨리는 것이 목적. 메가 드라이브 후기 작품이다 보니 유통량이 적어, 당시엔 게이머들 눈에 잘 띄지 못했던 불운의 명작이기도 하다.

## 베어 너클 III

세가　1994년 3월 18일　7,800엔　24M ROM　파이팅 패드 6B 대응

 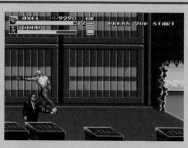 

시리즈 3번째 작품이자 집대성 격인 작품. 숨겨진 캐릭터를 포함해 10종의 캐릭터를 사용 가능하고, 루트 분기에 따라 엔딩이 4종류로 분기된다. 이 작품 최대의 변화는 제한시간의 폐지일 것이다. 전작에서 타이머가 표시되던 공간에는 차지 미터가 배치되어, OK가 표시되어 있을 때 필살기를 구사하면 체력 게이지가 줄지 않도록 바뀌었다. 그 외에도 다양한 액션이 추가되어, 스피디하고 템포가 경쾌한 플레이를 실현했다.

 1인용　 1~2인용　 1~3인용　 1~4인용　 1~5인용　 메모리 백업　 백업 RAM 대응 게임　 메가 모뎀 대응 게임　 세가 탭 대응 게임

HARDWARE
1988's SOFT
1989's SOFT
1990's SOFT
1991's SOFT
1992's SOFT
1993's SOFT
1994's SOFT
1995's SOFT
1996's SOFT
OVERSEA SOFT

## AX-101

세가　1994년 3월 25일　7,800엔　CD-ROM

프리렌더링 CG를 배경으로 즐기는 3D 슈팅 게임. 조종석 시점의 강제 스크롤로, 조준 마커를 조작해 적을 격파한다. 막간이나 스테이지 처음에는 음성으로 정보를 전달하며 스토리가 전개된다. 게임 자체의 난이도는 높지 않아, 편하게 즐길 수 있는 작품.

## WWF 로얄 럼블

어클레임 재팬　1994년 3월 25일　8,900엔　16M ROM

미국 프로레슬링 단체 WWF(현재의 WWE)를 소재로 한 프로레슬링 게임. 등장하는 레슬러는 12명. 이번엔 타이틀대로 '로얄 럼블'이라 불리는 시합형식이 메인 소재이다. 전작의 단점이었던 누구를 고르든 똑같았던 전개는 필살기 추가로 해소되어, 느낌이 크게 바뀌었다.

## 윙 커맨더

세가　1994년 3월 25일　7,800엔　CD-ROM
파이팅 패드 6B 대응

조종석 시점으로 펼쳐지는 3D 슈팅으로, 원작은 「울티마」로 유명한 미국 오리진 시스템즈 사가 제작한 PC게임. 플레이어는 지구방위군 파일럿이 되어, 다양한 임무에 도전한다. 시뮬레이터에 가까운 조작이라 상당히 복잡하다. 서양에선 인기가 높아, 영화도 만들어졌다.

## 타임 도미네이터

빅 토카이　1994년 3월 25일　7,800엔　8M ROM

얼핏 보면 코믹한 게임이지만 알고 보면 진지한 스토리가 전개되는 액션 게임. 미니트는 악의 타임 도미네이터를 쓰러뜨리기 위해 개발된 로봇이다. 에너지는 시간 경과나 대미지로 감소한다. 맵의 난이도는 낮지만 에너지를 신경 쓰다 미스하기 쉬운, 절묘한 밸런스의 수작.

## 브이 파이브

텐겐　1994년 3월 25일　7,800엔　8M ROM

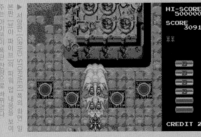

토아플랜 사 개발이라는 것만으로도 고난이도임을 확신하게 하는 슈팅 게임. 아케이드에 비해 화면이 좁아진 탓에 난이도가 상승했다. 덕분에 난이도 조정을 위해 실드가 횟수제로 변경되었다. 아케이드처럼 전 6스테이지 구성으로, 클리어 후엔 더 고난이도인 2회차로 재돌입한다. 이 작품엔 서양 발매판인 「GRIND STORMER」도 수록되어 있다. 옵션에서 전환하면 플레이 가능. 이쪽은 실드가 없는 대신 전멸 폭탄이 존재한다.

 슈팅 게임　 액션 게임　 퍼즐 게임　 롤플레잉 게임　 시뮬레이션 게임　 스포츠 게임　 드라이브 게임　 어드벤처 게임　 교육 및 기타　home 홈 게임

## 던전 마스터 II : 스컬킵

빅터 엔터테인먼트　1994년 3월 25일　8,800엔
CD-ROM　세가 마우스 대응

3D 던전 안에서 실시간으로 모험하는 RPG. 전작과의 큰 차이는, 지하뿐만 아니라 지상도 탐색할 수 있다는 점. 비가 내리거나, 운이 나쁘면 벼락을 맞아 사망하는 등 다양한 자연현상과 조우한다. 또한 여기저기 흩어져있는 수수께끼는 상당한 난이도를 자랑한다.

## 트라이어드 스톤

세가　1994년 3월 25일　9,800엔　LD-ROM

지금은 QTE로 불리는 시스템을 사용한 액션 게임. 데이터 이스트의 「캐싱 스톤」이란 게임을 이식한 작품이다. 3개의 트라이어드 스톤을 모아 에린 섬을 어지럽히는 마물과 마력을 봉인한다는 스토리. 맵을 클리어할 때마다 에린 섬과 그에 얽힌 역사를 알려준다.

## 노부나가의 야망 패왕전

코에이　1994년 3월 25일　12,800엔　CD-ROM

ROM 카트리지로 발매된 같은 이름 타이틀의 메가 CD판. CD화에 따라 파워업 키트에서 가져온 시나리오 '야망전생(1583년)'이 수록되었다. 그 외엔 ROM판과 차이가 없다. 이 작품의 전곡은 칸노 요코 작곡으로, 음악 자체도 호평을 받아 게임 외 컨텐츠에도 자주 사용되었다.

## 탄트알

세가　1994년 4월 1일　7,800엔　16M ROM

미니게임 모음집이라는 장르를 확립한 작품. 플레이어는 탐정이 되어 탈주범을 잡는 것이 목적. 준비된 퍼즐은 16종류+오리지널 게임 4종류로 총 20종류. 게임 모드는 마음대로 게임을 고르는 프리, 4명까지 동시에 플레이할 수 있는 경쟁 모드가 마련되어 있다.

## 몬스터 월드 IV

세가　1994년 4월 1일　8,800엔　12M ROM

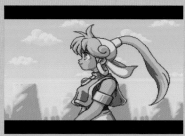

「몬스터 월드」 시리즈의 최종 작품. 주인공이 소녀이고, 마법이 폐지되어 공격 방법은 검만 남았다. 공격 모션도 강화되어, 대각선 아래를 치는 점프 베기, 바로 아래를 공격하는 하단 찌르기, 바로 위를 공격하는 상단 찌르기 등으로 점프 공격이 크게 진화했다. 파트너인 페페로구를 이용한 각종 액션도 추가되어, 액션 게임으로서 크게 진화했다. 퍼즐 풀이식 2D 액션이라고 표현할 만한 작품으로, 시리즈 완결편에 어울리는 깊이 있는 수작이다.

HARDWARE

1988's SOFT

1989's SOFT

1990's SOFT

1991's SOFT

1992's SOFT

1993's SOFT

1994's SOFT

1995's SOFT

1996's SOFT

OVERSEA SOFT

## 드래곤볼 Z 무용열전

반다이　1994년 4월 1일　8,800엔　16M ROM
파이팅 패드 6B 대응

메가 드라이브 유일의 「드래곤볼」 소재 게임으로, 슈퍼 패미컴판 「초무투전」의 외전 격 작품. 프리저 편부터 인조인간 편까지의 캐릭터를 사용할 수 있다. 게임 모드의 스토리는 캐릭터별로 마련되어 있어, 선택한 캐릭터에 따라 보스가 바뀌는 등 알차게 만들어져 있다.

## 포플 메일

세가　1994년 4월 1일　7,800엔　CD-ROM

니혼팔콤의 같은 이름의 게임 이식판. 이식되면서 캐릭터 표시가 커지고 액션성 역시 강화되었다. 또한 메가 CD의 장점을 살려, CD 음원 BGM과 싱우 음성이 추가되었다. 개발 시에는 소닉 캐릭터가 사용될 예정이었지만 팬들의 반대로 변경되었다는 유명한 일화도 있다.

## 판타지 스타 복각판

세가　1994년 4월 2일　4,800엔　4M ROM

'복각판'이란 이름대로, 게임 내용은 세가 마크 III판을 그대로 이식했다. 원래는 「천년기의 끝에서」의 최강 컴비네이션 어택 발동 방법을 발견해 응모한 독자에게 추첨으로 증정되는 캠페인 상품이었다. SF가 테마인 RPG 시리즈의 출발점이므로, 즐겨보지 못했다면 꼭 잡아보자.

## 버추얼 카메라맨 2 : 타이 푸켓 / 헌팅 편

트랜스페가서스 리미티드　1994년 4월 15일
9,800엔　LD-ROM

전작에 이어 사진집 촬영 의뢰를 받는데, 이번엔 서양 로케를 출발한 시점에서 모델 계약이 취소된다. 그런 이유로 현지에서 모델을 스카우트하게 된다는 스토리. 이번 작품에서는 모든 촬영을 마치면 특전 영상을 볼 수 있다. 특전 영상은 3D 안경 시스템을 지원한다.

## 시끌별 녀석들 : 디어 마이 프렌즈

게임 아츠　1994년 4월 15일　7,800엔　CD-ROM　세가 마우스 대응

「유미미 믹스」에 이은 게임 아츠의 메가 CD 전용 인터랙티브 코믹 제 2탄. 스토리는 완전히 오리지널이다. 화면 내의 물체를 '말하다'·'보다'·'갖다' 등의 커서로 선택하여 반응을 이끌어내며 진행하는 방식이다. 「유미미 믹스」처럼 자막은 없고 모두 풀 보이스. 애니메이션은 나카지마 아츠코가 작화감독을 맡아, 그림풍이 「란마 1/2」에 가깝다. 이동화면에도 숨은 캐릭터가 배치되어 있는 등, 세세한 곳까지 잔재미가 있는 게임이다.

  슈팅 게임　 액션 게임　 퍼즐 게임　 롤플레잉 게임　 시뮬레이션 게임　 스포츠 게임　 드라이브 게임　 어드벤처 게임　 교육 및 기타　 홈 게임

## 배틀 판타지

마이크로넷　1994년 4월 15일　8,400엔　CD-ROM

엘프, 드워프, 하피, 위울프 등이 나오는 판타지스러운 세계관의 대전격투 게임. 스토리 모드에 해당하는 성장시키는 모드에서는 RPG 요소와 슈팅 게임이 결합되어 중구난방인 인상을 준다. 하지만 대전격투 파트는 기본에 충실하게 만들어져 있으니 안심하시라.

## 아이 오브 더 비홀더

포니 캐년　1994년 4월 22일　7,800엔　CD-ROM

테이블토크 RPG 「어드밴스드 던전즈&드래곤즈」 기반의 3D 던전형 RPG. 주인공 일행은 영주의 명을 받고 도시 지하로 잠입해 탐색하게 된다. 전투는 유사 리얼타임제로 진행되며, 메가 CD판 최대의 특징으로서 코시로 유조가 음악을 맡은 점도 평가가 높다.

## 캡틴 랭

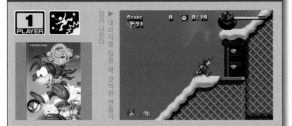

데이터 이스트　1994년 4월 22일　6,800엔　8M ROM

해양동물 장치를 의인화한 '랭'이 주인공인 액션 게임. 메가 드라이브의 액션 게임이라면 소닉의 유사품이란 인상이 강하지만, 이 작품은 조작감부터 맵의 구성까지 완전히 별개인 게임. 랭의 애니메이션 패턴이 상당히 많아, 서양 애니메이션 느낌도 주는 재미있는 작품이다.

## 폭전 언밸런스 존

소니 뮤직 엔터테인먼트　1994년 4월 22일
7,800엔　CD-ROM

록밴드 '폭풍 슬럼프'가 감수하고 캐릭터 디자인은 만화가 아카츠카 후지오가 맡은 개그 어드벤처 게임. 음악의 신에게 언밸런스 존으로 가 세계를 복원하라는 말을 듣고, 뭐가 뭔지 알 수 없는 역사를 헤맨다. 스토리는 폭풍 슬럼프보다 아카사카 색이 강해, 넌센스 초차원풍이다.

## 포뮬러 원 월드 챔피언십 1993 : 헤븐리 심포니

세가　1994년 4월 23일　7,800엔　CD-ROM

데이터 및 F1 중계영상은 후지 TV가 제공하고, 게임 부분은 세가가 개발했다. 덕분에 완성도가 높아, 지금도 인기가 많은 편. 특히 이 작품의 모드 중 하나인 '1993 모드'는 1993년 F1 당시를 드라이버로서 체험할 수 있다. 연출도 훌륭해, F1 팬이라면 소장할 만한 작품.

## NBA 잼

어클레임 재팬　1994년 4월 29일　8,800엔　16M ROM

1993년 북미에서 발매된 같은 이름의 아케이드 타이틀의 이식작. 액션을 중시해, 말도 안 되는 높이로 점프해서 덩크하는 등 비현실적인 플레이가 가능하다. 이 작품은 NBA 공인이라 게임 내 팀 및 선수는 모두 실명으로 등장하여, 발매 시점의 이적 상황 등이 반영되었다.

HARDWARE
1988's SOFT
1989's SOFT
1990's SOFT
1991's SOFT
1992's SOFT
1993's SOFT
1994's SOFT
1995's SOFT
1996's SOFT
OVERSEA SOFT

## 아웃러너즈

세가　1994년 5월 13일　7,800엔　16M ROM

같은 이름의 아케이드 게임 이식작. 8종류의 차량을 고를 수 있고, 2인 대전도 가능해졌다. 스테이지마다 나라가 달라 배경에 특색이 있어 재미있다. 1인 플레이 때도 화면분할 형태라 시야가 가로로 길게 잡힌다. 조작성이 좋아, 운전면에선 스트레스가 느껴지지 않을 것이다.

## 가면라이더 ZO

토에이 비디오　1994년 5월 13일　7,800엔　CD-ROM

특촬영화 「가면라이더 ZO」를 소재로 하여, 동영상을 사용한 액션 게임. 「로드 블래스터」등의 LD 게임과 같은 방식으로, LD 게임을 여럿 이식한 울프 팀이 개발을 담당했다. LD 게임과 시스템은 동일하지만 체력 게이지가 있어, 미스가 어느 정도 허용되는 게 특징.

## 윔블던

세가　1994년 5월 20일　6,800엔　8M ROM

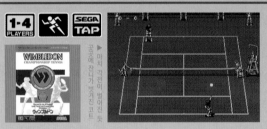

멀티탭을 사용하면 최대 4인 동시 플레이가 가능. 「윔블던」이란 이름대로, 스테이지는 윔블던 코트뿐이다. 다른 테니스 게임과는 달리, 시합을 이기면 사용 중인 선수의 능력이 성장하는 RPG풍 시스템이 특징이다. 진 엔딩을 보려면 토너먼트를 3연패해야 한다.

## 로도스도 전기 영웅전쟁

세가　1994년 5월 20일　7,800엔　CD-ROM

「로도스도 전기」OVA판을 소재로 제작된 시뮬레이션 RPG. 애니메이션 동영상이 다수 수록되어 이벤트 신으로 재생된다. 원래는 3부작으로 제작을 했었지만, 차세대기로 화제가 옮겨간 탓에 단편으로 마무리되어 버렸다. 이 때문에 플레이타임도 짧은 편.

## F-117 스텔스 오퍼레이션 : 나이트스톰

일렉트로닉 아츠 빅터　1994년 5월 27일
9,800엔　16M ROM

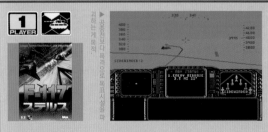

'나이트호크'라는 애칭으로 유명한 스텔스 공격기를 조작해 임무를 수행하는 3D 슈팅 게임. 플레이어는 1982년 입대하여 네바다 사막에서 훈련을 시작해, 파나마 침공을 거쳐 걸프전쟁까지의 임무에 투입된다. 화면이 모두 폴리곤으로 그려져, 부드러운 비행을 맛볼 수 있다.

## 하이페리온

타이토　1994년 5월 27일　9,800엔　LD-ROM

3인칭 시점으로 펼쳐지는 3D 슈팅 게임. 우주에서 날아온 일격에 의해 지구는 생물이 사라진 별이 되어버렸다. 한편, 우호적인 우주인과 접촉한 주인공은 기체를 개조받아 적을 물리칠 수 있는 유일한 병기를 얻게 된다. 그 기체를 몰아, 적 우주인을 격파해야 한다.

슈팅 게임　액션 게임　퍼즐 게임　롤플레잉 게임　시뮬레이션 게임　스포츠 게임　드라이브 게임　어드벤처 게임　교육 및 기타　홈 게임

## 소닉 더 헤지혹 3

세가 1994년 5월 27일 5,800엔 16M ROM

총 6개 존으로 구성된, 「소닉」 시리즈 넘버링 타이틀 3번째 작품. 메모리 백업을 지원해, 진행이 자동으로 저장된다. 아쉽게도 이 작품부터는 나카무라 마사토가 음악 담당에서 빠졌다. 소닉의 라이벌이자 친구 사이이기도 한 '너클즈 더 에

키드나'가 처음 등장한 타이틀. 스테이지를 원점에서 재구성했기에 대부분의 장면에서 고속으로 쾌적한 진행이 가능하지만, 결과적으론 난이도가 낮아져 올드 팬들로부터 너무 쉬워졌다는 평도 받았다.

## 그레이티스트 헤비웨이츠

세가 1994년 5월 27일 7,800엔 16M ROM
파이팅 패드 6B 대응

「홀리필드 복싱」의 속편. 'NEW CAREER' 모드에서는 챔피언이 되어 역사상 위대한 챔피언 8명을 모두 쓰러뜨리면 엔딩을 볼 수 있다. 넉아웃 순간이 신문기사 형태로 사진과 함께 게재되므로, 멋진 사진이 게재되도록 궁리해보는 것도 재미있다.

## 모탈 컴뱃

어클레임 재팬 1994년 5월 27일 7,800엔
16M ROM 파이팅 패드 6B 대응

실제 사진을 디지털화한 캐릭터를 사용한 격투 게임. 최대 특징은 페이탈리티(궁극신권)의 존재. 잔혹한 공격으로 패배한 상대에게 결정타를 날리는 연출로, 인기의 비결이기도 하다. 조작감이 스트리트 파이터와는 완전히 달라 익숙해지기 어렵지만, 재미는 확실한 작품.

## 로보캅 VS 터미네이터

버진 게임 1994년 5월 28일 8,900엔 16M ROM

코믹스 원작으로, 로보캅이 주인공인 횡스크롤 액션 게임. 로보캅이 스카이넷에게 포섭되는 등 예상외의 전개가 속출한다. 연출이 화려해, 쓰러진 상대는 산산조각이 난다. 맞힌 공격이 그냥 통과하기도 하는 등 엉성한 부분도 있지만, 통쾌함 하나는 일품이라 즐길 만한 수작.

## 드래곤즈 레어

세가 1994년 6월 3일 6,800엔 CD-ROM

같은 이름의 아케이드 게임 이식작. 드래곤에게서 모드록이 점령한 성에 갇힌 대프니 공주를 구출하는 것이 주인공 더크의 목적으로, 전체가 애니메이션 구성이다. LD 게임이지만 딱히 화면상에 지시가 나오지 않아 입력 타이밍을 알 수 없어, 극악의 고난이도를 자랑한다.

## 모탈 컴뱃 완전판

어클레임 재팬  1994년 6월 3일  6,800엔
CD-ROM  파이팅 패드 6B 대응

ROM판이 나온 지 1주일 후에 발매된 작품. CD를 사용한 사운드는 아케이드에 손색이 없고, ROM판에는 없었던 데모 동영상이 추가로 수록되었다. 숨겨진 커맨드를 입력하지 않아도 페이탈리티와 유혈 표현이 그냥 나오므로 '완전판'이란 이름이 부끄럽지 않은 작품이다.

## FIFA 인터내셔널 사커

일렉트로닉 아츠 빅터  1994년 6월 10일
9,800엔  16M ROM

FIFA 공인 축구 게임. 축구 게임으로는 드물게 쿼터뷰 시점이다. 캐릭터의 움직임이 다채롭고 스피디하다. 골 근처에 다다르면 관객의 환호가 커지는 등, 연출 면에서도 공을 들였고 현장감이 충분하다. 참가국은 총 48개국. 룩셈부르크가 등장하는 희귀한 축구 게임이다.

## 신창세기 라그나센티

세가  1994년 6월 17일  8,000엔  16M ROM

전통적인 스타일의 액션 RPG. 동물을 동료로 삼아, 동물의 힘을 빌리며 진행해간다. 주인공은 왕을 알현한 후 훈련소로 가서 훈련(튜터리얼)을 받게 되는데, 여기에서부터 이 작품의 대명사나 다름없는 '풀베기'가 시작된다. 풀을 베다 보면 숨겨진 돈 등을 입수할 수 있으므로, 적과 무리하게 싸우지 않아도 문제없다. 게다가 곧바로 동물과 대화도 할 수 있는 등 의외의 진행도 제법 있다. 캐릭터도 귀엽고 액션도 재미있는 수작이다.

## WWF 매니아 투어

어클레임 재팬  1994년 6월 24일  6,800엔
CD-ROM  파이팅 패드 6B 대응

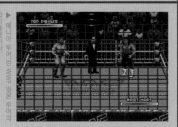

프로레슬링 게임 「WWF」 시리즈 3번째 작품. 이번 작품에선 로얄 럼블과 태그 모드가 삭제되고, 철창 매치가 추가되었다. 등장 선수는 20명으로 늘어나, 꿈의 태그를 짤 수도 있게 되었다. 게다가 CD의 장점을 살려, 선수 호명은 유명 아나운서 진 오컬런드의 육성으로 나온다.

## 아랑전설 2 : 새로운 싸움

타카라  1994년 6월 24일  9,800엔
24M ROM  파이팅 패드 6B 대응

같은 이름의 아케이드 게임 이식작. 원작의 캐릭터도 전부 등장하는데다, 숨겨진 커맨드로 보스 4명도 쓸 수 있다. MD판은 보스에 오리지널 초필살기가 추가되고 전용 엔딩까지 있다. 아케이드와 달리 연속기도 도입되어 찬반양론이 있었지만, 즐길 만하게 이식된 수작.

 슈팅 게임   액션 게임   퍼즐 게임   롤플레잉 게임   시뮬레이션 게임   스포츠 게임   드라이브 게임   어드벤처 게임   교육 및 기타   홈 게임

## 대항해시대 II

코에이　1994년 6월 24일　11,800엔　16M ROM

「대항해시대」의 속편. 6명의 주인공 중 선택하여 각자의 시나리오를 진행한다. 주인공은 전작 주인공의 아들 등, 다음 세대의 젊은이들. 전작의 자유도는 유지하면서 배 종류, 무역품, 마을 등을 추가해 볼륨을 대폭 늘렸다. BGM은 「노부나가의 야망」 시리즈의 칸노 요코가 작곡했다.

## 척락 II

버진 게임　1994년 6월 24일　8,000엔　8M ROM

전통적인 횡스크롤 액션 게임. 생후 6개월의 척 주니어가 주인공으로, 나쁜 녀석들에게 붙잡힌 아빠를 구출하는 것이 목적. 맵에는 다양한 장치가 숨어있어, 잘 이용하면 대미지를 줄일 수 있다. BGM은 애시드 재즈의 사운드트랙을 사용해, 독특한 세계관을 잘 표현했다.

## 챔피언즈 월드 클래스 사커

어클레임 재팬　1994년 6월 24일　7,800엔　8M ROM

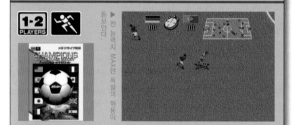

J리그 소재 게임이 다수 발매되는 와중에 등장한, 월드컵이 소재인 축구 게임. 능력치는 팀별로 설정되어 있어, 선수들 간엔 개별 능력차가 없다. 출장국은 32개국. 모드를 고르는 화면에서 오프사이드나 파울을 끄도록 설정할 수 있는 등 독특한 시스템이 눈길을 끈다.

## 로드 모나크 : 끝장 전투전설

세가　1994년 6월 24일　8,800엔
16M ROM　세가 마우스 대응

PC용으로 발매된 리얼타임 시뮬레이션 「로드 모나크」의 이식판으로, 「어드밴스드 로드 모나크」의 맵도 수록되고 스토리까지 추가되었다. 원작인 PC판부터 이미 완성도가 높은 게임이었지만, 캐릭터들의 개성이 잘 그려지고 분위기도 좋아 더욱 수작이 되었다.

## 슈퍼 스트리트 파이터 II

캡콤　1994년 6월 25일　10,900엔　40M ROM　파이팅 패드 6B 대응

같은 이름의 아케이드 게임 이식작. 메가 드라이브 ROM 게임 중 최대인 40메가라는 대용량을 자랑해, 이만한 용량을 쓴 게임은 일본 내 발매작 중에는 없다. 보이스 출력음이 다소 찢어지긴 하나, 효과음까지 포함해 모든 사운드가 제대로 들어가 있다. 배경도 동시 표시색수가 적다는 제약이 느껴지지 않을 만큼 훌륭한 재현도를 자랑해, 다중 스크롤이나 캐미 스테이지의 오로라까지 제대로 돌아간다. 게임 모드는 '토너먼트 배틀', '그룹 배틀', '챌린지 배틀'이 있다.

## NBA 프로 바스켓볼 '94

일렉트로닉 아츠 빅터 1994년 7월 1일
9,800엔 16M ROM

NBA 공인으로, 총 27팀의 선수가 모두 실명으로 등장하는
농구 게임. 모드는 '엑시비션', '시즌', '플레이오프' 3종류가
준비되어 있다. 세가 탭을 사용하면 4인 동시 플레이도 가
능하다. 일렉트로닉 아츠 빅터의 메가 드라이브 타이틀 발
매는 이 작품이 마지막이다.

## J리그 프로 스트라이커 2

세가 1994년 7월 15일 7,800엔 16M ROM

J리그 공인이므로 등장 선수는 모두 실명이다. 전작보다 팀
수가 2팀 늘어나 총 12팀이 되었다. 게임 모드는 '프리매치',
'킵 진', '리그 전', '올스티'로 4종류. 그래픽 강화로 연출도
강화되고, 선수의 움직임도 리얼해졌다. 조작성도 향상되
어, 전작의 정통 진화형이라 하겠다.

## 미소녀 전사 세일러문

마바 1994년 6월 17일 8,000엔 16M ROM

같은 이름의 애니메이션을 원작으로 제작된 벨트스크롤 액
션 게임. 증오의 에너지가 다크 킹덤을 부활시켰다. 꿈을 통
해 이를 알게 된 우사기 일행이 다크 킹덤을 물리치기 위해
싸워나간다는 스토리. 스토리는 데모를 통해 제대로 알려준

다. 게임 내용은 슈퍼 패미컴판의 마이너 체인지라 할 만하
지만, 기술이 추가되거나 스테이지 내용이 변경되는 등 슈
퍼 패미컴보다 훨씬 재미있어졌다. 팬이라면 추천할 만한
작품.

## 샤이닝 포스 CD

세가 1994년 7월 22일 7,800엔 CD-ROM

게임 기어로 출시되었던 「샤이닝 포스 외전」 2작품을 합본
하고 후일담을 추가한 타이틀. 원작도 난이도가 높지 않아
경쾌하게 즐길 수 있어 호평을 받았는데, 메가 CD로 이식
되면서 여러 부분이 강화되어 더욱 즐겁게 플레이할 수 있
다. 밸런스가 좋은 시리즈 굴지의 명작.

## 하이브리드 프론트

세가 1994년 7월 22일 8,800엔 16M ROM

하드한 SF 세계관으로 인기를 얻은 시뮬레이션 게임. 일본
SF계 1인자인 작가 노다 마사히로가 감수하고, 제 19회 성
운상 아트부문을 수상한 스에미 준이 캐릭터 디자인을 담
당했다. 중후한 세계관을 구축한 BGM은 하타야 나오후미
가 맡았다. SF 팬이라면 꼭 소장해야 할 작품.

 슈팅 게임  액션 게임  퍼즐 게임  롤플레잉 게임  시뮬레이션 게임  스포츠 게임  드라이브 게임  어드벤처 게임  교육 및 기타  홈 게임

## 펄스맨

세가　1994년 7월 22일　7,800엔　16M ROM

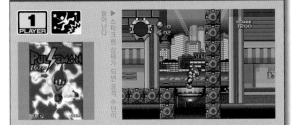

현실세계와 컴퓨터 안을 이동할 수 있는 펄스맨을 조작해 은하우주 정복을 노리는 독 와루야마를 물리치는 액션 게임. 인간과 CG 생명체 사이에서 태어난 펄스맨은 달리기만 해도 전기를 축적할 수 있고, 이를 이용해 공격도 가능하다. 밸런스가 좋은 수작.

## 섀도우 오브 더 비스트 2 : 사신의 주박

빅터 엔터테인먼트　1994년 7월 29일
8,800엔　CD-ROM

원래는 아미가로 출시되었던, 퍼즐 풀기 요소가 있는 액션 게임. 전작에서 인간의 모습으로 되돌아간 주인공이, 이번 엔 납치된 여동생을 구하기 위해 다시 싸운다. CD 매체를 사용해 대사에 음성이 추가되었다. 서양 게임다운 밋밋한 진행에 고난이도라, 플레이어를 가리는 작품.

## 다이너마이트 헤디

세가　1994년 8월 5일　6,800엔　16M ROM

트레저가 제작한 메가 드라이브용 소프트 제 3탄으로, 횡스 크롤 액션 게임. 주인공 헤디는 머리를 날릴 수 있는 인형으 로, 인형 세계에 쳐들어온 다크 데몬 황제를 쓰러뜨리기 위 해 나선다는 스토리. 게임 내의 세계는 전부 연극 무대처럼 그려져 있다. 난이도가 높게 설정되어 있어, 쉽게 클리어할 수 있는 게임은 아니다. 초현실적인 세계관과 독특한 센스 가 빛나는 전개 덕에 볼거리가 많고, 온갖 장치가 가득한 스 테이지는 여러 번 즐겨도 재미있다.

## 파노라마 코튼

선 소프트　1994년 8월 12일　9,500엔　20M ROM

선 소프트가 제작한 「스페이스 해리어」풍 유사 3D 슈팅 게 임. 이 작품을 발매할 당시, 앙케트 엽서를 보내면 추첨으로 특제 머그를 주는 캠페인도 했었다. 먹보 코튼이 좋아하던 윌로우를 태워버린 마물을 쓰러뜨리러 떠난다는, 시리즈 팬 에겐 친숙한 스토리. 공격 시스템은 시리즈 전통대로, 모아 쏘기와 마법도 쓸 수 있다. 연출에도 제법 공이 들어가 있는 데, 특히 최종 보스를 구름 위에서 급강하해 추격하는 장면 등은 훌륭해 한 번 봐둘 가치가 있다.

HARDWARE
1988's SOFT
1989's SOFT
1990's SOFT
1991's SOFT
1992's SOFT
1993's SOFT
1994's SOFT
1995's SOFT
1996's SOFT
OVERSEA SOFT

## 재핑「살의」

베타 필름　1994년 8월 25일　6,800엔　LD-ROM

가
전개된다.
▶이두사람을주인공삼아이야기

독일 공립 TV 방송국이 제작한 재핑(시점전환 연출) 실험
작을 LD화한 작품. 일본에서는 TBS와 후지 TV가 방영했었
는데, 시청자가 채널을 바꾸는 식으로 재핑을 즐길 수 있었
다. 서스펜스 드라마로, 주연 남녀 시점의 드라마를 전환하
면서 의문을 좇는 구성이다.

## 에코 더 돌핀 II

세가　1994년 8월 26일　6,800엔　16M ROM

도
기분이좋아진다.
▶아름다운세계안을헤엄치기만해

비주얼을 더욱 세련되게 개선하여, 에코의 움직임 하나까
지 한층 퀄리티가 좋아졌다. 3D 시점 스테이지와 튜브를 사
용한 이동 등이 추가되었다. 전작에 비해 맵을 파악하기 쉽
도록 개량하여 진행하기도 편리해졌다. 난이도는 자동조절
시스템이 들어가 있지만 여전히 어렵다.

## 랑그릿사 II

메사이야　1994년 8월 26일　9,800엔　16M ROM

▶캐릭터간의회화도늘어나이야기의깊이도깊어졌다.

호평을 받은 「랑그릿사」의 속편. 전작의 수백 년 후 세계를
그렸다. 시나리오 증량, 클래스 체인지 한 단계 추가, 숨겨
진 맵의 존재 등 한 번 플레이로는 다 즐길 수 없을 만큼 볼
륨이 커졌다. 시스템은 PC엔진판에서 더욱 개량해 쾌적하
게 즐길 수 있도록 조정했다.

## 모탈 컴뱃 II : 궁극신권

어클레임 재팬　1994년 9월 9일　8,800엔
24M ROM　파이팅 패드 6B 대응

차
도강하다.이지조
▶CPU는여전히너무강하다.

잔혹한 연출로 인기를 얻은 「모탈 컴뱃」의 속편. 캐릭터도
12명으로 늘어난데다, 스테이지에도 페이탈리티 시 이용
가능한 특수 장치가 설치되었다. 결정타에 페이탈리티뿐만
아니라 프렌드십, 베이빌리티도 추가되어, 예상을 뛰어넘는
연출도 즐길 수 있게 되었다.

## 혼두라 더 하드코어

코나미　1994년 9월 15일　9,000엔　16M ROM

대
부대라고한다.
▶주인공은친위대부대특수암호반IXX소속의통칭「혼두라

라
정식명칭은하드레이버스MAX등급의작전요원이지만전작들의대형보스캐릭터언제라든가전작품의대형보스캐릭터

인기 시리즈 「혼두라」가 드디어 메가 드라이브용 타이틀로
등장. 에일리언 전쟁의 5년 후, 전쟁 도중 발달한 기술을 악
용한 흉악범죄에 대항하기 위해 조직된 부대가 주인공, 통
칭 '혼두라 부대'이다. 스토리는 분기되는 멀티 엔딩 형식.

이 작품의 보스들은 스프라이트를 대량으로 사용해 표현했
기에 큼직한 보스가 많고 대박력으로 몰아치는데다 모션도
풍부하다. 메가 드라이브 최고의 걸작 중 하나로 꼽기에 이
견이 없는 액션 게임이다.

 슈팅 게임　 액션 게임　 퍼즐 게임　 롤플레잉 게임　 시뮬레이션 게임　 스포츠 게임　 드라이브 게임　 어드벤처 게임　 교육 및 기타　 홈 게임

## 드래곤 슬레이어 영웅전설

세가　1994년 9월 16일　8,800엔　16M ROM

「드래곤 슬레이어」 시리즈 6번째 작품이자, 「영웅전설」 시리즈 첫 작품. PC-8801용으로 출시된 같은 이름의 작품 이식작이다. 이식하면서 PC판보다 화면구성을 키워 넓고 보기 편한 게임 화면을 구현했다. 시스템 역시 편의도가 높아, 플레이하기 쉽도록 진화했다.

## 멜론 브레인

파이오니어　1994년 9월 20일　13,000엔　LD-ROM

LD 매체를 사용해 제작한, 돌고래가 주제인 영상집. 돌고래와의 커뮤니케이션을 연구한 존 C. 릴리와 책 「초자연」의 저자로 유명한 라이얼 왓슨 등 돌고래 연구에 공헌한 박사들이 등장하며, 이들이 발표한 논문에 기초한 해설도 볼 수 있다.

## 스타워즈 레벨 어설트

빅터 엔터테인먼트　1994년 9월 22일
8,800엔　CD-ROM

「스타워즈 에피소드 4」를 소재로 한 슈팅 게임. 플레이어는 반란군의 신참 파일럿이 되어, 에피소드 4의 이면에서 진행되는 어나더 스토리를 체험하게 된다. 최종 스테이지는 물론 데스 스타. 전투기뿐만 아니라 백병전 등 다양한 스테이지가 준비되어 있다.

## 캡틴 츠바사

테크모　1994년 9월 30일　7,800엔　CD-ROM

같은 이름의 축구 만화를 게임화한 작품. CD 매체의 장점을 살려, 비주얼 신에 애니메이션 성우를 기용해 음성 연기를 맡겼다. 드리블 등의 각 커맨드에 레벨과 경험치가 설정되어 있어, 플레이에 따라 성장 방향이 바뀌는 육성 게임 요소도 들어가 있다.

## 스파크스터 : 로켓 나이트 어드벤처즈 2

코나미　1994년 9월 23일　8,800엔　8M ROM

하이스피드 액션으로 인기를 얻은 일명 '애니멀 「혼두라」', 「로켓 나이트 어드벤처즈」의 속편. 이번에는 흑기사 액셀 기어에 납치된 공주를 구출하러 간다. 부스트 어택은 전작과 달리 자동으로 충전된다. 새로운 기술도 배워 액션이 다채로워졌으며, 맵에도 장치가 다수 숨겨져 있다. 난이도가 높아져, 시행착오를 반복하며 진행해야 한다. 그래도 결국 반복하여 즐기게 만드는 매력이 넘치는 타이틀.

## 쥬라기 공원

세가　1994년 9월 30일　7,800엔　CD-ROM

같은 이름의 영화를 소재로 한, 1인칭 시점으로 진행하는 어드벤처 게임. 목적은 쥬라기 공원 내에 있는 7종류의 공룡 알을 회수·확보하는 것으로, 아이콘을 조작해 화면을 조사하며 진행한다. BGM과 효과음 및 연출이 우수해, 이들이 자아내는 현장감이 훌륭하다.

## 배틀콥스

빅터 엔터테인먼트　1994년 9월 30일
8,000엔　CD-ROM

회전확대축소와 메가 CD의 성능을 풀로 활용하여 만들어진 조종석 시점의 3D 슈팅 게임. 주인공은 바이러스에 감염된 광산 행성의 슈퍼컴퓨터를 재기동시키기 위해 군의 최신예기 'B.A.M.'을 조종하여 단신으로 침투한다. 거대 메카닉을 조종하는 감각을 즐길 수 있는 작품.

## 유☆유☆백서 마강통일전

세가　1994년 9월 30일　8,800엔　24M ROM　파이팅 패드 6B 대응

인기 만화 「유☆유☆백서」를 바탕으로 한 대전격투 게임. 세가 탭을 사용해 최대 4명까지 대전할 수 있다. 「아랑전설」식의 2라인 시스템이지만, 라인 이동 공격은 없다. 가드는 4인 플레이를 고려해 버튼식이다. 커맨드는 거의 공통이나 다름없어, 어떤 캐릭터든 같은 커맨드로 기술이 나간다. 그 외에도 상쇄 시스템이나 2단 점프, 공중 콤보와 에어리얼 콤보 등이 절묘한 밸런스로 조합된 시스템을. 원작을 제대로 재현한 캐릭터로 즐길 수 있다.

## 소닉 & 너클즈

세가　1994년 10월 28일　7,800엔　18M ROM

「소닉 더 헤지혹 3」에서 바로 스토리가 이어지는 시리즈 제4탄. 이번 작품부터 너클즈가 플레이어블 캐릭터가 되었다. 이 작품 최대의 특징은 게임 내용이 아니라 ROM 카트리지에 있다. '록온 카트리지'라는 이름으로 카트리지 상단에 카트리지 슬롯이 달려있어, 다른 게임 카트리지를 끼워 구동하면 다양한 게임을 즐길 수 있다. 이 슬롯에 「소닉 더 헤지혹 3」를 끼움으로써, 이른바 완전판을 즐길 수 있게 된다.

 슈팅 게임　 액션 게임　 퍼즐 게임　 롤플레잉 게임　 시뮬레이션 게임　 스포츠 게임　 드라이브 게임　 어드벤처 게임　 교육 및 기타　 홈 게임

## 록맨 메가 월드

캡콤  1994년 10월 21일  8,500엔  16M ROM
파이팅 패드 6B 대응

패밀리 컴퓨터용 소프트 「록맨」, 「록맨 2」, 「록맨 3」를 하나로 합본한 작품. 이식하면서 그래픽도 리뉴얼되었다. 각 타이틀의 조작감 등 여러 세부사항이 통일되어, 팬들로부터 찬반양론이 있었다. 1·2·3를 클리어하면 오리지널 모드 '와일리 타워'에 도전할 수 있다.

## Dr. 파울로의 비장의 비디오

드라이아이스  1994년 10월 25일  7,800엔  LD-ROM

플레이어는 심리학자 Dr. 파울로의 생각을 맞추면 그가 소장한 야한 비디오 컬렉션을 볼 수 있다는 내용. 전 6스테이지. 달성률 100%가 되면 '비장의 비디오'를 볼 수 있다. 성인용 작품이므로 18세 미만은 구입할 수 없으니 참고하자.

## 스타블레이드

남코  1994년 10월 28일  7,800엔  CD-ROM  아날로그 조이패드(XE-1AP : 전파신문사 발매) 대응, 세가 마우스 대응

같은 이름의 아케이드 타이틀 이식판. 「갤럭시안 스퀘어」의 세계관을 담은 3D 슈팅 게임이다. 아케이드에서는 오목거울 디스플레이를 사용했기에 화면을 보기 어려운 경우가 많았지만, 가정용이 되어 그러한 불만은 해소되었다. 이식되면서 「실피드」처럼 동영상을 배경으로 놓고 그 위에 게임을 동기화하는 수법으로 제작되어, 등장하는 적은 와이어프레임으로 표시된다. BGM과 효과음은 아케이드판 그대로 수록되어, 훌륭한 현장감을 이끌어낸다.

## 애프터 하르마게돈 외전 : 마수투장전 에클립스

세가  1994년 11월 11일  7,800엔  CD-ROM

「라스트 하르마게돈」의 세계관을 계승한 RPG로, 주인공은 과거 대전에서 광전사로 불렸던 5명의 마족 용병들이다. 전쟁을 원하는 주인공들이 더 큰 전쟁에 뛰어든다는 내용으로, RPG로는 전통적인 편. 디테일하고 참신한 설정이 취향을 가리긴 하나, 스토리의 매력을 잘 이끌어냈다.

## 호혈사 일족

아틀라스  1994년 11월 18일  9,800엔  24M ROM
파이팅 패드 6B 대응

같은 이름의 아케이드 타이틀 이식판. 캐릭터 디자인은 무라타 렌지가 맡았다. 일족의 당주 결정전이 메인 스토리로, 등장인물 중 하나인 '오타네'가 너무나 특이한 캐릭터라 플레이어들의 넋을 나가게 했다. 완성도는 다소 조잡하지만, 상쾌함이 넘치는 작품이다.

## 사무라이 스피리츠

세가   1994년 11월 19일   8,800엔   24M ROM
파이팅 패드 6B 대응

같은 이름의 아케이드 타이틀 이식판. MD는 확대축소 기능이 없으므로, 캐릭터를 크게 표시하기 위해 어스퀘이크를 삭제했다. 게다가 용량 문제로 통상 베기 모션이 변경되어, 사무라이 스피리츠 특유의 맛을 다소 잃었다. 대전 한정이지만, 아마쿠사 시로를 사용 가능하다.

## 리설 인포서즈 II : 더 웨스턴

코나미   1994년 11월 25일   9,800엔   CD-ROM
광선총(저스티파이어 : 코나미 발매) 대응

같은 이름의 아케이드 게임을 이식한, 실사 디지털화 건 슈팅 게임. 미국 서부가 무대로, 보안관 2명이 주인공이다. 패드로도 플레이가 가능하지만 조준 커서가 느리고 판정도 짜니, 전용 컨트롤러로 조작하는 것을 추천한다. CD 매체를 살린 BGM과 효과음은 아케이드에 비해 손색이 없다.

## 뿌요뿌요 투[通]

컴파일   1994년 12월 2일   6,800엔   16M ROM

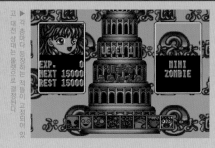
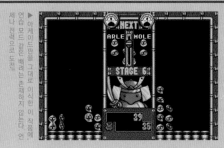

총 32캐릭터가 등장하는 같은 이름의 아케이드 게임 이식판으로, 타 기종에 앞서 최초로 이식되었다. 전작에서 딱딱이뿌요와 득점뿌요가 추가되고, 시스템에 상쇄가 추가되었다. 연쇄 보이스도 4종에서 7종으로 늘어났다. 위기의 순간에 큰 도움이 되는 '퀵 턴'도 탑재되어, 대전이 더욱 뜨거워졌다. 스토리는 이식판에 따라 천차만별이지만, MD판은 딱히 스토리가 없다. 아르르는 무해한 뿌요뿌요들을 무의미하게 학살하는 잔혹무정한 소녀가 되는 것이다.

## DOOM

세가   1994년 12월 3일   7,800엔   16M ROM   파이팅 패드 6B 대응

슈퍼 32X와 동시에 발매된 3종의 런칭 타이틀 중 하나. 일본에서는 FPS의 원조로 유명한 소프트로, 가정용 게임기로는 첫 이식작이기도 하다. 순간이동장치 실험 도중 우연히 지옥과 연결되어 버려, 지옥의 괴물들이 쳐들어온다. 주인공은 지옥의 괴물들을 쓰러뜨리고 기지에서 탈출하는 것이 목적. 폴리곤 기술이 보급되기 시작한 시절에 등장한 이 작품은 한 발 앞서 폴리곤을 사용해 제작되어, 강렬한 현장감으로 많은 플레이어들을 사로잡았다.

 슈팅 게임    액션 게임    퍼즐 게임   롤플레잉 게임   시뮬레이션 게임    스포츠 게임    드라이브 게임   어드벤처 게임    교육 및 기타    홈 게임

## 고스트 러시!

파이오니어　1994년 12월 3일　9,800엔　LD-ROM

저택을 탐색하는 어드벤처 게임. 주인공은 마을의 낡은 저택에 눌러앉아 있는 고스트를 퇴치해달라는 의뢰를 받은 모험가다. 1인칭 시점으로 던전과도 같은 저택을 탐색하며, 고스트가 나타나면 슈팅 게임이 된다. 다양한 면모가 뒤섞인, 그야말로 이상한 게임이다.

## 스타워즈 아케이드

세가　1994년 12월 3일　8,800엔　24M ROM
파이팅 패드 6B 대응

같은 이름의 아케이드 게임 이식판. 3D 시점으로 펼쳐지는 슈팅 게임으로, 반란군의 파일럿이 되어 제국군과 싸우게 된다. 이식되면서 추가된 32X 모드에서는 스테이지 수가 8스테이지로 증가했다. 또한 1인용 X-윙과 2인 협력 플레이용 Y-윙 중에서 선택할 수도 있다.

## 스페이스 해리어

세가　1994년 12월 3일　4,980엔　16M ROM　아날로그 조이패드(XE-1AP : 전파신문사 발매) 대응

슈퍼 32X의 런칭 타이틀 중 하나. 가정용 역대 이식작 중에선 드디어 완전 이식이라 부를 만한 작품. 이식을 담당한 회사는 이식의 장인으로 유명한 유한회사 '게임 도가니'로, 비주얼·사운드·조작성 모두를 훌륭하게 재현했다. 일체의 타협 없이 이식된 이 작품은 이전까지는 하드웨어의 한계로 삭제되기 일쑤였던 부분도 모두 재현해내 많은 팬들을 만족시켰다. 아케이드 등장 이래 약 10년이 걸려서야 드디어 등장할 수 있었던 완전 이식 작품인 셈이다.

## 스토리 오브 도어 : 빛을 계승하는 자

세가　1994년 12월 9일　8,800엔　24M ROM
파이팅 패드 6B 대응

RPG 라인업 확충 목적으로 시작된 메가 롤플레잉 프로젝트의 일환으로 발표된 작품. 이야기는 루오 왕자가 신비한 목소리에 이끌려 금팔찌를 얻는 데에서 시작해, 여러 속성의 정령을 소환하며 퍼즐을 풀어간다. 액션 게임급으로 조작성이 좋아, 움직이기만 해도 재미있다.

## 라이온 킹

버진 게임　1994년 12월 9일　7,800엔　24M ROM

디즈니의 유명 영화를 게임화한 작품. 어린 수사자 심바를 조작해, 프라이드 랜드를 스카의 마수에서 구하러 일어선다. 심바의 액션은 다채롭고 부드러워, 보고만 있어도 기분이 좋다. 하지만 귀여운 캐릭터와는 정반대로, 실은 높은 난이도를 자랑하는 하드한 액션 게임이다.

## 톰과 제리

MEGA DRIVE | 알트론 | 1994년 12월 16일 | 8,800엔 | 8M ROM

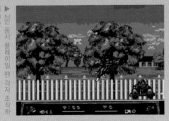

게 된다.

2인 동시 플레이일땐 각자 조작하

같은 이름의 애니메이션을 소재로 한 액션 게임. 톰과 제리가 협력해 피그 부인에게 납치된 로빈이라는 소녀를 구출하러 모험을 떠난다. 게임은 전통적인 횡스크롤 액션 스타일로, 난이도도 적당해 몇 번이고 반복해서 즐기게 되는 작품이다.

## 나이젤 만셀 인디 카

MEGA DRIVE | 어클레임 재팬 | 1994년 12월 16일 | 7,800엔 | 16M ROM

간판의 입체는 2D로 표시된다.

일본에서는 '망나니 쇼군'이란 애칭으로 친숙한 영국의 레이싱 드라이버 '나이젤 만셀'을 소재로 삼은 레이스 게임. 2D와 3D 폴리곤을 조합한 「머나먼 오거스타」식의 접근법으로 제작되었고, 스피드 표시 변경이나 버튼 배치 등 세부적인 설정도 가능하다.

## 버추어 레이싱 디럭스

SUPER 32X | 세가 | 1994년 12월 16일 | 8,800엔 | 24M ROM
파이팅 패드 6B 대응

BGM이나 아케이드판의 편곡과 신규 곡이 추가되었다.

특수 칩보다도 높은 슈퍼 32X의 성능을 보여주는 작품. 폴리곤 표시수가 대폭 증가해, 아케이드에 비해 손색없는 그래픽이 되었다. 또한 2종류의 코스와 스톡 카, 프로토타입 두 종류의 차량이 추가되었다. 모든 이식작 중에서 가장 이식도 및 플레이어들의 평가가 높다.

## 미키와 미니 매지컬 어드벤처 2

MEGA DRIVE | 캡콤 | 1994년 12월 16일 | 7,800엔 | 16M ROM
파이팅 패드 6B 대응

가 되었다.

이 작품은 캡콤 최후의 MD 소프트

호평을 받은 「미키의 매지컬 어드벤처」의 속편. 미키와 미니는 피트 남작의 세계정복 야망을 깨뜨리기 위해 피트 성으로 향한다. 이 작품에선 미니를 사용 가능해, 2인 동시 플레이도 구현되었다. 코스튬도 리뉴얼되어 미키와 미니에게 각각 다른 디자인이 준비되어 있다.

## NBA 잼

MEGA CD | 어클레임 재팬 | 1994년 12월 20일 | 8,800엔 | CD-ROM

선수가 일제히 변경되었다

발매 시기에 맞춰 등록

메가 CD로 이식된 작품. CD 매체를 사용한 탓에 사운드가 좋아진데다, 메가 CD의 성능으로 그래픽도 향상되었다. 또한 게임 도중 장면 전환시 동영상 클립이 나오게 되었다. CD판 한정으로, 특정 알파벳을 입력하면 사용 가능한 숨겨진 캐릭터가 20명 추가되었다.

## 테크모 슈퍼 보울 2 : 스페셜 에디션

MEGA DRIVE | 테크모 | 1994년 12월 20일 | 9,980엔 | 16M ROM

리그 대전을 수도 있다

다른 년도의 같은 팀끼리

미식축구 게임으로는 정평이 난 시리즈의 메가 드라이브 2번째 작품. 선수 데이터는 92년부터 94년까지 수록되어 있다. 게임 모드는 '시즌 게임', '프리시즌', '프로보울'의 3종류. 기본 시스템은 동일하지만 그래픽은 향상되었다. 포메이션도 세분화되어 더 리얼해졌다.

  슈팅 게임　 액션 게임　 퍼즐 게임　 롤플레잉 게임　 시뮬레이션 게임　 스포츠 게임　 드라이브 게임　 어드벤처 게임　 교육 및 기타　 홈 게임

## BACK TO THE 에도

TBS　1994년 12월 22일　9,800엔　LD-ROM

TBS가 방송한 퀴즈 프로 '퀴즈 일본 재미있는 옛날'이 모티브인 퀴즈 게임. 방송에 사용된 실사영상을 풍부하게 집어넣었다. 게임의 목적은 에도(도쿄의 옛 지명)에서 전설의 미녀를 만나러 1000냥을 모으는 것. 1문제라도 틀리면 무사에게 쫓겨나버리는 제법 빡빡한 작품.

## 돈 키호테 : A DREAM IN SEVEN CRYSTALS

프르미에 인터내셔널　1994년 12월 22일　9,800엔
LD-ROM

메가 LD로 발매된 최초의 RPG. 주인공 기사가 되어 공주를 구하고, 7개의 마법 크리스탈 볼을 찾아내, 악인을 쓰러뜨리기 위한 모험을 떠난다. '롤플레잉 인터랙티브 무비'를 자처하는 이 작품은 애니메이션을 풀로 활용해 제작된 신개념 RPG이다.

## 소울 스타

빅터 엔터테인먼트　1994년 12월 22일　8,000엔
CD-ROM

3인칭 시점으로 제작된 3D 슈팅 게임. 외계인 마코이드를 뒤쫓아, 신형 전투기 어그레서가 날아오른다. 어그레서는 상황에 따라 전투기, 헬기, 전차로 변형된다. 확대축소 기능을 사용해 적이 등장해오는 등, 메가 CD의 성능을 발휘한 박력 있는 연출이 훌륭한 작품.

## 톰캣 앨리

세가　1994년 12월 22일　7,800엔　CD-ROM

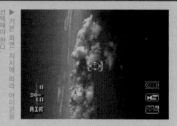

메가 CD의 배경 동영상 기능을 이용해, 타이밍에 맞춰 버튼을 입력하면 동영상이 재생되어 진행하는 게임. 주인공은 레이더 요격사관이므로 직접 조작은 하지 않는다. 공격 페이즈가 되면 지시에 따라 록온과 공격을 행하게 된다. 할리우드 영화와 같은 동영상이 멋진 작품.

## 루나 이터널 블루

게임 아츠　1994년 12월 22일　9,800엔　CD-ROM

높은 평가를 받은 전작 「루나 더 실버스타」의 속편. '메가 CD 최후의 대작'이란 광고 문구에 걸맞게, MD용 RPG 중 1·2위를 다투는 걸작. 주인공 히이로는 어느 날 만난 소녀 루시아를 여신 알테나에게 데려다주러 함께 여행을 떠난다. 아름다운 비주얼 신은 이야기와 잘 어울리고, 성우진의 연기가 스토리에 색을 입힌다. 전투 시스템은 사정거리와 이동거리 등의 개념을 넣어 전략적인 전투가 가능하게 했다. 메가 CD 유저라면 꼭 즐겨야 할 작품.

# 1995

## MEGA DRIVE SOFTWARE ALL CATALOGUE

이 해에 발매된 게임은 총 53타이틀로, 전년에 비해 급속히 감소했다. 이유는 말할 것도 없이 각 서드파티 메이커들이 개발자원을 세가 새턴 쪽으로 돌렸기 때문. 특히 일본 개발사가 발매한 소프트는 세가를 제외하고는 극소수에 그쳤다.

이 해의 메가 드라이브 시장을 떠받친 회사는, 작년에 참여한 미국 어클레임 사의 일본법인인 어클레임 재팬. 발매작 수는 무려 14타이틀에 달해, 1위인 세가의 26타이틀과 합치면 총 발매작의 3/4이라는 경이적인 비율이다.

또한 어클레임 재팬의 발매 타이틀 중 상당수는 일본어 현지화 없이 출시되었고, 「맥시멈 카니지」에 이르면 패키지 커버마저도 유럽판의 디자인을 그대로 사용해버린 것이 인상적이다.

---

### 애프터 버너 컴플리트

**SUPER 32X**　세가　1995년 1월 13일　4,980엔　16M ROM　파이팅 패드 6B 대응, 아날로그 조이패드(XE-1AP : 전파신문사 발매) 대응

아케이드 게임 「애프터 버너 Ⅱ」의 이식판. 당시 최고의 이식판으로 불렸던 이 작품은 「스페이스 해리어」와 마찬가지로 '게임 도가니' 사가 이식을 맡았다. 조작성도 뛰어나 롤링 등도 부드럽게 실행된다. 아날로그 조이패드를 지원하므로, 조작성을 더 끌어올릴 수도 있다. 구석구석까지 철저하게 이식해, 미사일 보충량 증가 등의 비기도 충실히 재현했다. 지면의 물체도 훌륭하게 재현하여 아케이드 대비 전혀 손색이 없는 이식작이 되었다.

---

### 이치단트알

**MEGA DRIVE**　세가　1995년 1월 13일　6,800엔　16M ROM

미니게임 모음집으로 호평을 받은 「탄트알」의 속편. 플레이어는 기사가 되어 공주를 납치한 마왕을 쫓아간다는 스토리. 수록된 미니게임이 20종으로 늘어나고, 내용도 리뉴얼되었다. 메가 드라이브판엔 오리지널 모드인 '퀘스트 모드'도 탑재되어, RPG처럼 즐길 수 있다.

---

### 드래곤 슬레이어 영웅전설 Ⅱ

**MEGA DRIVE**　세가　1995년 1월 20일　8,800엔　16M ROM

「영웅전설」 시리즈 제 2탄. 이셀하사 편이라 불리는 제 1기 시리즈의 마무리 작품. 전작의 20년 후 세계를 그리며, 주인공은 전작의 등장인물인 세리오스와 디나 공주의 아들 아틀라스이다. 이번엔 이셀하사에 더해, 지하에 존재하는 국가 파게스타를 무대로 이야기가 진행된다.

 슈팅 게임　 액션 게임　 퍼즐 게임　 롤플레잉 게임　 시뮬레이션 게임　 스포츠 게임　 드라이브 게임　 어드벤처 게임　 교육 및 기타　 홈 게임

## 로드 블래스터

파이오니어　1995년 1월 25일　7,800엔　LD-ROM

1985년 아케이드로 나온 같은 이름의 타이틀 이식작. 데이터 이스트 제작 LD게임 제 3탄에 해당한다. 아내의 원수를 쫓는 남자의 복수를 그린 스토리. 토에이 동화가 담당한 애니메이션이 호평을 받았다. 이전 이식된 메가 CD판의 단점인 화질도 개선된, 멋진 이식작이다.

## 사이버 브롤

세가　1995년 1월 27일　7,800엔　24M ROM
파이팅 패드 6B 대응

슈퍼 32X의 오리지널 대전격투 게임. 폭발 중인 우주선에 탑재된 탈출 포드는 하나뿐. 살아남으려면 상대를 죽여서 차지하라!라는 스토리다. 캐릭터는 장비에 따라 쓸 수 있는 기술이 바뀌며, 대미지를 입으면 장비가 벗겨진다. 확대축소 기능으로 박력 있는 대전을 즐길 수 있다.

## 리스타 더 슈팅스타

세가　1995년 2월 17일　6,800엔　16M ROM

「소닉」 시리즈로 유명한 소닉 팀이 제작한 액션 게임. 사람들의 소원에서 태어난 별똥별 소년 '리스타'가 주인공. 팔을 뻗어 물건을 잡거나 박치기로 공격하는 등, 다채로운 액션이 특징이다. 게임 자체의 난이도는 낮은 편이라, 누구나 즐길 수 있는 수작.

## 골프 매거진 제공 36 그레이트 홀즈 스타링 프레드 커플스

세가　1995년 2월 24일　8,800엔　24M ROM
파이팅 패드 6B 대응

골프 매거진의 협력을 받아 개발된 리얼한 골프 게임. 그래픽은 프랙탈 처리로 구현해, 코스의 나무 하나하나까지 리얼하게 재현했다. 변화무쌍한 36홀 코스를 프로선수 프레드 커플스와 함께 플레이할 수 있다. 골프에만 집중할 수 있는 시원한 화면으로 구성된 작품.

## NBA 잼 : 토너먼트 에디션

어클레임 재팬　1995년 2월 24일　24M ROM

「NBA 잼」의 업데이트판. 게임 모드는 연습 모드가 추가되어 총 3종류가 되었다. 또한 전작처럼 특정 화면에서 커맨드를 입력하여 다양한 효과를 얻을 수 있다. 숨겨진 캐릭터도 리뉴얼되어, 37캐릭터로 거의 두 배가 되었다. '핫 스팟'이라는 초보자 도움 시스템도 탑재되었다.

## NFL 쿼터백 클럽 '95

어클레임 재팬　1995년 2월 24일　8,800엔
24M ROM　파이팅 패드 6B 대응

슈퍼 패미컴으로 발매되었던 같은 이름의 타이틀 이식판. 'QB 챌린지', '플레이', '시뮬레이션'의 3가지 모드가 있다. 그중 QB 챌린지는 4가지 경기로 나뉘어, 각각 기록을 다투게 된다. 육성 게임의 면모도 있어, 커스텀 QB를 사용하다 보면 스킬 레벨이 성장해간다.

HARDWARE | 1988's SOFT | 1989's SOFT | 1990's SOFT | 1991's SOFT | 1992's SOFT | 1993's SOFT | 1994's SOFT | 1995's SOFT | 1996's SOFT | OVERSEA SOFT

## 에일리언 솔저

세가　1995년 2월 24일　6,800엔　16M ROM

횡스크롤 타입 액션 게임. 친구를 죽인 비밀결사 스칼렛과의 싸움에, 주인공 포우는 복수를 위해 능력을 개방하고 몸을 던진다. 난이도가 높지만 밸런스도 절묘해, 플레이가 익숙해지면 클리어 타임이 놀랍도록 단축된다. 그래픽도 정교해, 분위기가 살아있는 명작이라 할 만.

## 에코 더 돌핀 CD

세가　1995년 2월 24일　4,980엔　CD-ROM

이 작품은 세계적으로 대인기를 얻은 「에코 더 돌핀」1·2편을 세트로 묶은 것이다. 1편에는 새로운 스테이지 4개가 추가되고 비주얼도 새롭게 들어가는 등 업그레이드됐다. BGM도 CD음원으로 변경. 아름다운 바다 속을 헤엄치는 것만으로도 시간 가는 줄 모르는 작품.

## 대봉신전

빅터 엔터테인먼트　1995년 2월 24일　6,800엔
CD-ROM

중국이 무대인 RPG. 봉신연의 세계관이며, 주인공은 태공망이다. 민중을 괴롭히는 주왕을 쓰러뜨리기 위해, 인망이 두터운 문왕의 군사가 되어 천계, 선계, 하계의 세 세계를 모험한다. 게임 도중 스토리에 따라 각지에서 무비 데모가 나와 이야기의 맛을 돋운다.

## 메탈 헤드

세가　1995년 2월 24일　7,800엔　24M ROM

메탈 헤드라 불리는 로봇을 타고 전투를 벌이는 3D 슈팅 게임. 점령당한 그라니아 공국의 수도를 탈환하는 것이 최종 목적이다. 시점을 변경할 수 있어, 3인칭 시점 플레이도 가능. 언어를 영어로 바꾸면, 대미지를 입을 때 레이더가 죽어버리는 등 리얼한 플레이를 즐길 수 있다.

## 비류전 컬렉션 : 와타나베 미나요

플래닛　1995년 2월 25일　5,800엔　LD-ROM

사진집 'Trap 함정에 빠뜨려주지!'의 디지털 사진집판. 탤런트 와타나베 미나요의 나레이션과 BGM이 들어간 이미지 비주얼을 즐기고, 포토 신에서는 원하는 사진을 저장해 둘 수 있다. 포토 신에는 숨겨진 영상도 있어, 찾아내면 화면 가득 박력 있는 사진이 표시된다.

## 3D 버추얼 오스트레일리아

J.P.　1995년 3월 11일　7,800엔　LD-ROM

오스트레일리아를 소재로 한 3D 영상집. 플레이어는 투어 플래너가 되어 제한된 예산 내에서 여행상품을 만들어내야 한다. 수록된 데이터는 쇼핑부터 야경 스팟, 동물원 등 다양하여 총 수는 600곳 이상이다. 3D 시스템을 사용하면 박력 있는 입체영상을 즐길 수 있다.

 슈팅 게임　 액션 게임　 퍼즐 게임　 롤플레잉 게임　 시뮬레이션 게임　 스포츠 게임　 드라이브 게임　 어드벤처 게임　 교육 및 기타　 홈 게임

## 서징 오라

세가　1995년 3월 17일　8,800엔　16M ROM

MD의 RPG 라인업 강화를 노린 메가 롤플레잉 프로젝트 최후의 작품. 주인공인 왕자 무우는 부활한 어둠의 주술사 루피드로부터 세계를 구하기 위해 과거 세계로 여행을 떠난다. 이 게임의 특징은 주문 영창 시스템. 전투도 독특해 전략성이 높은 수작이지만, 인지도는 낮다.

## TEMPO

세가　1995년 3월 24일　7,800엔　24M ROM

「사쿠라 대전」으로 유명한 레드 컴퍼니가 기획한 횡스크롤 액션 게임. 주인공부터 시작해 벌레가 모티브인 캐릭터가 많이 등장한다. TV 예능의 참가자 도전 컨텐츠라는 설정. BGM의 템포가 좋으며 액션도 귀엽고 매력적이지만, 난이도가 높고 캐릭터의 개성이 강한 타이틀.

## 더블 스위치

세가　1995년 3월 24일　6,800엔　CD-ROM

버추얼 시네마 「나이트 트랩」의 속편. '에드워드 암즈'라는 박물관의 소유주인 에디가 영상통화로 플레이어에게 도움을 청한다. 플레이어는 곳곳에 설치된 방범 카메라와 트랩을 조작해 박물관 소유주를 보호하는 게 목적. 전작보다 난이도가 올라가 더욱 어려워졌다.

## 프라이즈 파이터

세가　1995년 3월 24일　6,800엔　CD-ROM

메가 CD의 배경 동영상 기능으로 실사영상을 사용한 1인칭 권투 게임. 오리지널 권투선수를 만들어 성장시켜 세계 챔피언을 노리자. 영상은 전부 흑백 처리되어, 덕분에 특유의 중후한 분위기가 만들어졌다. 콜은 유명 아나운서 마이클 버퍼가 맡아, 얄미울 만큼 배역에 충실하다.

## 타임 걸

타이토　1995년 3월 25일　9,800엔　LD-ROM

LD 게임 중에선 독보적인 지명도를 자랑하는 작품. 주인공 레이카는 타임머신을 훔친 루다를 쫓아 다양한 시대를 거쳐 간다. 레이카의 성우는 '북두의 권'의 유리아 등을 연기한 야마모토 유리코. 게임 오버 등에 들어간 대량의 애드립이 재미있다. 애니메이션 퀄리티도 뛰어나, 흠잡을 데가 없는 작품.

## 아랑전설 스페셜

빅터 엔터테인먼트　1995년 3월 31일　6,800엔
CD-ROM　파이팅 패드 6B 대응

아케이드로 등장한 같은 이름의 타이틀 이식판. 타 기종판과 달리, 숨겨진 캐릭터인 료 사카자키를 처음부터 쓸 수 있다. 쾌적한 동작을 위해서인지, 원작의 몇 가지 요소가 삭제되었다. BGM은 네오지오 CD판의 곡을 그대로 사용하여 평이 좋았다.

### 미키 매니아

세가　1995년 3월 31일　7,800엔　16M ROM

「크래시 밴디쿳」시리즈 중 하나를 개발한 적도 있는 트래블러즈 테일즈 사가 제작을 담당한 횡스크롤 액션 게임. 과거의 단편영화를 모티브로 제작된 스테이지는 실로 훌륭하다고밖에 말할 수 없다. 미키의 움직임도 매끄러워, 애니메이션처럼 움직이는 미키를 보고 있기만 해도 즐거운 작품.

### 블루 시카고 블루스

리버힐 소프트　1995년 4월 15일　9,800엔　LD-ROM

형사 J.B.해롤드 시리즈 4번째 작품. 고교생 앤지 하트가 살해당한다. 같은 시각 시체를 발견한 해롤드의 동료 캐서린 화이트가 용의자가 되지만 의문점이 많아, 납득하지 못한 해롤드는 수사를 개시한다. 커맨드 선택식 어드벤처 게임으로서, 전부 실사영상으로 진행된다.

### 카오틱스

세가　1995년 4월 21일　7,800엔　24M ROM

「소닉 더 헤지혹」에 등장했던 「너클즈」가 주인공인 액션 게임. 슈퍼 32X로 출시된 유일한 「소닉」 시리즈이다. 6명의 동료 중 하나를 선택해, 협력하며 스테이지를 진행한다. 링으로 연결된 파트너와의 연계 플레이가 다채로워 재미있는 작품.

### 비류전 컬렉션 Vol. 2 : 사카키 유코

플래닛　1995년 4월 25일　5,800엔　LD-ROM

사진집 'TAKE OFF'의 디지털 판. 그라비아 아이돌 사카키 유코의 나레이션과 BGM이 포함된 이미지 비주얼을 즐긴다. '블라인드 비주얼'이라는 숨겨진 영상도 준비되어 있다. 스토리 모드에서 사진을 앨범에 저장해 오리지널 사진집을 만들 수 있는 것도 전작과 동일.

### TV 애니메이션 슬램 덩크 : 강호 정면대결!

반다이　1995년 4월 28일　8,800엔　16M ROM

같은 이름의 TV 애니메이션을 모티브로 한 스포츠 게임. 원작을 제대로 재현해낸 스토리 모드도 탑재했다. 이벤트 그래픽도 훌륭해, 애니메이션 그대로라 해도 좋을 정도다. 다른 스포츠 게임과 달리, 시합 중에는 플레이어가 캐릭터 한 명만 조작해 팀의 일원으로 싸우게 된다.

### 트루 라이즈

어클레임 재팬　1995년 4월 28일　7,800엔
16M ROM　파이팅 패드 6B 대응

같은 이름의 영화가 원작인 액션 게임. 미국 첩보요원인 주인공 해리가 테러리스트와 싸우는 스토리. 서양 게임답게 높은 난이도와 넓은 맵, 치열한 방해가 일품. 스토리는 거의 충실하게 영화를 재현하여, 영화의 스틸 사진도 나오는 등 팬이라면 소장할 만한 작품이다.

 슈팅 게임　 액션 게임　 퍼즐 게임　 롤플레잉 게임　 시뮬레이션 게임　 스포츠 게임　 드라이브 게임　 어드벤처 게임　 교육 및 기타　 홈 게임

## SUPER 32X 모탈 컴뱃 II : 궁극신권

어클레임 재팬  1995년 5월 19일  9,800엔
32M ROM  파이팅 패드 6B 대응

메가 드라이브판으로도 출시된 작품. 슈퍼 32X판이 되면서 색수도 늘어나 배경과 캐릭터 유형표현 등의 그래픽도 강화되어, 아케이드판과의 차이가 거의 없어졌다. 이 작품 이후로도 계승되는 베이빌리티나 프렌드십도 물론 완벽하게 재현되어 있다.

## SUPER 32X 스텔라 어설트

세가  1995년 5월 26일  7,800엔  16M ROM

후일 세가 새턴으로 리메이크되는 명작 3D 슈팅 게임. 기체는 2종류로, 파일럿이 되어 자유롭게 조작하는 1호기와 조종을 오토로 바꿀 수 있는 2호기가 있다. 2호기로 오토파일럿을 세팅하면 사격수가 된다. '트레이스'라는 리플레이 모드에선 자신의 플레이를 제3자 시점으로 볼 수 있다.

## MEGA DRIVE 맥시멈 카니지

어클레임 재팬  1995년 5월 26일  7,800엔  16M ROM  파이팅 패드 6B 대응

'스파이더맨'을 소재로 한 벨트스크롤 액션 게임. 원작은 코믹스인 '맥시멈 카니지' 시리즈이다. 수감 중인 연쇄살인범 클리터스 캐서디가 옥중에서 심비오트(외계의 기생생물)와 융합하여 빌런 '카니지'로 변신해 탈옥한다. 이 카니지를 쫓아 스파이더맨과 베놈이 함께 싸운다는 스토리. 초기 출하판은 카트리지 색깔이 붉은 것이 특징이다. 일본 내 출하량이 극도로 적었기에, 중고시장에서는 메가 드라이브 소프트 중 최고액을 기록했다.

## MEGA DRIVE 라이트 크루세이더

세가  1995년 5월 26일  7,800엔  16M ROM

판타지 세계관의 액션 RPG. 트레저가 메가 드라이브용으로 개발한 최후의 타이틀이다. 왕국 제일의 용사 데이비드가 휴가차 이웃 나라를 방문했다가, 이웃 나라에서 발발한 문제를 듣고 해결하러 나선다는 스토리. 퍼즐 풀이가 메인 컨텐츠로, 난이도도 적당한 수작이다.

## MEGA LD GOKU

파이오니어  1995년 6월 15일  13,000엔  LD-ROM

메가 LD 최후의 소프트. 에듀테인먼트라 불리는, 오락과 교육 기능을 겸비한 엔터테인먼트 작품이다. 고대의 7대 불가사의를 테마로 삼아, 신화학자 아라마타 히로시의 새로운 해석에 따른 해설을 듣는다. 기자의 피라미드나 바빌론 공중정원 등을 하이엔드 CG로 재현했다.

HARDWARE
1988's SOFT
1989's SOFT
1990's SOFT
1991's SOFT
1992's SOFT
1993's SOFT
1994's SOFT
1995's SOFT
1996's SOFT
OVERSEA SOFT

## SUPER 32X 패러스쿼드

세가　1995년 7월 14일　7,800엔　16M ROM

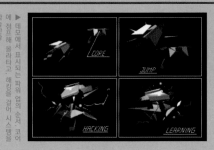

▶ 다른 기체를 탈취하지 않고 진행하는 것도 좋겠지만 시행착오를 반복해서 알아내보자.

▶ 데모에서 표시되는 파워 업의 순서 . 코어에 점프해 올라타고, 해킹을 걸어 시스템을 학습한다.

「잭슨」 스타일의 쿼터뷰 슈팅 게임. 타이틀명은 'Parasite Squadron'을 줄여 「PARASQUAD」가 되었다. 플레이어 기체에 탑재된 '패러사이트 커넥터'란 기능을 사용해 다른 기체를 해킹하면 제어권을 탈취하며, 공격 방법이 탈취한 기체에 맞춰 변화한다. 코어가 보이는 기체라면 뭐든 탈취 가능하지만, 상황에 맞춰 잘 고르지 않으면 쓸모없는 녀석을 탈취해 버리기도 하므로, 전략적인 진행이 필요한 슈팅 게임이다.

## SUPER 32X NFL 쿼터백 클럽 '95

어클레임 재팬　1995년 7월 14일　8,800엔　24M ROM

1-5 PLAYERS　MEMORY BACK UP　SEGA TAP

▶ 슈퍼 32X의 성능을 사용해 화면이 선명해졌다.

미식축구의 사령탑이라 할 쿼터백에 초점을 맞춘 미식축구 게임. 메가 드라이브판보다 그래픽은 향상됐지만, 쿼터백 챌린저가 삭제되어 오리지널 캐릭터를 육성하는 컨텐츠도 없어졌다. 또한 계약된 쿼터백만이 실명으로 수록되어 있다.

## MEGA DRIVE 초구계 미라클 나인

세가　1995년 7월 21일　7,800엔　16M ROM

1 PLAYER　MEMORY BACK UP

▶ 변화구는 자칫 폭투가 되기 쉽지만, 잘 잡아주면 큰 무기가 됩니다.

보기 드문 쿼터뷰 시점의 야구 게임. 게임 모드는 3종류가 준비되어 있다. 선수는 전부 실명으로 수록. 스트라이크 존이 입체적으로 표시되는 등, 독특한 시스템이 많다. 또한 우타자냐 좌타자냐에 따라 시점이 바뀌기도 해, 익숙해지기 전까진 플레이가 쉽지 않을 수 있다.

## SUPER 32X 삼국지 IV

코에이　1995년 7월 28일　14,800엔　32M ROM

1-8 PLAYERS　MEMORY BACK UP

▶ 무사가 추가되거나 다양한 이벤트도...

같은 이름의 타이틀 이식판. 파워업 키트 요소는 없다. 시나리오는 총 6종류. 동영상 등은 삭제됐지만 ROM 카트리지라 로딩이 빨라, 같은 시기에 나온 새턴판보다 오히려 진행이 편하다. 발동조건이 까다롭지만, '미녀 연환계' 등도 정사로 취급되어 들어간 작품.

## MEGA DRIVE 프로 스트라이커 파이널 스테이지

세가　1995년 8월 4일　7,800엔　16M ROM

1-4 PLAYERS　MEMORY BACK UP　SEGA TAP

▶ 전작까지는 종스크롤이었지만 이번엔 횡스크롤로 바뀌었다.

「프로 스트라이커」 시리즈 최종작. 발매 시점의 최신 선수 데이터가 실명으로 수록되었다. 게임 모드는 프리시즌 매치 등 6종류가 있다. 이 작품의 주요 시스템 변화는 '나야나 시스템' 탑재로, 선택한 선수 한 명만을 조작해 시합에 참가할 수 있는 시스템이다.

 슈팅 게임　 액션 게임　 퍼즐 게임　 롤플레잉 게임　 시뮬레이션 게임　 스포츠 게임　 드라이브 게임　 어드벤처 게임　 교육 및 기타　 홈 게임

## NBA 잼 : 토너먼트 에디션

어클레임 재팬　1995년 9월 1일　9,800엔　32M ROM

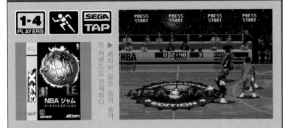

같은 이름의 타이틀의 슈퍼 32X판으로, 메가 드라이브판의 업그레이드 버전이다. 그래픽이 훨씬 좋아지고, 캐릭터도 큼직하게 표시된다. 색수도 대폭 늘어나고, BGM도 리마스터링되어 퀄리티가 올라갔다. 시리즈 전통이나 다름없는 숨겨진 캐릭터도 36명 존재한다.

## WWF RAW

어클레임 재팬　1995년 9월 1일　9,800엔　32M ROM

「WWF」시리즈 3번째 작품이자 최종작. 조작 스피드가 더욱 빨라지고, 태그 팀 등의 새 모드가 추가되어 총 6모드가 되었다. 이 작품은 메가 드라이브판과 슈퍼 32X판으로 각각 별개로 발매되었다. 기본적으로는 동일한 게임이지만, 숨겨진 캐릭터는 이 슈퍼 32X판에만 들어가 있다.

## 코믹스 존

세가　1995년 9월 1일　7,800엔　16M ROM

「디 우즈」로 유명한 미국 세가 테크니컬 인스티튜트 사가 제작한, 만화의 컷과 컷을 이동하면서 돌연변이들과 싸우는 액션 게임. 인기 만화가인 주인공 '스케치 터너'는 자신이 그린 캐릭터 '모터스'에 의해 만화 세계에 갇혀버린다. 한 스테이지는 2부 구성으로, 총 3스테이지. 적의 등장 신은 모터스가 그려내 출현하는 식이며 대사는 전부 말풍선으로 표시되는 등, 만화적인 표현에 공을 들였다.

## 저스티스 리그

어클레임 재팬　1995년 9월 1일　8,800엔　24M ROM

'저스티스 리그'를 소재로 한 대전격투 게임. 히어로 모드와 대전 모드가 준비되어 있다. 히어로 모드는 저스티스 리그 6명 중에서, 대전 모드에서는 보스까지 포함한 9명 중에서 선택해 플레이한다. 나중에 나온 슈퍼 패미컴판보다 그래픽이 좋은 것이 장점이다.

## 저지 드레드

어클레임 재팬　1995년 9월 1일　7,800엔　24M ROM

같은 이름의 영화가 원작인 액션 게임. 목적은 다크 저지를 쓰러뜨리는 것이다. 스테이지 곳곳에 장치된 함정을 회피하며 범죄자를 응징해야 하는데, 이때 범죄자를 처형할지, 체포할지를 고를 수 있다. 그래픽은 전체적으로 어두워, 작품의 분위기를 잘 표현해냈다.

HARDWARE

1988's SOFT

1989's SOFT

1990's SOFT

1991's SOFT

1992's SOFT

1993's SOFT

1994's SOFT

1995's SOFT

1996's SOFT

OVERSEA SOFT

## 디 우즈

MEGA DRIVE　세가　1995년 9월 22일　5,800엔　8M ROM

미국 세가 테크니컬 인스티튜트 사가 소닉 팀과 공동 개발하던 시기에 제작한 액션 게임. 수인공 케인은 우수한 과학자로, 음모의 증거를 잡기 위해 연구소에 숨어들지만 발각되어 점액질(ooze)로 바뀌어버린다. 사장을 쓰러뜨리고 인간으로 되돌아가기 위해 케인은 싸움에 나선다. 이 작품은 녹색 점액질이 되어버린 케인을 조작해 진행하며, 몸의 넓이 = 체력이므로 대미지를 받거나 하면 작아져 죽어버리니 주의해야 한다.

## 파렌하이트

MEGA CD　세가　1995년 9월 1일　6,800엔　CD-ROM

플레이어는 제 13소방서에 배속된 신참 소방사로서 화재현장에서 인명구조에 나서게 된다. 현장에서는 행동을 신속하게 하지 않으면 에어탱크의 산소가 바닥나버린다. 실사영상을 도입한 리얼한 동영상이 박력 만점이라, 곧바로 「파렌하이트」의 세계에 빠져들게 된다.

## 배트맨 포에버

MEGA DRIVE　어클레임 재팬　1995년 10월 27일　8,800엔
24M ROM　파이팅 패드 6B 대응

같은 이름의 영화가 원작인 횡스크롤 액션 게임. 일본 메가드라이브판 소프트는 고가 프리미엄으로도 유명하다. 배트맨 혹은 로빈을 조작해 투 페이스 및 리들러와 맞선다. 「모탈 컴뱃」 수법으로 제작된 캐릭터의 동작이 부드러워, 리들러의 코믹한 움직임도 잘 재현했다.

## 버추어 파이터

SUPER 32X　세가　1995년 10월 20일　8,800엔　24M ROM　파이팅 패드 6B 대응

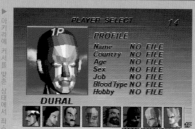

이미 설명이 필요 없는, 3D 격투게임의 선구자인 게임 이식작. 폴리곤 수는 줄었지만 위화감 없는 완성도가 일품이다. 조작감 역시 아케이드와의 차이가 거의 없고, 프레임 수도 30fps를 구현했다. 게임 모드는 4가지로, 오리지널 모드로서 토너먼트 모드가 수록되었다. 1명부터 8명까지 참가하여 토너먼트 방식으로 겨루는 모드이다. 또한 슈퍼 32X판만의 요소로서, 플레이 중의 시점을 5종류 중에서 선택할 수 있다.

## 포먼 포 리얼

어클레임 재팬　1995년 10월 27일　8,800엔　24M ROM

20명의 권투선수 중 한 명을 선택해 챔피언이 되기 위해 싸우는 권투 게임. 조지 포먼에게 도전해 챔피언 벨트를 따내는 것이 목적이다. 게임 모드는 1인 플레이와 2인 대전으로 나뉘며, 1인 플레이는 '엑시비전', '캐리어', '토너먼트'의 3가지 모드가 준비되어 있다.

## 페펭가 펭고

세가　1995년 12월 22일　4,980엔　8M ROM

세가가 메가 드라이브용으로 발매한 최후의 타이틀로, 1982년 아케이드로 나온 「펭고」의 리메이크 작품. 3종류의 게임 모드가 있다. '아케이드 모드'는 1982년의 원조 「펭고」를 플레이할 수 있다. '배틀 모드'는 최대 4명까지 동시 플레이 가능한 파티 게임 형식.

## 서지컬 스트라이크

세가　1995년 12월 22일　6,800엔　CD-ROM

플레이어는 UN이 창설한 대 테러리스트 부대 대원이 되어 테러리스트 섬멸작전에 참가, 최종목표인 보스 '카불'의 살해를 노린다. 특수차량을 운전해 각 스테이지를 돌파해야 한다. 이 게임의 특징은 폭발로, 뭘 쏘든 냅다 폭발한다. 이 폭발이 박력 있는 실사영상으로 표현된다. 이미 시장에 새턴이 나와 있었기에 이 작품은 당시 주목도가 낮았지만, 동영상의 심리스 전환을 구현하여 이룩한 스피디한 전개는 새턴에 버금가는 재미가 있는 작품이다.

## WWF RAW

어클레임 재팬　1995년 12월 31일　8,800엔　16M ROM

슈퍼 32X로 발매된 같은 이름의 타이틀의 MD판. 전작에 공격 모션이 추가되어 드롭 킥, 아토믹 드롭, 펀치, 킥, 그래플, 히프 토스, 여기에 다양한 바디 슬램도 존재한다. 의자를 이용한 거친 플레이까지 가능해, 지금의 프로레슬링 게임에 있는 요소가 대부분 들어가 있다.

## 버추얼 바트

어클레임 재팬　1995년 12월 31일　8,800엔　16M ROM

이 작품은 '심슨 가족'의 바트가 가상현실 실험에 참여했다는 설정으로 6종류의 미니게임을 즐기는 게임이다. 연습 모드도 준비되어, 난이도는 낮은 편이다. 여담이지만, 이 소프트의 일본판에는 제네시스판 영어 설명서와 일본어 설명서로 매뉴얼이 2권 들어가 있다.

# 1996

## MEGA DRIVE SOFTWARE ALL CATALOGUE

이 해에 발매된 소프트는 불과 2타이틀. 슈퍼 32X 타이틀은 발매되지 않았고, 메가 드라이브용과 메가 CD용 타이틀이 각각 하나씩 출시되어, 일본의 메가 드라이브 시장은 8년을 약간 넘긴 시점에서 막을 내리게 되었다.

한편, 1996년의 가정용 게임기 시장은 닌텐도에서 닌텐도 64가 발매되어 닌텐도·소니·세가의 3파전이 되었다고들 흔히 말하지만, 플레이스테이션 진영이 「파이널 판타지 VII」을 끌어오는 데 성공함으로써 실질적인 소니 독주체제가 확정된 해이기도 하다.

세가는 이 당시 서양에서도 고전을 거듭했기에, 메가 드라이브와 세가 새턴으로 연명하기보다 차세대기를 한 발 앞서 투입하기로 결단한다. 2년 후인 1998년, 세가는 자사 최후의 가정용 게임기 '드림캐스트'를 발매하게 된다.

---

**MEGA CD** **섀도우런**
컴파일 1996년 2월 23일 7,800엔 CD-ROM

1 PLAYER | BACK UP RAM

일본에서 발매된 메가 CD 최후의 타이틀. 미국의 아날로그 게임 레이블인 FASA 코퍼레이션이 발표한 테이블 토크 RPG가 소재로서, 사이버펑크와 판타지를 융합한 세계관이다. 장르를 RPG라 하긴 하나, 시스템 면에서는 어드벤처에

더 가깝다. 스토리는 그룹 SNE의 리플레이 시리즈를 답습하여, 등장인물의 설정도 이쪽을 따르고 있다. 시나리오는 그룹 SNE가 담당하여, 팬들이라면 알아챌 수 있을 법한 연출이 들어가 있다.

---

**MEGA DRIVE** **마도 이야기 I**
컴파일 1996년 3월 22일 7,800엔 16M ROM

1 PLAYER | MEMORY BACK UP

메가 드라이브 최후의 소프트. 「마도 이야기」 첫 번째 작품을 바탕으로 리메이크한 게임이다. 3D 던전 방식 RPG로, 최종목적이 졸업시험 통과라는 것도 원작과 동일. 게임 기어판에서는 선생님이 만든 허깨비였던 캐릭터 '카뮤'가 이 작

품에선 원장 선생님의 손자로 나오며, 라이벌 소녀 라라가지 등장해 분위기를 달군다. 시리즈의 특징인 '퍼지 패러미터 시스템'은 이 작품에도 채용되어, HP 등이 수치로 나오지 않는다. 모두 아르르의 표정으로 판단해야 한다.

 슈팅 게임 액션 게임 퍼즐 게임 롤플레잉 게임 시뮬레이션 게임 스포츠 게임 드라이브 게임 어드벤처 게임 교육 및 기타 홈 게임

# Chapter 3

# 메가 드라이브
# 서양 소프트 카탈로그

**MEGA DRIVE OVERSEAS SOFTWARE CATALOGUE**

HARDWARE

1988's SOFT | 1989's SOFT | 1990's SOFT | 1991's SOFT | 1992's SOFT | 1993's SOFT | 1994's SOFT | 1995's SOFT | 1996's SOFT | OVERSEA SOFT

## 해설 서양의 메가 드라이브 이야기
### COMMENTARY OF MEGA DRIVE #3

## 북미 취향 스포츠 게임의 투입에 성공한 서양 전략

이 책을 지금 읽고 있는 독자라면 이미 잘 알고 있겠으나, 메가 드라이브는 일본보다 일본 외의 나라에서 더 커다란 시장을 형성했다. 전 세계의 메가 드라이브 총 판매대수는 3,075만 대로, 이 중 일본 내 판매대수는 358만 대였으니 무려 90% 가까이가 일본 바깥에서의 판매량인 것이다. SNES(슈퍼 패미컴)와는 호각의 경쟁을 펼쳤고, 유럽 등 일부 지역에서는 SNES를 앞서 당시 가정용 게임기 점유율 1위 자리까지 올랐던 적도 있다.

특히 시장이 컸던 지역이 북미로, 제네시스 본체 판매대수는 전 세계 판매대수의 2/3에 달하는 2,000만 대다 (다만, 후일 대량 반품 사태로 인해 악성재고화되었다. 1997년 당시 이리마지리 전 사장의 언급에 따르면, 실제 판매대수는 1,500만 대 전후라고 한다). 「소닉 더 헤지혹」 효과도 한몫하여, 당시 세가는 닌텐도와 치열한 판매경쟁을 이어갔다. 세가 스스로도 직접적인 비교 광고를 전개하여, 「WHAT NINTENDON'T」라는 공격적인 캐치프레이즈가 광고 지면을 장식했다.

서양에서 이만큼 시장을 석권할 수 있었던 이유로, 물론 하드웨어의 우수한 성능도 있지만, 무엇보다 강력한 스포츠 게임 라인업을 구축했다는 점이 최대 요인으로 꼽힌다. 원래 서양에서는 게임을 '스포츠'로서 즐기는 경향이 있어, 가족이나 친구들끼리 왁자지껄 플레이할 수 있는 게임을 선호한다(반면, 일본에서는 게임을 혼자서 즐기는 '영상 작품'으로 인식하는 경향이 강하다). 이 덕에, 서양에서 발매되는 일본제 게임 역시 경기(競技) 성격이 강하고 대전 요소가 있는 게임이 히트하기 쉽다고 한다.

이건 게임 장르로만 한정되는 이야기가 아니어서, 현실의 스포츠를 소재로 한 게임을 꾸준히 내는 것도 서양 시장에서는 특히 중요한 과제이다. 북미라면 미식축구와 아이스하키, 유럽이라면 축구라는 식으로, 해당 지역을 정복하려면 킬러 타이틀이 될 만한 스포츠 게임의 투입이 필수조건이다. 그리하여, 세가의 북미 지사인 세가 오브 아메리카는 NFL 전설의 쿼터백인 조 몬태너 선수와 라이선스를 체결하고 「조 몬태너 풋볼」(78p)을 발매하여 100만 장 넘게 팔린 히트작으로 만드는 데 성공했다.

이 히트에 주목한 일렉트로닉 아츠 등의 북미 소프트 개발사들은 차례차례 제네시스 게임 개발 참여를 발표했다. 매력적인 소프트가 줄이어 출시되는 선순환이 형성된 것이다. 그 결과 NFL뿐만 아니라 NBA, MLB, NHL까지 북미 4대 프로 스포츠 리그 게임이 전부 발매되어, 강력한 서드파티들로 무장한 제네시스는 굳건한 브랜드로 군림했고, 세가새턴이 발매된 후에도 1990년대 후반까지 소프트가 꾸준히 발매되기에 이른다.

스포츠 게임이 히트하는 가운데에서도 적극적으로 출시된 것이 캐릭터 판권물 타이틀이다. '스파이더맨'·'X-MEN'·'배트맨'·'슈퍼맨' 등 마블과 DC 코믹스의 인기 히어로물, '미키 마우스'·'알라딘'·'라이온킹' 등의 디즈니 작품, '심슨 가족'·'T.M.N.T.' 등의 TV 애니메이션, '인디아나 존스'·'쥬라기 공원'·'저지 드레드' 등의 할리우드 영화까지, 어지간한 히트 작품은 모두 제네시스로 게임화되었다. 앞서 열거한 타이틀이 모두 북미에서 인기가 대단한 것들뿐이라는 데에서도 얼마나 당

▲ [WHAT NINTENDON'T]라는 캐치카피가 강렬했던 북미판 메가 드라이브 '제네시스'의 광고. 스포츠 게임과 판권물 게임을 밀어주고 있음이 잘 드러난다.

시 북미 시장이 거대하고 매력적이었
는지를 짐작할 수 있다.

## 지금도 메가 드라이브 시장이 지속되고 있는 남미의 특수한 사정

세계 구석구석까지 판매망을 갖추지 못한 세가는, 메가 드라이브를 비롯한 자사 기기를 각국의 디스트리뷰터(판매대리점)를 경유하여 판매하는 경우가 많다. 상황에 따라선 한국이나 브라질처럼 생산까지 현지에 맡기는 라이선스 판매를 허가하기도 하는데, 특히 브라질에서는 지금도 마스터 시스템과 메가 드라이브를 현지의 라이선스 획득사인 텍토이 사가 모델 체인지를 거듭하며 꾸준히 판매하고 있다. 어째서 30년 전의 아키텍처가 현재까지도 현역인 걸까? 이유는 바로 브라질만의 특수한 사정이 있기 때문이다.

브라질은 국내 산업 보호를 이유로 게임기를 포함한 정밀기기 전반에 고율의 관세를 매기므로, 외국 제품을 완성품 형태로 브라질 국내에 수입해오면 상당한 고가가 되어버린다. 이 때문에 세가는 브라질의 완구 제조사인 텍토이 사에게 라이선스 판매를 허가하여 현지 생산 형태로 판매가격을 낮추는 전략을 선택했다.

그 결과 브라질의 세가 게임기는 타사의 외국산 게임기에 비해 파격적으로 저렴한 가격을 실현했고, 풍부한 스포츠 게임 라인업의 혜택도 받아 베스트셀러로 도약하게 되었다. 타 국가에서는 상품 수명이 끝나 판매가 종료된지 오래임에도, 강력한 라이벌 기기가 존재하지 않는 브라질 시장에서는 마스터 시스템과 메가 드라이브가 여전히 팔리고 있으며, 독자적인 시리즈 전개를 유지하고 꾸준히 판매되어 메가 드라이브만으로도 누계 300만 대를 넘겼다.

참고로, 지나친 고액 관세 탓에 닌텐도는 2015년 브라질 시장에서 철수했다(당시 Wii U의 현지 가격은 85만 원 전후였다). 소니도 PS4의 브라질 판매 가격을 2013년 당시 자사 블로그에서 200만 원선(한국 기준)으로 발표했다가 큰 빈축을 사, 급히 현지 생산으로 전환한다고 발표하기도 했다. 현재는 PS4 Pro의 경우 90만 원대 가격으로 판매되고 있다.

지금도 메가 드라이브가 페이지 최상단에서 판매되고 있는 텍토이 사의 웹사이트. 참고로 379레알은 한국 기준으로 약 12만 원 정도이다.

## 서양에서 발매된 소프트는 일본 메가 드라이브에서 플레이가 가능할까

이런 서양 지역의 소프트는 일본 메가 드라이브에서 과연 구동이 될까? 결론부터 말하자면, '일부 소프트는 몇 가지 요건을 만족시키면 가능'하다.

일단 유럽·호주·남미 등은 TV 영상 신호 규격 자체가 일본과 달라서, 일본·아시아 지역에서 사용되는 NTSC방식이 아닌 PAL방식이다. 따라서 혹여 현지판 메가 드라이브를 입수했다 해도, TV부터 호환되지 않으므로 구동까지의 문턱이 매우 높다(PAL방식이 지원되는 LCD TV나 비디오 캡처 카드를 별도로 입수해야 한다).

북미처럼 동일한 NTSC방식 국가의 소프트라도, 해당 지역 기기에서만 돌아가도록 물리적 형태나 소프트웨어 프로텍트 등의 지역제한이 걸려있기 때문에 기본적으로는 구동이 불가능하다. 이런 지역제한을 해제하여 일본 메가 드라이브에서도 돌아가도록 변환하는 어댑터, 통칭 '메가 키'라는 주변기기가 당시 일본에서 팔리기도 했다. 그중에는 PAL 소프트마저도 돌려주는 고급품도 있었다고 한다. 하지만 이쪽도 여러 제품이 존재하다 보니 호환되는 소프트 수도 제각각이다.

그 외에 이런저런 방법이 있지만 저마다 제법 수고가 드는데다 다들 확실한 방법이라고는 하기 어렵다. 그렇다 보니 서양 소프트를 취급하는 중고 게임 샵에선 아예 서양제 메가 드라이브 본체도 파는 경우가 많기에, 그냥 소프트와 함께 대응되는 본체도 함께 사는 쪽이 결과적으로 확실하지 않을까 싶다.

## 일본 미발매 소프트 중에서 선정하여 소개하는

# 서양 소프트 특선 일람

## MEGA DRIVE OVERSEAS SOFTWARE CATALOGUE

이 페이지부터는 일본에 발매되지 않았던(몇몇 게임은 당시 세가 채널을 통해 다운로드 판매되기도 했다) 서양 메가 드라이브 소프트 중에서 주목할 만한 작품을 선정하여 소개해 보았다. 일본에서는 어째서인지 이식되지 않았던 일본 오리지널 타이틀이 몇 작품 섞여

있는 것도 흥미롭다.

소개되어 있는 소프트는 모두 ROM 카트리지판이므로, 대응 미디어 아이콘 대신 발매 지역별 아이콘을 표시했다.

범례

| | |
|---|---|
| SEGA GENESIS | 북미판 제네시스용 소프트 |
| MEGA DRIVE | 유럽판 메가 드라이브용 소프트 |
| MEGA DRIVE | 브라질판 메가 드라이브용 소프트 |

---

### Ishido : The Way of Stones
Accolade  1990년  1M ROM

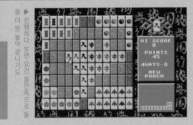

72개의 돌 세트와 96칸의 말판으로 구성되는 퍼즐 게임. 6종류 색과 6종류 모양으로 구성된 36종류가 각각 2개씩 있으므로, 돌 세트는 총 72개가 된다. 같은 모양이나 같은 색의 돌만 이웃에 붙여 놓을 수 있고, 최종적으로 모든 돌을 말판 위에 놓는 게 목적이다.

---

### Another World Out of This World(북미)
Virgin Games  1993년 3월  8M ROM

빅뱅을 재현하는 실험 도중 일어난 사고 때문에, 시공간에 벌어진 틈을 통해 이세계로 날아가버린 천재 물리학자 레스터의 모험을 그린 액션 게임. 몸뚱이 하나만 건사한 비무장 상태에 이세계라서 말도 통하지 않는 등, 진정한 의미로 이세계의 모험을 체험할 수 있다.

---

### California Games
Sega  1992년 2월  4M ROM

캘리포니아에서 인기 있는 스포츠인 '하프파이프', '풋백', '서핑', '롤러스케이트', 'BMX'를 한데 모아놓은 게임. 수많은 플랫폼으로 발매되었던 인기작으로, 발매 9개월 만에 30만 장의 판매량을 기록했다. 호평을 받은 끝에 속편도 발매된 바 있다.

---

### Flicky
Sega  1991년 4월  1M ROM

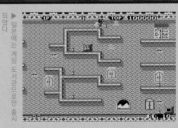

'플리키'라는 이름의 엄마새로 미아가 된 병아리들을 전부 회수하여 집으로 돌아가는 게 목적. 고양이 냥냥, 도마뱀 쵸로, 괴수 등이 플리키를 쫓아온다. 플리키의 움직임에 관성이 붙고, 날아간 물건이 바닥에 닿으면 튀는 등, 독특한 모션이 코믹하고 귀여운 액션 게임이다.

---

 슈팅 게임   액션 게임   퍼즐 게임   롤플레잉 게임   시뮬레이션 게임   스포츠 게임   드라이브 게임   어드벤처 게임   교육 및 기타   홈 게임

## Pac-Mania

GENESIS / MEGA DRIVE

Tengen　1991년 9월　2M ROM

남코의 간판 타이틀 「팩맨」을 입체적으로 리메이크하여 쿼터뷰로 표현한 시리즈 5번째 작품. 팩맨이 점프가 가능해져, 몬스터를 뛰어넘을 수도 있다. 일본에서는 MSX2, X68000으로 출시된 적이 있지만, 가정용 게임기로는 발매되지 않았다.

## Starflight

GENESIS / MEGA DRIVE

Electronic Arts　1991년 10월 7일　8M ROM

자신의 우주선을 개량하고 승무원을 모집·훈련시켜 우주를 탐색하는 어드벤처 게임이다. 생명체나 광물 수집, 식민지화에 적합한 행성의 보고와 우주 개척이 목표. 외계인과도 조우하는데, 돈을 밝히는 종족이나 평화주의 종족, 소심한 성격의 종족 등 다양한 개성이 있다.

## Cadash

GENESIS / MEGA DRIVE

Taito　1992년 4월　4M ROM

횡스크롤 타입의 액션 RPG. 전사, 마법사, 승려, 닌자의 4가지 직업 중 하나를 선택해서 진행한다. 마왕 발로그에게 납치된 왕녀 사라스를 되찾기 위해 모집된 4명의 용사가 구출에 나선다는 스토리. 일본에서는 PC엔진으로 이식된 바 있지만, 메가 드라이브판은 나오지 않았다.

## Captain America and the Avengers

GENESIS / MEGA DRIVE

Data East(북미)/Sega(유럽)　1992년 12월　8M ROM

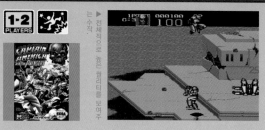

유명한 마블 코믹스의 캐릭터인 캡틴 아메리카와 아이언맨, 호크아이, 비전 4명이 등장하는 벨트스크롤 액션 게임. 세계 정복을 꾀하는 레드 스컬을 쓰러뜨리는 것이 목적. 일본에선 아케이드로 나왔지만 당시엔 유명한 캐릭터가 아니어서, 가정용 이식판은 서양에서만 판매되었다.

## George Foreman's KO Boxing

GENESIS / MEGA DRIVE

Flying Edge　1992년 8월　16M ROM

'코끼리도 쓰러뜨린다'는 하드 펀처, 조지 에드워드 포먼이 주인공인 스포츠 게임. 조지 포먼이 되어 3개의 타이틀 벨트를 모아 헤비급 챔피언을 노린다. 제네시스판은 체력 게이지 옆에 초상화가 표시되어, 펀치를 맞을 때마다 피범벅이 되는 시스템이 있다.

## Paperboy 2

GENESIS / MEGA DRIVE

Tengen　1993년 2월　8M ROM

서양에서 인기가 끈질긴 「페이퍼보이」의 2번째 작품에 해당한다. 자전거로 달리며 신문을 우편함에 던져 넣는 게임. 플레이어 캐릭터에 소녀가 추가되고, 전작보다 난이도가 올라갔다. 담당구역 내에서 다양한 사건을 해결하거나 반대로 사건을 일으켜 신문지면을 장식하기도.

 1인용　 1~2인용　 1~3인용　 1~4인용  1~5인용　 메모리 백업　 백업 RAM 대응 게임　 메가 모뎀 대응 게임　세가 탭 대응 게임

**179**

HARDWARE
1988's SOFT
1989's SOFT
1990's SOFT
1991's SOFT
1992's SOFT
1993's SOFT
1994's SOFT
1995's SOFT
1996's SOFT
OVERSEA SOFT

## The Simpsons : Bart vs. the Space Mutants

Flying Edge　1992년 6월　4M ROM

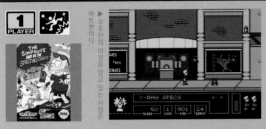

애니메이션 '심슨 가족'의 바트가 주인공인 횡스크롤 액션 게임. 지구를 제압하러 온 우주인의 궁극 병기 제작을 방해하는 게 목적이다. 바트가 지닌 X선 선글라스로만 우주인을 구별할 수 있다. 잡혀간 심슨 가족을 구출하고, 우주인의 야망을 분쇄하라!

## Super Off Road

Ballistic　1992년 7월　4M ROM

아케이드의 인기 레이싱 게임을 이식한 타이틀. 누구나 가볍게 즐기는 레이싱 게임인 점이 인기 비결이었다. 등장하는 여자가 비키니 복장이 된 것이 타 기종판과의 차이로, 이 덕분에 남성 플레이어의 마음을 사로잡은 듯. 레이싱 부분은 원작에서 이미 완성되었기에 억지로 바꾸지 않았다.

## Super Smash TV

Acclaim Entertainment　1992년 8월　4M ROM

상금을 벌기 위해 목숨을 걸고 살인 게임에 도전하는 근미래의 TV 리얼리티 쇼 방송이란 설정의 액션 게임. 플레이어는 참가자로서 상품과 상금을 벌기 위해 싸운다. 스테이지마다 10개 이상의 방이 있어, 이를 모두 탐색하는 것도 목적 중 하나. 조작성이 좋고 재미도 있는 수작.

## Dune II : Battle for Arrakis

Virgin Games　1994년 1월　8M ROM

소설「듄」이 원작인 리얼타임 시뮬레이션 게임. '아라키스'라는 사막 행성의 지배권을 다른 2개국에게서 쟁탈해간다는 스토리이다. 플레이어는 3개국 중 한 나라의 지휘관이 되어, 자원개발을 통해 벌어들인 재화로 군사 유닛을 생산해 적을 격파해야 한다.

## Haunting : starring Polterguy

Flying Edge　1993년 10월　16M ROM

주인공은 Vito의 회사가 제조한 불량품 스케이트보드 때문에 사고로 죽어버린 십대 소년. '폴터가이'라 불리게 된 그는, 이런저런 가구에 들러붙어 폴터가이스트 현상을 일으켜 Vito와 그의 가족을 괴롭혀 집에서 쫓아내야 한다. 함정 설치계 퍼즐 감각의 코믹한 게임.

## The Lost Vikings

Interplay Entertainment(북미) /　1994년 1월
Virgin Games (유럽)　8M ROM

은하계 동물원을 만들려는 크루통 제국에 납치된 세 바이킹. 집으로 돌아가려면 다양한 장소를 돌파해 토마토르 황제를 쓰러뜨려야 한다. 세 명에겐 각자 특기가 있어, 조작 캐릭터를 전환해 레벨도 올려가며 진행한다. 희극과 RPG를 기묘하게 융합시켜 호평을 받은 걸작.

 슈팅 게임　 액션 게임　 퍼즐 게임　 롤플레잉 게임　 시뮬레이션 게임　 스포츠 게임　 드라이브 게임　 어드벤처 게임　 교육 및 기타　HOME 홈 게임

HARDWARE
1988's SOFT
1989's SOFT
1990's SOFT
1991's SOFT
1992's SOFT
1993's SOFT
1994's SOFT
1995's SOFT
1996's SOFT
OVERSEA SOFT

## Pac-Attack
Namco　1993년　16M ROM

테트리스 스타일의 낙하 퍼즐 게임. 고스트가 방해 블록으로 나타나 이걸 지우려면 팩맨을 투입해야 한다. 팩맨은 뚫린 길대로 쭉 달려 나가, 진로 상의 고스트를 전부 먹어치운다. 먹어치운 만큼 왼쪽 게이지가 채워져 100%가 되면 요정이 나오는 등, 여러 흥미요소가 가득한 작품.

## Pirates! Gold
MicroProse　1993년 7월　8M ROM

시드 마이어가 디자인한 작품으로, 액션·전략·무역 게임의 요소를 모두 겸비한 오픈월드 게임이다. 생이별한 가족을 찾는다는 최종목표는 있지만, 그걸 이루든 말든 플레이어의 자유. 이 게임은 플레이어에게 또 하나의 인생을 즐기게끔 하는 걸작이다.

## Rolling Thunder 3
Namco Hometek　1993년 5월 19일　12M ROM

북미에서만 발매되고, 타 국가에서는 출시된 적이 없는 타이틀. 원작의 협력 플레이 요소가 없어져 1인용 게임이 되었다. 스테이지 사이의 애니메이션 컷인과 텍스트 대화로 스토리가 밝혀져 간다. 오토바이와 제트스키를 타는 등 다채로운 스테이지로 구성되어 있다.

## Sub-Terrania
Sega　1994년 3월　16M ROM

외계인의 습격을 받은 지하광산에 침투해, 사로잡힌 생존자들을 구출하고 외계인을 물리친다는 사이드 스크롤 슈팅 게임. 생존자를 구출하고 서브모듈을 회수해 시작지점으로 돌아오면 미션 클리어다. 중력 개념이 있어 적을 정확히 노려 쏘기 어려운 탓에 난이도가 높다.

## Wiz'n'Liz
Psygnosis　1993년 11월 15일　8M ROM

마법사 할아버지가 활약하는 횡스크롤 액션 게임. 마법을 배우려면, 사로잡힌 토끼를 구해주면 나타나는 알파벳을 모아야 한다. 맵 상에 흩어져있는 과일을 모아서 큰항아리에 쏟아 넣으면 다양한 효과가 있는 약을 만들 수 있는 등, 여러 참신한 요소가 잘 조합된 수작.

## Zombies Ate My Neighbors
Konami　1993년 11월　8M ROM

타이틀명의 의미는 '좀비가 우리 동네 사람들을 먹었어요'. 좀비부터 동네 사람들을 구출해내, 이후 나타나는 문으로 전부 탈출시켜야 한다. 주인공에겐 성수가 채워진 물총이 있으므로 좀비를 물리칠 수 있지만, 그게 목적이 아니다. 어디까지나 이웃사람들 구출이 목적.

## The Addams Family

SEGA GENESIS / MEGA DRIVE

Flying Edge    1993년 10월    8M ROM

주인공 고메즈가 되어, 비열한 변호사 털리 알포드에게 사로잡힌 가족들을 구출하는 횡스크롤 액션 게임. 먼저 검이나 점프 슈즈 등 고메즈에게 도움이 되는 아이템부터 모아야 한다. 조작성이 좋고 키 입력 반응도 빠른 편. 보스전이 어려운 게 문제이지만, 재미있는 작품.

## ClayFighter

SEGA GENESIS / MEGA DRIVE

Interplay Entertainment    1994년    16M ROM

'월레스와 그로밋'에서 영감을 얻어, 클레이 애니메이션을 사용한 대전격투 게임. 등장 캐릭터들의 목적은 '서커스의 왕'이 되는 것이지만, 다들 '악역' 느낌의 무서운 인상 일색이다. 게임 자체는 평범한 편이지만, 캐릭터들의 임팩트 덕에 플레이하면 기억에 강하게 남는다.

## Earthworm Jim

SEGA GENESIS / MEGA DRIVE

Playmates Interactive(북미) /    1994년 8월 2일
Virgin Interactive(유럽)    24M ROM

사이버 슈트를 입고 초인적인 힘을 발휘하는 지렁이 '짐'이 주인공인 횡스크롤 액션. 상금벌이꾼들과의 배틀을 반복하며 공주가 있는 곳으로 가는 게 목적이다. 아름다운 그래픽은 제네시스 게임 중에서도 탑 클래스로 평가된다. 수많은 상도 받은 세계적인 인기 타이틀.

## Joe & Mac

SEGA GENESIS / MEGA DRIVE

Takara    1994년 1월    8M ROM

원작은 데이터 이스트에서 아케이드용으로 출시된 타이틀이다. 적대 부족에게 납치당한 여자를 구하러 간다는 스토리. 슈퍼 패미컴으로도 이식됐지만, 가장 원작 아케이드판에 가깝게 이식된 건 제네시스판이다. 이식도와 조작성 모두 높은 평가를 받았다.

## Kawasaki : SuperBike Challenge

SEGA GENESIS / MEGA DRIVE

Time Warner Interactive(북미) /    1994년 12월
Domark(유럽)    8M ROM

「F1」과 같은 엔진을 사용한 바이크 레이싱 게임. 가상의 레이싱 시리즈에서 가와사키의 라이더로 활동한다. 14종의 표준 레이스 트랙과 스즈카 8시간 내구 로드 레이스가 수록되었다. 복잡한 트랙, 반응이 좋은 조작성, 밸런스 잡힌 챌린지, 스피드감 등으로 평가가 높은 수작.

## Mega Bomberman

SEGA GENESIS / MEGA DRIVE

Sega    1995년 3월    8M ROM

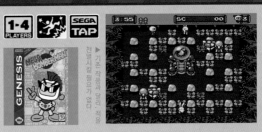

일본에서는 「봄버맨 '94」로 알려진 타이틀. 메가 드라이브판은 미국에서만 발매되었다. 제한시간 내에 코어 메카를 파괴해 캡슐 안의 석판조각을 입수하면 클리어. 특정 조건을 만족시키면 소프트 블록이 봄버 코인으로 바뀌는 등, 시리즈 기존 작품과 다른 맛이 난다.

 슈팅 게임    액션 게임    퍼즐 게임    롤플레잉 게임    시뮬레이션 게임    스포츠 게임    드라이브 게임    어드벤처 게임    교육 및 기타    홈 게임

## Mega Turrican

파이팅 패드
6B 대응
Data East(북미) /
Sony Electronic Publishing(유럽)
1994년 3월
8M ROM

「Turrican」 시리즈 3번째 작품에 해당한다. 'The Machine'이라는 적이 부활해, 도움을 요청받은 브렌이 Turrican의 공격 슈트를 착용하고 복수의 완수를 맹세한다는 스토리. 아름다운 그래픽과 적절한 템포의 전개, 경이적인 무기와 호쾌한 폭발이 플레이어를 사로잡는다.

## Pac-Man 2 : The New Adventures

Namco Hometek    1994년    16M ROM

팩맨이 주인공인 횡스크롤 어드벤처 게임. 플레이어가 팩맨을 직접 조작하는 게 아니라, 특정 지점에 새총을 쏘아 팩맨에게 지시하는 식으로 게임을 진행한다. 팩맨의 표정이 풍부해서 보기만 해도 재미있다. 이런저런 장소에 트리거가 존재해, 이를 찾는 것도 재미있는 작품.

## Pitfall : The Mayan Adventure

Activision    1994년 12월    16M ROM
파이팅 패드 6B 대응

위험한 함정이 가득한 유적을 탐색해 보물을 입수하는 게 목적인 액션 게임. 플레이어는 전설의 모험가 '핏폴 해리'의 아들인 '해리 주니어'가 되어, 고대 마야의 사신 자케루아에게 사로잡힌 아버지와 마야의 보물을 찾아 유적을 공략한다. 서구에선 지금도 여전히 인기가 많다.

## Rock N' Roll Racing

Interplay Entertainment    1994년 7월    8M ROM

배경음악에 'Highway Star', 'Born to be Wild', 'Bad to the Bone', 'Paranoid', 'Peter Gunn Theme' 등 유명 로큰롤 곡이 쓰인 작품. 레이스에서 이겨 받는 상금으로 차량을 강화해 상위 랭크를 노리는 고전적인 게임이지만, 다른 차량을 파괴할 수 있다는 게 포인트.

## Viewpoint

Sammy    1995년    16M ROM

쿼터뷰 시점의 슈팅 게임. 입체적으로 보이는 독특한 그래픽이 특징으로, 이를 활용한 장치가 스테이지 도처에 설치되어 있다. BGM에 클럽 뮤직을 도입한 점도 호평을 받았다. 쿼터뷰 시점 덕에 능숙하게 조작하려면 시간이 걸리지만, 인기가 높은 작품.

## World Heroes

Sega    1995년    16M ROM

왜인지 일본에선 메가 드라이브로 발매되지 않은 대전격투 게임. 유명한 역사적 영웅부터 가상의 캐릭터까지 8명이 등장한다. 일반 대전과 데스매치의 2가지 모드가 준비되어, 데스매치는 WWE풍의 무대 위에서 싸운다. 이식도가 높아 위화감 없이 즐길 수 있는 수작.

## Zero : the Kamikaze Squirrel

SEGA GENESIS / MEGA DRIVE

Sunsoft 1994년 11월 16M ROM

「Aero of Acro-Bat」 시리즈의 스핀오프 작품으로, 라이벌 캐릭터인 제로가 주인공으로 등장하는 횡스크롤 액션 게임. 악당 나무꾼 잭을 쓰러뜨리고 아버지와 에이미를 구출하기 위해 싸운다는 스토리. 「소닉 더 헤지혹」 시리즈처럼 스피드감이 넘치는 플레이가 일품이다.

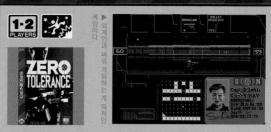

## Zero Tolerance

SEGA GENESIS / MEGA DRIVE

Accolade 1994년 9월 16M ROM

「DOOM」과 같은 1인칭 시점의 슈팅 게임. 5명의 병사 중 하나를 골라 플레이하는데, 이 5명은 각각 개성이 있어 공병이나 위생병 등 나름의 역할을 맡는다. 제네시스 게임 중 유일한 통신 플레이 가능 작품으로, Accolade는 이 작품을 위해 링크 케이블을 제작했다.

## The Adventures of Batman & Robin

SEGA GENESIS / MEGA DRIVE

Sega 1995년 6월 16M ROM

배트맨과 로빈이 주인공인 액션 게임. Mr.프리즈의 도움으로 탈옥한 조커, 투 페이스, 매드해터, 그리고 Mr.프리즈를 체포하기 위해 배트맨과 로빈이 밤거리를 달린다. 난이도가 높고, 1인 플레이로는 진행이 거의 불가능한 스테이지도 있지만, 훌륭한 완성도의 게임이다.

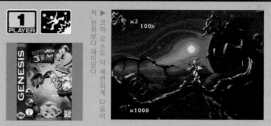

## Earthworm Jim 2

SEGA GENESIS / MEGA DRIVE

Playmates Interactive(북미) / Virgin Interactive(유럽) 1995년 11월 15일 24M ROM

강화 슈트를 입은 지렁이 짐이 주인공인 액션 게임. 또다시 납치된 공주를 구출하러 모험을 떠난다. 전작보다 그래픽이 강화되고, 음악도 더욱 화려하게 바뀌었다. 짐의 액션도 개선되고, 윔스윙은 쓰기 쉽게 쇼트 스윙으로 바뀌는 등 플레이가 더 편해진 타이틀.

## Ecco Jr.

SEGA GENESIS / MEGA DRIVE

Sega 1995년 8M ROM

Ecco와 그의 친구 2마리 중 캐릭터를 선택해 플레이하는 탐색 게임. 거대한 고래 '빅 블루'를 만나는 게 목적이다. 빅 블루를 찾아내려면 '글리프'라 불리는 크리스탈 도어를 열어야만 한다. 어린이용 게임으로 제작되었기에, 보르텍스 퀸 등의 적은 존재하지 않는다.

## Primal Rage

SEGA GENESIS / MEGA DRIVE

파이팅 패드 6B 대응

Time Warner Interactive 1995년 8월 25일 24M ROM

신으로 숭앙받는 거대 생물들이 서로의 신자를 쟁탈하며 싸우는 대전격투 게임. 「모탈 컴뱃」의 영향으로, 쓰러뜨린 상대를 찢어발기거나 먹어치우기까지 한다. 배경 그래픽이 멋지고, 독특한 세계관을 잘 표현해냈다. 게임 밸런스도 적절해, 북미에서는 대인기를 누렸다.

 슈팅 게임  액션 게임  퍼즐 게임  롤플레잉 게임  시뮬레이션 게임  스포츠 게임  드라이브 게임  어드벤처 게임  교육 및 기타    홈 게임

## Vectorman
Sega 1995년 10월 24일 16M ROM

마치 생물처럼 부드럽게 움직이는 로봇이 주인공인 액션 슈팅 게임. 행성 청소용 로봇 '오봇'의 리더인 워헤드가 오동작해 인류를 처형하려 든다. 오봇인 벡터맨은 인류를 구하기 위해 워헤드에 대항한다. 다양한 형태로 변신하는 등, 플레이를 보고 있기만 해도 즐거운 작품.

## Arcade Classics
Sega 1996년 4M ROM

1970년대부터 1980년대 초기까지 아타리에서 출시됐던 「CENTIPEDE」,「ULTRAPONG」,「MISSILE COMMAND」3작품이 수록되어 있다. 각각 클래식 버전뿐만 아니라 그래픽과 사운드가 강화된 제네시스 버전도 포함. 하지만 프레임이 떨어지는 버그로 혹평을 받았다.

## Micro Machines : Turbo Tournament 96
Codemasters 1992년 7월 8M ROM

탑 뷰 시점의 레이싱 게임. 수록된 코스는 85트랙이나 돼 꽤나 대량이다. 더욱이 코스를 디자인하는 '건설 키트'도 추가되어, 스스로 코스를 만들 수도 있다. 디자인한 트랙은 10개까지 세이브가 가능하고, 패스워드 형태로 다른 카트리지로의 전송도 지원한다.

## Virtua Fighter 2
Sega 1997년 1월 32M ROM

3D 대전격투 게임이었던 원작을 16비트 게임기인 제네시스로는 이식하기 어려우니, 폴리곤이 아닌 도트 그래픽 2D 대전격투 게임으로 아예 개작하여 발매했다. 조작감엔 큰 차이가 없어, 원작에서 익힌 테크닉을 재현할 수도 있다. 아쉽지만 리온과 슌디는 삭제됐다.

## Duke Nukem 3D
Tectoy 1998년 9월 32M ROM
파이팅 패드 6B 대응

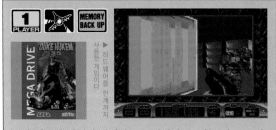

LA에 침투한 외계인 암살자들을 저지할 수 있는 자는 주인공 듀크 뿐이다. 「Wolfenstein 3D」와 비슷한 1인칭 슈터. 원작인 PC판을 상당히 간략화하여 이식했다. 6버튼 패드를 사용하면 무기를 쉽게 변경하거나 지도를 바로 볼 수 있는 등 개량한 요소도 있다.

## Show do Milhão vol.2
Tectoy 2002년 16M ROM

브라질의 유명 TV 진행자인 실비오 산토스가 사회를 맡은 같은 이름의 퀴즈 프로가 원작인 퀴즈 게임의 2편. 이른바 백만장자 퀴즈쇼 계열로, 정답을 계속 맞혀 일확천금을 노린다. 답하느냐 문제를 포기하느냐의 양자택일 등 이 프로 특유의 룰이 잘 재현된 작품.

HARDWARE | 1988's SOFT | 1989's SOFT | 1990's SOFT | 1991's SOFT | 1992's SOFT | 1993's SOFT | 1994's SOFT | 1995's SOFT | 1996's SOFT | OVERSEA SOFT

## 일본에 미발매된 전 세계 메가 드라이브 소프트 총 455종을 발매일 순으로 게재

# 일본 미발매 메가 드라이브 소프트 리스트

## MEGA DRIVE OVERSEAS SOFTWARE LIST

이 페이지에서는 일본 외 나라에서 발매된 제네시스 및 메가 드라이브 소프트 중, 일본에서 패키지로 발매되지 않은 타이틀(세가 채널로 온라인 출시된 게임 포함)을 리스트화하여 게재한다.

메가 드라이브는 앞서 서술한 것처럼 수많은 나라에서 사업을 전개했으므로, 각국의 사정에 따라 타이틀명을 변경해 발매한 경우나 판매사(퍼블리셔)가 다른 경우도 적지 않다. 이런 타이틀의 경우에는 주석을 붙여 해설했다.

또한 발매일은 정확한 일자를 발견하지 못한 경우가 많고, 각 지역의 발매일을 일일이 다 기새하기가 페이지 관계상 어려운 탓도 있어, '가장 먼저 발매된 지역의 발매년월일' 기준으로 적어두었다. 아무쪼록 독자의 양해를 바란다.

**범례**

| 발매일 | 타이틀 | 발매사 | 북미 | 유럽 | 홍콩 | 남미 | 아시아 |
|--------|--------|--------|------|------|------|------|--------|
| 1990 | **Ishido: The Way of Stones** | Accolade | | | | | |
| 1990 | **John Madden Football** ※주1 | Electronic Arts | | | | | |

발매일 — 국가별로 발매일이 다를 경우 가장 먼저 발매된 날짜로 표기

타이틀

주석 — 국가별로 타이틀이나 발매사가 다를 경우 각주로 해설

소개된 타이틀 — 푸른 바탕 줄에 있는 타이틀은 178~185p에 소개되어 있음을 의미

발매사

발매국 — 미국/캐나다, 영국, 독일, 스웨덴, 이탈리아, 네덜란드, 프랑스, 포르투갈, 오스트레일리아, 브라질, 멕시코, 한국, 아시아 지역

| 발매일 | 타이틀 | 발매사 | 북미 | 유럽 | 홍콩 | 남미 | 아시아 |
|--------|--------|--------|------|------|------|------|--------|
| 1990.1 | Techno Cop | RazorSoft | | | | | |
| 1990.7 | Budokan: The Martial Spirit | Electronic Arts | ■ | ■■ | ■ | | |
| 1990.11 | Battle Master | Arena Entertainment | ■ | | | | |
| 1990.11.21 | Fatal Labyrinth | Sega | ■■ | ■ | ■ | | |
| 1990.12 | Lakers versus Celtics and the NBA Playoffs | Electronic Arts | ■ | ■ | | | |
| 1990.12 | Zany Golf | Electronic Arts | ■ | ■ | ■■ | | |
| 1990.12 | Battle Squadron | Electronic Arts | ■ | ■ | | | |
| 1990 | Ishido: The Way of Stones | Accolade | ■ | | | | |
| 1990 | John Madden Football ※주1 | Electronic Arts | ■ | ■ | ■ | | |
| 1990 | Trampoline Terror! | DreamWorks | ■ | | | | |
| 1990 | Yang Warrior Family | Unknown | | | | | ■ |
| 1991.2 | Bimini Run | Nuvision Entertainment | ■ | | | | |
| 1991.4 | James Pond: Underwater Agent | Electronic Arts | ■ | ■ | ■ | | |
| 1991.5 | PGA Tour Golf | Electronic Arts | ■ | ■ | | | |
| 1991.6 | Hardball! | Ballistic | ■ | | | | |
| 1991.6 | Onslaught | Ballistic | ■ | ■ | | | |
| 1991.6 | Star Control | Accolade | ■ | ■ | | | |
| 1991.7 | 688 Attack Sub | Sega | ■ | ■ | ■ | | |
| 1991.7 | Centurion: Defender of Rome | Electronic Arts | ■ | ■ | | | |
| 1991.7 | The Faery Tale Adventure | Electronic Arts | ■ | ■ | | | |
| 1991.7 | King's Bounty: The Conqueror's Quest | Electronic Arts | ■ | | | | |
| 1991.7 | Might and Magic: Gates to Another World | Electronic Arts | ■ | | | | |
| 1991.7 | Ms. Pac-Man | Tengen | ■ | | | | |
| 1991.7 | R.B.I. Baseball 3 | Tengen | ■ | | | | |
| 1991.7 | Turrican | Accolade | ■ | ■ | ■ | | |
| 1991.9 | Pac-Mania | Tengen | ■ | | | | |
| 1991.10 | Mike Ditka Power Football | Accolade | ■ | | | | |
| 1991.10.7 | Starflight | Electronic Arts | ■ | ■ | | | |
| 1991.11 | Dark Castle | Electronic Arts | ■ | | | | |
| 1991.12 | Buck Rogers: Countdown to Doomsday | Electronic Arts | ■ | | | | |
| 1991.12 | Chuck Rock | Virgin Games | ■ | | | | |
| 1991 | Back to the Future Part III ※주2 | Arena Entertainment | ■ | ■ | | | |
| 1991 | Caliber .50 | Mentrix Software | | | | | |
| 1991 | California Games | Sega | ■■ | ■ | ■ | | |

| 발매일 | 타이틀 | 발매사 | 북미 | 유럽 | 홍콩 | 남미 | 아시아 |
|--------|--------|--------|------|------|------|------|--------|
| 1991 | Flicky | Sega | ■ | ■ | ■ | | ■ |
| 1991 | M-1 Abrams Battle Tank | Electronic Arts | ■ | ■ | | | |
| 1991 | Mario Lemieux Hockey | Sega | ■ | ■ | | | |
| 1992.1 | Rings of Power | Electronic Arts | ■ | ■ | | | |
| 1992.2 | The Terminator | Virgin Games | ■ | | | | |
| 1992.2 | Winter Challenge ※주3 | Ballistic | ■ | ■ | | | |
| 1992.2 | Xenon 2 Megablast | Virgin Games | ■ | | | | |
| 1992.3 | The Duel: Test Drive II | Accolade/Ballistic | ■ | | | | |
| 1992.3 | Where in Time is Carmen Sandiego? | Electronic Arts | ■ | | | | |
| 1992.4 | Cadash | Taito | ■ | | | | ■■ |
| 1992.4 | Double Dragon | Ballistic | ■ | | | | |
| 1992.5 | Arch Rivals: The Arcade Game | Flying Edge | ■ | | | | |
| 1992.6 | Krusty's Super Fun House | Flying Edge | ■ | ■ | ■ | | |
| 1992.6 | The Simpsons: Bart vs. the Space Mutants | Flying Edge | ■ | ■ | | | |
| 1992.7 | Super Off Road | Ballistic | ■ | | | | |
| 1992.8 | Dungeons & Dragons: Warriors of the Eternal Sun | Electronic Arts | ■■ | ■ | | | |
| 1992.8 | The Gadget Twins | GameTek | ■ | | | | |
| 1992.8 | Super Smash T.V. | Acclaim Entertainment | ■ | | | | |
| 1992.8 | World Class Leaderboard Golf | U.S. Gold | ■ | | | | |
| 1992.9 | The Aquatic Games Starring James Pond and The Aquabats | Electronic Arts | ■ | ■ | | | |
| 1992.9 | Cyber-Cop ※주4 | Virgin Games | ■ | | | | |
| 1992.9 | Greendog: The Beached Surfer Dude! | Sega | ■ | | | | |
| 1992.9 | The Humans | GameTek | ■ | | | | |
| 1992.9 | The Legend of Galahad ※주5 | Electronic Arts | ■ | | | | |
| 1992.9 | Monopoly | Parker Brothers | ■ | | | | |
| 1992.9 | NHLPA Hockey '93 ※주6 | EASN | ■ | | | | |
| 1992.9 | Predator 2 | Arena Entertainment | ■ | | | | |
| 1992.9 | Super High Impact | Acclaim Entertainment | ■ | | | | |
| 1992.9 | Where in the World Is Carmen Sandiego? | Electronic Arts | ■ | ■ | | | |
| 1992.10 | Death Duel | RazorSoft | ■ | | | | |
| 1992.10 | Menacer 6-game cartridge | Sega | ■ | | | | |
| 1992.10 | Alien 3 | Arena Entertainment | ■ | ■ | | | |
| 1992.11 | Batman: Revenge of The Joker | Sunsoft | ■ | | | | |
| 1992.11 | Chakan: The Forever Man | Sega | ■ | ■ | | | ■ |

| 발매일 | 타이틀 | 발매사 |
|---|---|---|
| 1992.11 | Global Gladiators ※주7 | Virgin Games |
| 1992.11 | Home Alone | Sega |
| 1992.11 | Indiana Jones and the Last Crusade | U.S. Gold |
| 1992.11 | NFL Sports Talk Football '93 Starring Joe Montana | Sega |
| 1992.11 | TaleSpin | Sega |
| 1992.11 | Universal Soldier | Ballistic |
| 1992.11 | WWF Super WrestleMania | Flying Edge |
| 1992.12 | Andre Agassi Tennis | TecMagik |
| 1992.12 | Captain America and the Avengers ※주8 | Data East |
| 1992.12 | Clue | Parker Brothers |
| 1992.12 | The Great Waldo Search | THQ |
| 1992.12 | Lotus Turbo Challenge | Electronic Arts |
| 1992.12 | Muhammad Ali Heavyweight Boxing | Virgin Interactive |
| 1992.12 | Garry Kitchen's Super Battletank: War in the Gulf | Absolute Entertainment |
| 1992.12 | Superman ※주9 | Sunsoft |
| 1992.12 | Toxic Crusaders | Sega |
| 1992.12.14 | Ariel the Little Mermaid | Sega |
| 1992.12.18 | Ex-Mutants | Sega |
| 1992.12.18 | Jerry Glanville's Pigskin Footbrawl | RazorSoft |
| 1992 | Cal Ripken Jr. Baseball | Mindscape |
| 1992 | Championship Pro-Am | Tradewest |
| 1992 | Hook | Sony Imagesoft |
| 1992 | Pro Quarterback | Tradewest |
| 1992 | 우주 거북선 | 삼성전자 |
| 1993.1 | George Foreman's KO Boxing | Flying Edge |
| 1993.2 | American Gladiators | GameTek |
| 1993.2 | Double Dragon 3: The Arcade Game | Flying Edge |
| 1993.2 | Hit the Ice | Taito |
| 1993.2 | NBA All-Star Challenge | Flying Edge |
| 1993.2 | Paperboy 2 | Tengen |
| 1993.2 | Roger Clemens' MVP Baseball | Flying Edge |
| 1993.2 | Chester Cheetah: Too Cool to Fool | Kaneko |
| 1993.2.16 | Captain Planet and the Planeteers | Sega |
| 1993.3 | Another World ※주10 | Virgin Games |
| 1993.3 | David Crane's Amazing Tennis | Absolute Entertainment |
| 1993.3 | Outlander | Mindscape |
| 1993.3 | Wolfchild | JVC |
| 1993.3 | Jack Nicklaus' Power Challenge Golf | Accolade |
| 1993.3 | Tiny Toon Adventures: Buster's Hidden Treasure | Konami |
| 1993.3 | Tony La Russa Baseball | EA Sports |
| 1993.4 | Super Kick Off | U.S. Gold |
| 1993.4 | Cyborg Justice | Sega |
| 1993.4 | Al Michaels Announces HardBall III | Accolade |
| 1993.4 | X-Men | Sega |
| 1993.5 | Action 52 | Active Enterprises |
| 1993.5 | Dinosaurs for Hire | Sega |
| 1993.5.26 | Summer Challenge | Accolade |
| 1993.6 | Blaster Master 2 | Sunsoft |
| 1993.6 | Double Clutch | Sega |
| 1993.6 | F-15 Strike Eagle II | MicroProse |
| 1993.6 | R.B.I. Baseball '93 | Tengen |
| 1993.6 | Toys | Absolute Entertainment |
| 1993.6.1 | Barney's Hide & Seek Game | Sega |
| 1993.7 | Bubsy in: Claws Encounters of the Furred Kind | Accolade |
| 1993.7 | Micro Machines | Codemasters |
| 1993.7 | Pirates! Gold | MicroProse |
| 1993.7 | Rolling Thunder 3 | Namco Hometek |
| 1993.7 | WarpSpeed | Accolade |
| 1993.8 | Bill Walsh College Football | EA Sports |
| 1993.8 | The Simpsons: Bart's Nightmare | Flying Edge |
| 1993.8 | Technoclash | Electronic Arts |
| 1993.8 | Wayne's World | THQ |
| 1993.9 | Aero the Acro-Bat | Sunsoft |
| 1993.9 | Dashin' Desperadoes | Data East |
| 1993.9 | Ultimate Soccer | Sega |
| 1993.9 | A Dinosaur's Tale | Hi Tech Expressions |
| 1993.9.11 | NHL '94 | EA Sports |
| 1993.9.11 | Math Blaster: Episode 1 | Davidson & Associates |
| 1993.9.21 | Fantastic Dizzy | Codemasters |
| 1993.10 | Boxing Legends of the Ring | Electro Brain |

| 발매일 | 타이틀 | 발매사 |
|---|---|---|
| 1993.10 | F1 ※주11 | Domark |
| 1993.10 | Haunting starring Polterguy | Electronic Arts |
| 1993.10 | International Rugby | Domark |
| 1993.10 | The Ottifants | Sega |
| 1993.10 | Snake Rattle 'n' Roll | Sega |
| 1993.10 | Two Tribes: Populous II | Virgin Games |
| 1993.10 | The Addams Family | Flying Edge |
| 1993.11 | Jeopardy! | GameTek |
| 1993.11 | Asterix and the Great Rescue | Sega |
| 1993.11 | The Chaos Engine ※주12 | MicroProse |
| 1993.11 | Cliffhanger | Sony Imagesoft |
| 1993.11 | Last Action Hero | Sony Imagesoft |
| 1993.11 | Nigel Mansell's World Championship Racing ※주13 | GameTek |
| 1993.11 | Pink Goes To Hollywood | TecMagik |
| 1993.11 | RoboCop 3 | Flying Edge |
| 1993.11 | Sensible Soccer: European Champions | Sony Imagesoft |
| 1993.11 | Spider-Man and the X-Men: Arcade's Revenge | Flying Edge |
| 1993.11 | Thomas the Tank Engine & Friends | THQ |
| 1993.11 | Virtual Pinball | Electronic Arts |
| 1993.11 | Zombies Ate My Neighbors ※주14 | Konami |
| 1993.11 | Instruments of Chaos Starring Young Indiana Jones | Sega |
| 1993.11 | Pro Moves Soccer | Asciiware |
| 1993.11.2 | Cosmic Spacehead | Codemasters |
| 1993.11.15 | Puggsy | Psygnosis |
| 1993.11.15 | Wiz'n'Liz ※주15 | Psygnosis |
| 1993.12 | Battletoads & Double Dragon | Tradewest |
| 1993.12 | Blades of Vengeance | Electronic Arts |
| 1993.12 | Fun 'n' Games ※주16 | Tradewest |
| 1993.12 | Home Alone 2: Lost in New York | Sega |
| 1993.12 | Pelé! | Accolade |
| 1993.12 | T2: Terminator 2: Judgement Day | Flying Edge |
| 1993.12 | ToeJam & Earl in Panic on Funkotron | Sega |
| 1993.12.14 | James Pond 3: Operation Starfish | Electronic Arts |
| 1993.12.14 | Lotus II: RECS | Electronic Arts |
| 1993 | Magic Girl | Gamtec |
| 1993 | Barbie Super Model | Hi Tech Expressions |
| 1993 | Beauty and the Beast: Belle's Quest | Sunsoft |
| 1993 | Beauty and the Beast: Roar of the Beast | Sunsoft |
| 1993 | Bram Stoker's Dracula | Sony Imagesoft |
| 1993 | Championship Pool | Mindscape |
| 1993 | Exodus | Wisdom Tree |
| 1993 | Funny World & Balloon Boy | Realtec |
| 1993 | Gunship | U.S. Gold |
| 1993 | International Sensible Soccer Limited Edition: World Champions | Sony Imagesoft |
| 1993 | Jeopardy! Deluxe Edition | GameTek |
| 1993 | Link Dragon | Jumbo Team |
| 1993 | Pac-Attack ※주17 | Namco |
| 1993 | Ren & Stimpy: Stimpy's Invention | Sega |
| 1993 | Tinhead | Spectrum HoloByte |
| 1993 | Whac-a-Critter | Realtec |
| 1993 | Zool ※주18 | GameTek |
| 1993 | Joshua & The Battle of Jericho | Wisdom Tree |

※주1 : PAL판 타이틀명은 「John Madden American Football」
※주2 : PAL판 발매사는 Image Works
※주3 : PAL판 발매사는 Accolade
※주4 : 유럽판 타이틀명은 「Corporation」
※주5 : 북미판 타이틀명은 「Galahad」
※주6 : PAL판 발매사는 EA Sports
※주7 : 북미판 타이틀명은 「Mick & Mack as the Global Gladiators」
※주8 : PAL판 발매사는 Sega
※주9 : PAL판 타이틀명은 「Superman: The Man of Steel」
※주10 : 북미판 타이틀명은 「Out of This World」
※주11 : 북미판 타이틀명은 「Formula One」
※주12 : 북미판 타이틀명은 「Soldiers of Fortune」, 발매사는 Spectrum HoloByte
※주13 : 북미판 발매사는 Konami
※주14 : 유럽판 타이틀명은 「Zombies」
※주15 : PAL판 타이틀명은 「Wiz 'n' Liz: The Frantic Wabbit Wescue」
※주16 : PAL판 발매사는 Sony Electronic Publishing
※주17 : PAL판 타이틀명은 「Pac-Panic」
※주18 : PAL판 발매사는 Electronic Arts

| 발매일 | 타이틀 | 발매사 |
|---|---|---|
| 1994.1 | Chester Cheetah: Wild Wild Quest | Kaneko |
| 1994.1 | Dune: The Battle For Arrakis ※주19 | Virgin Games |
| 1994.1 | The Lost Vikings ※주20 | Interplay Entertainment |
| 1994.1 | Super Battleship | Mindscape |
| 1994.1 | Goofy's Hysterical History Tour | Absolute Entertainment |
| 1994.1 | The Incredible Crash Dummies | Flying Edge |
| 1994.1 | Joe & Mac | Takara |
| 1994.2 | Caesars Palace | Virgin Games |
| 1994.2 | Family Feud | GameTek |
| 1994.2 | Bubba 'N' Stix | Core Design |
| 1994.3 | Sub-Terrania | Sega |
| 1994.3 | Bodycount | Sega |
| 1994.3 | Bubble And Squeak | Sunsoft |
| 1994.3 | Mega Turrican ※주16 | Data East |
| 1994.3 | Mutant League Hockey | Electronic Arts |
| 1994.3 | NBA Action '94 | Sega Sports |
| 1994.3 | PGA European Tour | EA Sports |
| 1994.3 | Shanghai II: Dragon's Eye | Activision |
| 1994.3 | Skitchin' | Electronic Arts |
| 1994.3 | Star Trek: The Next Generation: Echoes from the Past | Sega |
| 1994.4 | Pete Sampras Tennis | Sportsmaster |
| 1994.4 | R.B.I. Baseball '94 | Tengen |
| 1994.4 | Sylvester and Tweety in Cagey Capers | TecMagik |
| 1994.4 | World Series Baseball | Sega Sports |
| 1994.4.2 | Risk | Parker Brothers |
| 1994.5 | Jeopardy! Sports Edition | GameTek |
| 1994.5 | Jammit | Virgin Interactive |
| 1994.5.21 | IMG International Tour Tennis | Electronic Arts |
| 1994.6 | Combat Cars | Accolade |
| 1994.6 | Dragon: The Bruce Lee Story ※주21 | Acclaim Entertainment |
| 1994.6 | Hurricanes | U.S. Gold |
| 1994.6 | The Incredible Hulk | U.S. Gold |
| 1994.6 | Pelé II: World Tournament Soccer ※주22 | Sport Accolade |
| 1994.6.3 | World Cup USA '94 | U.S. Gold |
| 1994.7 | Marko's Magic Football ※주23 | Domark |
| 1994.7 | Hardball '94 | Sport Accolade |
| 1994.7 | The Jungle Book | Virgin Interactive |
| 1994.7 | Rock N' Roll Racing | Interplay Entertainment |
| 1994.7.4 | NHL 95 | EA Sports |
| 1994.7.20 | Wacky Worlds Creativity Studio | Sega |
| 1994.8 | College Football's National Championship | Sega Sports |
| 1994.8 | Taz in Escape from Mars | Sega |
| 1994.8.2 | Earthworm Jim ※주21 | Playmates Interactive |
| 1994.8.5 | Double Dragon V: The Shadow Falls | Tradewest |
| 1994.8.30 | Urban Strike | Electronic Arts |
| 1994.9 | Ballz 3D: Fighting at its Ballziest ※주24 | Accolade |
| 1994.9 | Battletech: A Game of Armored Combat | Extreme Entertainment |
| 1994.9 | Bill Walsh College Football 95 | EA Sports |
| 1994.9 | Kick Off 3: European Challenge | Vic Tokai |
| 1994.9 | La Russa Baseball 95 | EA Sports |
| 1994.9 | The Lawnmower Man | Time Warner Interactive |
| 1994.9 | Tiny Toon Adventures: ACME All-Stars | Konami |
| 1994.9 | Top Gear 2 | Vic Tokai |
| 1994.9 | Troy Aikman NFL Football | Tradewest |
| 1994.9 | Zero Tolerance | Accolade |
| 1994.9 | Star Trek: Deep Space Nine: Crossroads of Time | Playmates Interactive |
| 1994.10 | The Berenstain Bears' Camping Adventure | Sega |
| 1994.10 | Crystal's Pony Tale | Sega |
| 1994.10 | FIFA Soccer 95 | EA Sports |
| 1994.10 | Jurassic Park: Rampage Edition | Sega |
| 1994.10.15 | Bubsy II | Accolade |
| 1994.10.28 | Shaq Fu | Electronic Arts |
| 1994.11 | The Adventures of Mighty Max | Ocean Software |
| 1994.11 | Animaniacs | Konami |
| 1994.11 | Blood Shot | Domark |
| 1994.11 | Boogerman: A Pick and Flick Adventure | Interplay |
| 1994.11 | Brutal: Paws of Fury | GameTek |
| 1994.11 | Generations Lost | Time Warner Interactive |
| 1994.11 | Jimmy White's 'Whirlwind' Snooker | Virgin Interactive |
| 1994.11 | Lemmings 2: The Tribes | Psygnosis |
| 1994.11 | Madden NFL '95 | Electronic Arts |
| 1994.11 | S.S. Lucifer Man Overboard! | Codemasters |
| 1994.11 | Mighty Morphin Power Rangers | Sega |
| 1994.11 | Mr. Nutz | Ocean Software |
| 1994.11 | NBA Live 95 | EA Sports |
| 1994.11 | The Pagemaster | Fox Interactive |
| 1994.11 | The Punisher | Capcom |
| 1994.11 | Radical Rex | Activision |
| 1994.11 | Red Zone | Time Warner Interactive |
| 1994.11 | Unnecessary Roughness '95 | Sport Accolade |
| 1994.11 | Viewpoint | Sammy |
| 1994.11 | Zero the Kamikaze Squirrel | Sunsoft |
| 1994.11.15 | NFL '95 | Sega Sports |
| 1994.11.25 | Micro Machines 2: Turbo Tournament | Codemasters |
| 1994.11.25 | Psycho Pinball | Codemasters |
| 1994.12 | TNN Bass Tournament of Champions | American Softworks |
| 1994.12 | Brett Hull Hockey '95 | Sport Accolade |
| 1994.12 | Dino Dini's Soccer | Virgin Interactive |
| 1994.12 | Kawasaki SuperBike Challenge | Time Warner Interactive |
| 1994.12 | PGA Tour Golf III | EA Sports |
| 1994.12 | Rugby World Cup '95 | EA Sports |
| 1994.12 | Saturday Night Slam Masters | Capcom |
| 1994.12 | Wolverine: Adamantium Rage | Acclaim Entertainment |
| 1994 | Mickey's Ultimate Challenge | Hi Tech Expressions |
| 1994 | Huan Le Tao Qi Shu: Smart Mouse | Chuanpu Technology |
| 1994 | Wheel of Fortune | GameTek |
| 1994 | 3 Ninjas Kick Back | Psygnosis |
| 1994 | The Adventures of Rocky and Bullwinkle and Friends | Absolute Entertainment |
| 1994 | Barkley Shut Up and Jam! | Sport Accolade |
| 1994 | Beavis and Butt-head | Viacom New Media |
| 1994 | ClayFighter | Interplay Entertainment |
| 1994 | Daze Before Christmas | Sunsoft |
| 1994 | Dick Vitale's "Awesome Baby" College Hoops | Time Warner Interactive |
| 1994 | Disney's Bonkers | Sega |
| 1994 | ESPN Baseball Tonight | Sony Imagesoft |
| 1994 | ESPN National Hockey Night | Sony Imagesoft |
| 1994 | ESPN Speed World | Sony Imagesoft |
| 1994 | ESPN Sunday Night NFL | Sony Imagesoft |
| 1994 | King of the Monsters 2 | Takara |
| 1994 | Liberty or Death | Koei |
| 1994 | Mario Andretti Racing | Electronic Arts |
| 1994 | Mary Shelley's Frankenstein | Sony Imagesoft |
| 1994 | Mega Bomberman | Sega |
| 1994 | MLBPA Baseball | Electronic Arts |
| 1994 | NCAA Final Four Basketball | Mindscape |
| 1994 | NCAA Football | Mindscape |
| 1994 | No Escape | Psygnosis |
| 1994 | Pac-Man 2: The New Adventures | Namco Hometek |
| 1994 | The Pirates of Dark Water | Sunsoft |
| 1994 | Pitfall: The Mayan Adventure | Activision |
| 1994 | Power Drive | U.S. Gold |
| 1994 | Richard Scarry's Busytown | Sega |
| 1994 | Sesame Street: Counting Cafe | Electronic Arts |
| 1994 | Spiritual Warfare | Wisdom Tree |
| 1994 | Syndicate | Electronic Arts |
| 1994 | Tecmo Super Baseball | Tecmo |
| 1994 | The Tick | Fox Interactive |
| 1994 | Turma da Mônica na Terra dos Monstros | Tectoy |
| 1994 | World Championship Soccer 2 | Sega |
| 1994 | World Heroes | Sega |
| 1994 | Yogi Bear: Cartoon Capers | GameTek |
| 1994 | Zhuo Guǐ Dà Shi: Ghost Hunter | Senchi Technology |
| 1994 | Stargate | Acclaim Entertainment |
| 1994 | Squirrel King | Gamtec |
| 1995.1 | Aero the Acro-Bat 2 | Sunsoft |
| 1995.1 | Cannon Fodder | Virgin Interactive |
| 1995.1 | The Death and Return of Superman ※주25 | Sunsoft |
| 1995.1 | Demolition Man | Acclaim Entertainment |
| 1995.1 | The Smurfs | Infogrames |
| 1995.2 | Rise of the Robots | Acclaim Entertainment |

188

| 발매일 | 타이틀 | 발매사 |
|---|---|---|
| 1995.2 | SeaQuest DSV | Black Pearl Software |
| 1995.2 | Tecmo Super Hockey | Tecmo |
| 1995.2 | Desert Demolition Starring Road Runner and Wile E. Coyote | Sega |
| 1995.2 | NHL All-Star Hockey '95 | Sega Sports |
| 1995.3 | ATP Tour Championship Tennis | Sega Sports |
| 1995.3 | Mega SWIV | Time Warner Interactive |
| 1995.3 | Warlock | Acclaim Entertainment |
| 1995.3 | Coach K College Basketball | EA Sports |
| 1995.3 | Road Rash 3: Tour De Force | Electronic Arts |
| 1995.3 | Skeleton Krew | Core Design |
| 1995.3 | Toughman Contest | EA Sports |
| 1995.4 | Asterix and the Power of the Gods | Sega |
| 1995.4 | Izzy's Quest for the Olympic Rings | U.S. Gold |
| 1995.4 | Street Racer | Ubisoft |
| 1995.4 | Theme Park | Electronic Arts |
| 1995.4 | Wayne Gretzky and the NHLPA All-Stars | Time Warner Interactive |
| 1995.5 | Cheese Cat-Astrophe Starring Speedy Gonzales | Sega |
| 1995.5.12 | Brian Lara Cricket | Sportsmaster |
| 1995.5.16 | X-Men 2: Clone Wars | Sega |
| 1995.6 | Addams Family Values | Ocean Software |
| 1995.6 | The Adventures of Batman & Robin | Sega |
| 1995.6 | Hardball '95 | Sport Accolade |
| 1995.6 | Phantom 2040 | Viacom New Media |
| 1995.6 | Striker | Sega |
| 1995.6 | Triple Play 96 | EA Sports |
| 1995.6.1 | Zoop | Viacom New Media |
| 1995.6.15 | Mighty Morphin Power Rangers: The Movie | Sega |
| 1995.6.30 | Bible Adventures | Wisdom Tree |
| 1995.6.30 | Head-On Soccer ※주26 | U.S. Gold |
| 1995.7 | Bass Masters Classic | Black Pearl Software |
| 1995.7 | Spirou | Infogrames |
| 1995.7 | Total Football | Domark |
| 1995.7.1 | Exo Squad ※주21 | Playmates Interactive |
| 1995.7.15 | College Football USA 96 | EA Sports |
| 1995.7.26 | Sampras Tennis 96 | Sportsmaster |
| 1995.8.25 | Primal Rage | Time Warner Interactive |
| 1995.9 | F1 World Championship Edition | Domark |
| 1995.9 | Vectorman | Sega |
| 1995.9 | Weaponlord | Namco Hometek |
| 1995.10 | Frank Thomas Big Hurt Baseball | Acclaim Entertainment |
| 1995.10 | Tecmo Super Bowl III: Final Edition | Tecmo |
| 1995.10.6 | NHL 96 | EA Sports |
| 1995.10.20 | Micro Machines: Turbo Tournament 96 | Codemasters |
| 1995.10.27 | NFL Quarterback Club 96 | Acclaim Entertainment |
| 1995.11 | Revolution X | Acclaim Entertainment |
| 1995.11 | Aaahh! Real Monsters | Viacom New Media |
| 1995.11 | FIFA Soccer '96 | EA Sports |
| 1995.11 | Garfield: Caught in the Act | Sega |
| 1995.11 | Gargoyles | Buena Vista Interactive |
| 1995.11 | Marsupilami | Sega |
| 1995.11 | Mutant Chronicles: Doom Troopers | Playmates Interactive |
| 1995.11 | PGA Tour 96 | EA Sports |
| 1995.11 | Premier Manager | Sega |
| 1995.11 | Spot Goes To Hollywood | Virgin Games |
| 1995.11 | Super Skidmarks | Codemasters |
| 1995.11 | Venom/Spider-Man: Separation Anxiety | Acclaim Entertainment |
| 1995.11 | WWF WrestleMania: The Arcade Game | Acclaim Entertainment |
| 1995.11 | Prime Time NFL Starring Deion Sanders | Sega Sports |
| 1995.11.10 | Madden NFL '96 | Electronic Arts |
| 1995.12 | Australian Rugby League | EA Sports |
| 1995.12 | VR Troopers | Sega |
| 1995 | Spider-Man | Acclaim Entertainment |
| 1995 | Thunderbolt II | Sun Green |
| 1995 | Daffy Duck in Hollywood | Sega |
| 1995 | 6-Pak | Sega |
| 1995 | Barkley Shut Up and Jam! 2 | Sport Accolade |
| 1995 | Donald in Maui Mallard | Disney Interactive |
| 1995 | Earth Defense | Realtec |
| 1995 | Ecco Jr. | Sega |
| 1995 | Magic School Bus, (Scholastic's) The: The Space Exploration Game | Sega |

| 발매일 | 타이틀 | 발매사 |
|---|---|---|
| 1995 | Minnesota Fats: Pool Legend | Data East |
| 1995 | NBA Action '95 Starring David Robinson | Sega Sports |
| 1995 | NBA Live 96 | EA Sports |
| 1995 | Scooby-Doo Mystery | Acclaim Entertainment |
| 1995 | World Series Baseball '95 | Sega Sports |
| 1995 | Cutthroat Island | Acclaim Entertainment |
| 1996.1 | College Football's National Championship II | Sega Sports |
| 1996.2 | College Slam | Acclaim Entertainment |
| 1996.3 | Earthworm Jim 2 ※주21 | Playmates Interactive |
| 1996.3.29 | Toy Story | Disney Interactive Studios |
| 1996.4.10 | Williams Arcade's Greatest Hits ※주27 | Williams Entertainment |
| 1996.5.17 | Brian Lara Cricket '96 ※주28 | Sportsmaster |
| 1996.6 | Nightmare Circus | Tectoy |
| 1996.6 | Pocahontas | Disney Interactive |
| 1996.6 | X-Perts | Deep Water |
| 1996.6.1 | College Football USA 97: The Road to New Orleans | EA Sports |
| 1996.7 | Time Killers | Black Pearl Software |
| 1996.8 | Olympic Summer Games: Atlanta 1996 | Black Pearl Software |
| 1996.8 | World Series Baseball '96 | Sega Sports |
| 1996.8.15 | Bugs Bunny in Double Trouble | Sega |
| 1996.8.8 | Worms | Ocean Software |
| 1996.9.14 | Madden NFL 97 | Electronic Arts |
| 1996.9.24 | NHL 97 | EA Sports |
| 1996.10 | Disney's Pinocchio ※주29 | THQ |
| 1996.10 | Férias Frustradas do Pica-Pau | Tectoy |
| 1996.10 | Ultimate Mortal Kombat 3 ※주25 | Williams Entertainment |
| 1996.10.31 | Premier Manager 97 | Sega |
| 1996.11 | Bass Masters Classic: Pro Edition | Black Pearl Software |
| 1996.11 | FIFA Soccer '97 Gold edition ※주30 | EA Sports |
| 1996.11 | NBA Hangtime | Midway Home Entertainment |
| 1996.11 | NBA Live 97 | EA Sports |
| 1996.11 | Vectorman 2 | Sega |
| 1996.11.15 | Micro Machines Military | Codemasters |
| 1996.12 | Virtua Fighter 2 | Sega |
| 1996.12.5 | International Superstar Soccer Deluxe | Konami |
| 1996 | Xin Qigai Wangzi ※주31 | C&E, Inc. |
| 1996 | Arcade Classics | Sega |
| 1996 | Barver Battle Saga: Tài Kong Zhàn Shì | Chuanpu Technology |
| 1996 | Legend of Wukong ※주32 | Super Fighter Team |
| 1996 | Shuǐ Hǔ Fēng Yún Zhuán | Never Ending Soft Team |
| 1996 | Tintin in Tibet | Infogrames |
| 1996 | TNN Outdoors Bass Tournament '96 | ASC Games |
| 1996 | Triple Play: Gold Edition | EA Sports |
| 1997.9 | Madden NFL 98 | Electronic Arts |
| 1997.9.16 | The Lost World: Jurassic Park | Sega |
| 1997 | FIFA 98: Road to World Cup | EA Sports |
| 1997 | NBA Live 98 | EA Sports |
| 1997 | NFL Prime Time '98 | Sega Sports |
| 1997 | NHL 98 | EA Sports |
| 1997 | Sonic Classics | Sega |
| 1997 | World Series Baseball '98 | Sega Sports |
| 1998.9 | Duke Nukem 3D | Tectoy |
| 1998 | Frogger | Majesco Sales |
| 2001 | Show do Milhão | Tectoy |
| 2002 | Show do Milhão Volume 2 | Tectoy |

※주19 : 유럽판 타이틀명은「Dune II : Battle for Arrakis」
※주20 : 유럽판 발매사는 Virgin Interactive
※주21 : 유럽판 발매사는 Virgin Interactive
※주22 : PAL판 타이틀명은「Pele's World Tournament Soccer」
※주23 : 북미판 타이틀명은「Marko」
※주24 : PAL판 타이틀명은「Ballz 3D : The Battle of the Ballz」
※주25 : PAL판 발매사는 Acclaim Entertainment
※주26 : PAL판 타이틀명은「Fever Pitch Soccer」
※주27 : PAL판 타이틀명은「Midway Presents Arcade's Greatest Hits」
※주28 : 오스트레일리아판 타이틀명은「Shane Warne Cricket」
※주29 : PAL판 발매사는 Disney Interactive
※주30 : 유럽판 타이틀명은「FIFA 97」
※주31 : 북미판 타이틀명은「Beggar Prince」, 발매사는 Super Fighter Team
※주32 : 대만판 타이틀명은「Wucom Legend」, 발매사는 Ming Technology

일본 내 발매 메가드라이브 소프트 전체를 가나다순으로 게재

# 일본 발매 메가 드라이브 소프트 색인

## MEGA DRIVE SOFTWARE INDEX

이 페이지에서는 Chapter 2에서 소개한, 일본 내에서 발매된 메가 드라이브·메가 CD·메가 LD·슈퍼 32X용 게임 소프트 총 578타이틀을 가나다순으로 정렬한 색인이다.

이 책에 수록된 해당 게재 페이지도

소개하였으므로, 당시 가지고 있었던 게임을 회고한다거나, 컬렉션 수집을 위해 타이틀을 조사하는 등의 이유로 추억의 게임을 찾는 데 참고자료로 활용해준다면 감사하겠다.

범례

| | |
|---|---|
| MEGA DRIVE | 메가 드라이브용 소프트 |
| MEGA CD | 메가 CD용 소프트 |
| 32X | 슈퍼 32X용 소프트 |
| MEGA LD | 메가 LD용 소프트 |

HARDWARE
1988's SOFT
1989's SOFT
1990's SOFT
1991's SOFT
1992's SOFT
1993's SOFT
1994's SOFT
1995's SOFT
1996's SOFT
OVERSEA SOFT

HARDWARE
1988's SOFT
1989's SOFT
1990's SOFT
1991's SOFT
1992's SOFT
1993's SOFT
1994's SOFT
1995's SOFT
1996's SOFT
OVERSEA SOFT

# Chapter 4
# 메가 드라이브
# 한국 소프트 카탈로그

**MEGA DRIVE KOREAN SOFTWARE CATALOGUE**

## 해설 한국의 메가 드라이브 이야기
**COMMENTARY OF MEGA DRIVE #4**

## 삼성전자의 자체 생산을 통해 '수퍼겜보이' 상품명으로 보급

제 4장은 원서인 일본판에는 없는 한국어판의 독자적인 추가 지면으로서, 원서 감수자인 마에다 히로유키 씨의 허락 하에 역자가 추가로 집필하였음을 먼저 밝혀둔다.

1980년대 당시 한국 내 3대 가전대기업 중 하나로서 다양한 가전제품을 생산해온 삼성전자는, 일본 세가와 제휴하여 기술협력을 받아 세가의 가정용 게임기 '세가 마스터 시스템'의 한국판에 해당하는 '삼성 겜보이'를 1989년 4월 국내 시장에 첫 시판했다. 자사 내부 생산 기술력을 보유하고 있던 삼성전자의 강점 덕분에, VDP·컨트롤러 칩 등의 핵심 부품은 수입하고 조립 및 생산은 국내에서 맡아 삼성전자 브랜드로 백화점 및 가전대리점망을 통해 판매하게 된 것이다. 이후 삼성전자는 당시 세가의 게임 하드웨어 라인업 대부분을 순차적으로 국내에 시판하여 정식발매를 전개하게 되었다. 참고로 후일의 이야기이지만, 삼성전자는 1995년 세가 새턴의 한국판

인 '삼성 새턴'을 출시한 것을 마지막으로 97년경 국내 게임기 사업에서 철수한다.

당시 한국은 해외 전자제품의 수입 규제가 엄격했고, 특히 일본 게임 소프트를 비롯한 일본 문화상품은 강력한 일본대중문화 규제의 영향으로 수입 및 판매가 통제되었다. 또한, 언론 및 여론 역시 '아이들이 왜색에 물든다'라는 이유로 일본 게임에 부정적이었고 가정경제도 넉넉하지 않아 가정용 게임기는 아이들의 공부를 방해하는 사치품이라는 인상이 강했다. 이런 시대에 대우전자가 1985년 12월 국내 최초의 가정용 게임기인 '재믹스'를 제작 시판해 큰 반향을 일으켰고, 삼성전자는 국내 가전대기업으로는 두 번째로 가정용 게임 시장에 진출한 것이다.

삼성전자가 세가의 최신형 16비트 가정용 게임기인 메가 드라이브를 현지화한 '삼성 수퍼겜보이'를 투입한 것은 1990년 9월 추석 시즌부터로, 일본 최초 발매 후 불과 2년만의 한국 상륙

이었다(당시 본체 가격은 185,000원). 당시 한국과 일본 간에 기술 및 문화격차가 컸음을 감안하면, 비교적 빠른 시차로 국내 출시되었다고 봐도 좋을 것이다. 또한 한국에 빌매된 최초의 16비트 가정용 게임기라는 의의도 있다.

이후 수퍼겜보이는 겜보이와 함께 삼성전자 게임기사업부의 양대 하드웨어 플랫폼으로 자리매김해, 삼성전자의 브랜드 파워에 힘입어 근 6년간 꾸준히 보급되며 「바람돌이 소닉」('소닉 더 헤지혹」의 국내 상품명)을 필두로 90년대 초의 한국 청소년들에게 강한 인상을 남기게 된다. 지금까지도 당시를 강하게 추억하는 한국의 세가 게임 애호가들에겐 원점이나 다름없는 기기라고 할 수 있겠다.

◀ 한국의 메가 드라이브는 삼성전자가 세가와의 제휴 하에 직접 제조하여 자사 브랜드인 '수퍼겜보이'로 판매 및 전개한 형태로서, 세가 브랜드가 전면에 나서지 않은 드문 사례이기도 하다. 왼쪽이 초기형인 '수퍼겜보이', 오른쪽은 93년 이후 BI 변경으로 상품명이 바뀐 '수퍼알라딘보이'이다.

## '수퍼알라딘보이'로 브랜드명을 변경, 95년경까지 꾸준히 보급

수퍼겜보이는 93년 1월을 기점으로 '수퍼알라딘보이'로 브랜드명이 변경되는데, 이는 당시 삼성전자가 사업부

개편의 일환으로서 자사의 PC 및 게임기 브랜드를 '알라딘'으로 통합하는 BI 전략을 확립해 대대적으로 관련 상

품명을 교체했기 때문이다. 이에 따라 '겜보이'는 '알라딘보이'로, '수퍼겜보이'는 '수퍼알라딘보이'로 바뀌었으며,

메가 CD와 메가 드라이브 2는 이 정책 이후 국내에 출시되었기에 상품명이 각각 'CD-알라딘보이'와 '수퍼알라딘 보이 II'가 되었다.

아무래도 게임 전문기업이 아닌 가전대기업의 사업부문이다 보니 지금의 한국 게임기 시장과 같은 직배유통 체제나 체계적인 소프트 현지화를 바라기 어려웠고 어디까지나 게임기 및 소프트를 국내용으로 리패키징해 가전유통망을 통해 출시하는 정도의 원시적인 판매체제였다. 하지만 그런 악조건에도 불구하고 당시의 삼성전자 게임기사업부가 국내 최초에 해당하는 다양한 시도를 하여 국내 비디오 게임 시장에 유의미한 지표를 다수 만들어낸 것만큼은 높이 평가받을 만하다. 과거부터 겜보이로 「환타지 스타」· 「화랑의 검」 등 세가 게임의 한국어화 출시를 시도해온 연장선상에서, 런칭 타이틀 중 하나인 「알렉스키드 천공마

◀ 메가 드라이브 2의 한국판인 '수퍼알라딘 보이 II'. 일본판과는 달리 본체에 전원 램 프가 추가되고, 내부 기판의 부품이 국산 화율이 높은 등의 차이가 있다.

성」을 비롯해 「온달장군」, 「스토리 오브 도어」, 「신창세기 라그나센티」 등 총 6종의 게임을 한국어화로 국내에 출시했다. 또한 「샤이닝 포스」나 「랜드 스토커」 등 한국어화 대사집을 동봉하거나 일본과의 동시발매를 시도한 사례도 있으며, 단 한 작품이지만 삼성전자가 자체 개발한 국산 게임인 「우주거북선」도 배출해냈다. 재믹스나 겜보

이로 타사가 국산 게임을 개발 발매한 경우는 많이 있었지만, 당시의 현역 하드웨어인 16비트 게임기 전용으로 나온 국내 개발 게임은 이 작품이 유일하다.

## 90년대 MD 황금기의 일본 · 서양 게임들을 한국에 소개시켜준 창구

결과적으로 삼성전자를 통해 7년여 간 '수퍼겜보이'와 '수퍼알라딘보이' 란 이름으로 전개된 한국의 메가 드라이브 플랫폼은 당시의 한국 어린이 및 청소년들에게 비디오 게임 경험의 원점이자 값진 추억으로서 지금까지 기억되고 있으며, 한국의 메가 드라이브 및 세가 게임 팬들을 길러낸 자양분이 되었다.

90년대 초중반 당시의 한국 게임기 시장은 병행수입과 '보따리'로 상징되는 그레이마켓 중심으로 돌아가고 있었기에, 삼성전자와 같은 정규 사업자가 고가화와 비정규적 시장 형태, 저작권 등의 법적 보호가 미비했던 시대상황 탓에 오히려 악전고투하게 되는 아이러니가 있었다. 삼성전자 역시 가전대기업의 게임사업부문이라는 태생적 한계로 인한 아쉬움을 많이 보여준 것

이 사실이다. 하지만 그런 한계에도 불구하고, 경쟁 가전대기업들에 비해 게임산업에 대한 이해나 국산게임 육성 및 외산 게임의 현지화 노력 등 남다른 면모를 뚜렷하게 보여준 점은 분명 높이 평가되어야 한다. 또한 메가 드라이브 황금기의 일본 및 서양 인기작들을 7년여에 걸쳐 꾸준히 국내에 유통 소개하여 한국 메가 드라이브 팬덤의 자

양분 역할을 충실히 한 점도 간과해서는 안 된다. 한국의 오랜 메가 드라이브 팬들이 「바람돌이 소닉」과 「스토리 오브 도어」 등을 각별히 기억하는 까닭도, 바로 거기에 기인하기 때문이다.

◀ 당시 국내 시장에 발매되었던 수퍼 겜보이 · 수퍼알라딘보이용 소프트들. 대부분 삼성전자의 정규 발매품들이지만, 일부 수입업자의 병행수입품이나 복제 카트리지, 국내 개발사들의 자체개발 게임(대부분이 실제로는 겜보이용 게임의 리패키징으로, 메가 드라이브에서 마스터 시스템 게임이 호환 구동됨을 이용한 것이다)도 있었다.

수퍼겜보이·수퍼알라딘보이 공식 한글화 소프트들을 한데 모은

# 삼성전자 한글화 및 자체제작 소프트 일람

## MEGA DRIVE KOREAN SOFTWARE CATALOGUE

이 페이지에서는, 삼성전자의 수퍼 겜보이·수퍼알라딘보이가 한국 정규발 매 소프트 중 한글화로 발매되었거나 자체 개발한 '한국판' 소프트 총 7타이 틀을 뽑아내 카탈로그 형식으로 소개 한다. 90년대 초중반의 한국 게임 시 장은 가장 활성화되었던 PC게임조차 도 국산 오리지널 게임의 제작이나 외

산 게임의 한글화 발매 등이 초보적 단계에 머무르던 시기였기에, 한글화 된 게임의 등장은 하나하나가 중요한 의미를 가진다.

겜보이 당시부터 타사보다 한 발 앞 서 게임의 한국어화 경험을 축적해 왔 던 삼성전자답게, 수퍼겜보이·수퍼알 라딘보이를 통틀어 삼성전자가 내놓

은 한국어화 타이틀은 6종에 달하며, 자체 제작한 국산 개발 게임도 있을 정도이다. 물론 그 모두가 명작이나 수 작이라고는 하기 어려우나, 당시의 한 국 게임계 역사에 놓인 중요한 디딤돌 이 아닐 수 없다.

---

### MEGA DRIVE 알렉스키드 천공마성
삼성전자  1991년 12월  2M ROM

**1 PLAYER**

과거 삼성 겜보이의 런칭 타이틀이자 삼성전자의 첫 한글화 소프트였던 「알렉스키드」(원제는 「알렉스 키드의 미라클 월드」) 의 후속작으로, 이 작품 역시 수퍼겜보이의 첫 한글화 소프 트에 해당한다. 보스와의 전투가 모두 가위바위보라는 것도

전작과 동일. 따라서 게임 실력과는 상관없이 패배할 수도 있는 약간 부조리한 구성이 특징이다. 폰트 크기가 너무 큰 편이어서인지, 원작에 비해 대사가 생략되거나 축약된 장면 도 있다.

---

### MEGA DRIVE 온달장군
삼성전자  1991년 12월  4M ROM

**1 PLAYER**

세가의 「Mystic Defender」(「공작왕 2 : 환영성」의 서양 발매작. 캐릭터 및 스토리는 오리지널)를 기반으로, 한글화는 물론 캐 릭터와 스토리, 비주얼 신까지 한국식으로 '현지화'한 게임. 재미있게도 이벤트 및 스토리는 일본판, 게임 내 캐릭터 그 래픽 등은 서양판 기준으로 뒤섞였다.

---

### MEGA DRIVE 다아나
삼성전자  1992년(추정)  8M ROM

**1 PLAYER**

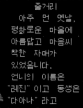

일본 IGS의 「다아나 여신탄생」의 한글판. 유일한 일본 외 발 매판이기도 한데, 삼성의 일본법인(SJC)이 한글화를 맡았다 는 설이 있다. 또한 동일한 패키징으로 일본판과 한글판이 동시에 유통되었으며 발매 시에도 한글화를 거의 어필하지 않아, 한글판 중에선 인지도가 낮은 타이틀.

---

 슈팅 게임  액션 게임  퍼즐 게임  롤플레잉 게임  시뮬레이션 게임  스포츠 게임  드라이브 게임  어드벤처 게임  교육 및 기타  홈 게임

## 우주 거북선

삼성전자　1993년 4월　36,000원　4M ROM

세기 2020년, 지구방위대소속 파워컴퓨터가
바이러스에 감염되어 반란을 알으킨다.

삼성전자의 수퍼겜보이 발매 타이틀 중 유일한 자체개발의
국산 게임(삼성전자 내 게임개발팀 4인이 개발한 것으로 당시 게
임 잡지에도 보도되었다). 당연히 게임 내 텍스트도 모두 한국
어로 나온다. 93년 4월 28일(충무공탄신일)에 맞춰 출시된 것

으로 보이며, 플레이어 기체인 거북선부터 하회탈에 기와
집 등 '한국적인 정서'를 게임화하기 위해 나름 노력한 작
품. 기록상 유일한 16비트 게임기용 국산 게임이라는 의의
가 있지만, 아쉽게도 완성도는 그리 높지 않다.

## 스토리 오브 도어

삼성전자　1994년 12월 23일　69,900원　24M ROM

삼성전자가 원작 개발 초기부터 세가와 한글화 협업을 진행
해, 일본 발매와 거의 동시에 한글판을 출시하는 쾌거를 이
룩한 타이틀. '국내 최초 16비트 한글 RPG'를 어필하여 국내
수퍼알라딘보이 유저들에게 큰 반향을 일으켰고, 게임 자체

도 손꼽히는 명작이라, 삼성전자가 출시한 한글판 MD 타이
틀 중에서는 지금까지도 독보적인 인지도를 자랑한다. 메가
드라이브 미니에도 유일하게 한글판으로 정규 수록된 작품
이기에 더욱 뜻 깊다.

## 신창세기 라그나센티

삼성전자　1995년 4월 4일　79,900원　16M ROM

삼성전자의 수퍼알라딘보이 한글화 RPG 제 2탄. 「스토리
오브 도어」와는 달리 이 작품은 완성된 원작의 코드를 고쳐
한글화하는 방식이었기에, 거의 동시에 홍보된 작품이지만
다소 발매가 늦어졌다. RPG답게 대사가 풍부한 편이어서,
한글판으로 즐기는 보람이 있는 작품.

## 라이트 크루세이더

삼성전자　1995년 7월 22일　69,900원　16M ROM

삼성전자의 수퍼알라딘보이 한글화 RPG 제 3탄이자, 마지
막 한글화 게임. 역시 개발 단계에서 한글화가 진행되어, 동
시 발매 예정이었지만 약간 늦게 출시되었다. 얼핏 서양 게
임처럼 보이지만, 트레저의 마지막 MD 게임. 퍼즐성과 전
략성이 강하고 입체적인 구성이 특징.

## 한국 발매 수퍼겜보이·수퍼알라딘보이 소프트를 제품번호 순으로 게재

# 삼성전자 한국 정식발매 소프트 리스트

## MEGA DRIVE KOREAN SOFTWARE LIST

이 페이지에서는 삼성전자가 수퍼겜보이·수퍼알라딘보이(CD-알라딘보이 포함)용으로 정규 발매한 소프트 총 158타이틀(카트리지 145타이틀, CD 13타이틀)을 제품번호 순으로 정렬해 리스트화하였다. 본서에 이미 소개된 타이틀의 경우 해당 게재 페이지와 타이틀명도 함께 기재해 두었다.

본 리스트의 기본 뼈대는 역자가 보유한 '삼성 알라딘보이 게임 소프트웨어 목록집'(1994년 8월 기준)으로, 여기에 유튜브 '게임라이프GameLife' 채널

의 '삼성 수퍼겜보이 올 소프트 리스트' 영상 및 네이버 카페 '추억의 게임여행' 상의 자료를 양측 허락 하에 취합하여 다듬었다. 다만 시간과 자료의 한계로 누락이나 오류가 있을 수 있으므로, 이 점은 독자의 양해를 구하고자 한다. 삼성전자 외의 타사(하이콤, 열림기획, 한겨레정보통신 등)에서 별도로 발매된 타이틀도 다수 있으나, 역시 자료의 미비로 본 리스트에는 포함시키지 않았다.

삼성전자에서 발매된 모든 타이틀

에는 특유의 제품번호가 붙어 있다. 공통 코드인 'GM'(CD 소프트는 'GD')을 시작으로 4~5자리의 숫자(※1)와 영문 2글자의 코드(※2)로 구성된다. 제품번호 중간의 숫자 코드는 93년경부터 메가 용량 구분을 없애고 발매년도 2글자+일련번호의 5자리로 바뀌어(※3), 수퍼알라딘보이 라인업이 종결되는 96년경까지 지속된다.

(주 ※1) 앞의 1~2자리는 카트리지의 메가 용량, 나머지 자리는 등록 일련번호로 보인다.
(주 ※2) KS는 한국판이며, 대부분의 소프트는 JG, JT, JM 등으로 분류되어 있다. 이 기호의 정확한 의미는 현재로서는 불명.
(주 ※3) 소프트 일련번호가 100번을 넘어가고 16M 이상의 대용량 게임이 늘어나는 등, 초기 제품번호 규격을 개정할 필요성이 있었기 때문으로 추측된다.

---

※ 본 리스트의 소프트명 표기는 게임 소프트웨어 목록집 및 실제 표기 기준이다.
※ 국내 발매 시기는 불명확한 부분이 많아 생략했으며, 제품번호 순서이므로 실제 출시 순서와는 다를 수 있다.
※ '본서 소개 정보' 란의 푸른색 문자는 본서에 소개되지 않은 타이틀의 영문 원제이다.
※ 기본적으로 거의 대부분의 소프트는 영문판이지만, 일부 일본판과 크게 다르게 구성된 북미판 소프트의 발매일 경우 '북미판 기준'으로 비고에 명시했다.
※ 비교적 자료가 확실한 카트리지 소프트에 비해, 병행수입이나 단순수입 비율이 큰 CD-알라딘보이용 정규 발매 소프트는 리스트가 불완전함을 밝혀둔다.

---

## ■ 수퍼겜보이·수퍼알라딘보이용

| 제품번호 | 소프트명 | 장르 | 용량 | 본서 소개 정보 | 비고 |
|---|---|---|---|---|---|
| GM 4001 JG | 타수진 | 슈팅 | 4M | TATSUJIN (63p) | |
| GM 4001 HG | 곤충군단 | 슈팅 | 4M | 인섹터 X (70p) | 하이콤 발매작 |
| GM 4002 JG | 수왕기 | 액션 | 4M | 수왕기 (59p) | |
| GM 4003 JG | 스페이스해리어 II | 슈팅 | 4M | 스페이스 해리어 II (59p) | |
| GM 4004 JG | 수퍼시노비 | 액션 | 4M | 슈퍼 시노비 (62p) | |
| GM 4005 JG | 골든액스 | 액션 | 4M | 골든 액스 (63p) | |
| GM 4006 JG | 수퍼썬더블레이드 | 슈팅 | 4M | 슈퍼 썬더 블레이드 (59p) | |
| GM 4007 JG | 람보 III | 액션 | 4M | 람보 III (62p) | |
| GM 5008 JM | 대마계촌 | 액션 | 5M | 대마계촌 (61p) | |
| GM 4009 JG | 줌! | 퍼즐 | 2M | 줌! (64p) | |
| GM 4010 JG | 썬더포스 II | 슈팅 | 4M | 썬더 포스 II MD (61p) | |
| GM 4015 JG | 바람돌이 소닉 | 액션 | 4M | 소닉 더 헤지혹 (84p) | |

| 제품번호 | 소프트명 | 장르 | 용량 | 본서 소개 정보 | 비고 |
|---|---|---|---|---|---|
| GM 4016 JT | 루나크 | 액션 | 4M | 루나크 (89p) | |
| GM 8017 JG | 몬스타 월드 3 | 액션 | 8M | 원더 보이 인 몬스터 월드 (88p) | |
| GM 4018 JG | 스파이더 맨 | 액션 | 4M | 스파이더맨 (87p) | |
| GM 4019 JG | 애로우 후래쉬 | 슈팅 | 4M | 애로우 플래시 (71p) | |
| GM 2021 KS | 알렉스키드 천공마성 | 액션 | 2M | 알렉스 키드 천공마성 (60p, 198p) | 한글화 소프트 |
| GM 4022 KS | 온달장군 | 액션 | 4M | 공작왕 2 : 환영성 (62p), 온달장군 (198p) | 한글화 소프트 |
| GM 4023 JG | 도날드 덕 | 액션 | 4M | 아이 러브 도널드 덕 (92p) | |
| GM 4024 JG | 골든액스 2 | 액션 | 4M | 골든 액스 II (93p) | |
| GM 4025 JG | 쥬쥬전설 | 액션 | 4M | JuJu 전설 (95p) | |
| GM 4026 JG | 파이팅 마스터스 | 액션 | 4M | 파이팅 마스터즈 (90p) | |
| GM 8027 JG | 훌이와 똥이 | 액션 | 8M | 토우잼 & 얼 (97p) | |
| GM 4029 JG | 다-윈 4081 | 슈팅 | 4M | 다윈 4081 (66p) | |
| GM 4030 JT | 악어나라(와니와니월드) | 액션 | 4M | 악어악어 월드 (95p) | |
| GM 8031 JT | 다아나 | 액션 | 8M | 다아나 여신탄생 (92p, 198p) | 한글화 소프트 |
| GM 8032 JG | 수퍼 모나코 GP 2 | 레이싱 | 8M | 아이르톤 세나 슈퍼 모나코 GP II (103p) | |
| GM 8033 JT | 피트 파이터 | 액션 | 8M | 피트 파이터 (98p) | |
| GM 4034 JT | 카다쉬 | 액션 | 4M | Cadash (179p) | 일본 미발매 |
| GM C035 JG | 샤이닝 포스 | RPG | 12M | 샤이닝 포스 : 신들의 유산 (97p) | |
| GM 8036 JG | 키드 카멜레온 | 액션 | 8M | 카멜레온 키드 (100p) | |
| GM 8037 JT | 레밍스 | 퍼즐 | 8M | 레밍스 (110p) | |
| GM 4038 JG | 미키마우스 | 액션 | 4M | 미키 마우스 : 캐슬 오브 일루젼 (72p) | |
| GM 4039 JG | 라스트 배틀(북두의 권) | 액션 | 4M | 북두의 권 신세기말 구세주 전설 (61p) | 북미판 기준 |
| GM 4040 JG | 베어너클 | 액션 | 4M | 베어 너클 : 분노의 철권 (85p) | |
| GM 4041 JG | 수퍼리그 '91 | 스포츠 | 4M | 프로야구 슈퍼 리그 '91 (86p) | |
| GM 4042 JG | 수퍼릴바스켓볼 | 스포츠 | 4M | 슈퍼 리얼 바스켓볼 (65p) | |
| GM 4043 JG | 디캡어택 | 액션 | 4M | 매지컬 해트의 날아라 터보! 대모험 (74p) | 북미판 기준 |
| GM 4044 JG | 몬스타 레어 | 액션 | 4M | 원더 보이 III 몬스터 레어 (75p) | |
| GM 4045 JG | 보난자 브라더스 | 액션 | 4M | 보난자 브라더스 (81p) | |
| GM 4046 JT | 배드 오멘 | 퍼즐 | 4M | 배드 오멘 (99p) | |
| GM 4049 JT | 열혈고교-축구 | 스포츠 | 4M | 열혈고교 피구부 축구 편 MD (105p) | |
| GM 8050 JT | 그레이랜서 | 슈팅 | 8M | 글레이 랜서 (103p) | |
| GM 8051 JT | 다이나 브라더스 | 시뮬레이션 | 8M | 다이나 브라더스 (104p) | |
| GM 4053 JT | 페이퍼 보이 | 액션 | 4M | 페이퍼보이 (102p) | |
| GM 4054 KS | 우주 거북선 | 슈팅 | 4M | 우주 거북선 (199p) | 자체개발 |
| GM 8055 JT | 썬더포스 4 | 슈팅 | 8M | 썬더 포스 IV (103p) | |
| GM 4056 JT | 랑그릿사 | 시뮬레이션 | 4M | 랑그릿사 (80p) | |
| GM 4058 JG | 올림픽 골드 | 스포츠 | 4M | 올림픽 골드 (103p) | |
| GM 8059 JG | 수라의 문 | 시뮬레이션 | 8M | 수라의 문 (104p) | |
| GM 8060 JG | 스트라이더 비룡 | 액션 | 8M | 스트라이더 비룡 (70p) | |
| GM 4061 JT | 썬더포스 3 | 슈팅 | 4M | 썬더 포스 III (67p) | |
| GM 4062 JG | 고스트 바스터즈 | 액션 | 4M | 고스트버스터즈 (67p) | |
| GM 4063 JT | 뉴질랜드 스토리 | 액션 | 4M | 뉴질랜드 스토리 (65p) | |
| GM 4064 JG | 수퍼시노비 | 액션 | 4M | – | 재발매판 |
| GM 4065 JG | 골든액스 | 액션 | 4M | – | 재발매판 |
| GM 6066 JG | 환타지스타 2 | RPG | 6M | 판타지 스타 II (60p) | |
| GM 6067 JG | 환타지스타 3 | RPG | 6M | 시간의 계승자 판타지 스타 III (66p) | |
| GM 1668 JG | 랜드스토커 | RPG | 16M | 랜드스토커 : 황제의 재보 (108p) | |
| GM 8069 JG | 크라잉 | 슈팅 | 8M | 크라잉 : 아생명전쟁 (107p) | |
| GM C071 JT | 삼국지 3 | 시뮬레이션 | 12M | 삼국지 III (109p) | |
| GM 8072 JT | 파워어슬리트 | 액션 | 8M | 파워 애슬리트 (111p) | |
| GM 8073 JG | 바람돌이 소닉 2 | 액션 | 8M | 소닉 더 헤지혹 2 (110p) | |
| GM 8074 JG | 미키와 도널드 | 액션 | 8M | 미키 마우스와 도널드 : 월드 오브 일루전 (112p) | |
| GM 8075 JG | 수퍼시노비 2 | 액션 | 8M | 슈퍼 시노비 II (124p) | |
| GM 1676 JG | 베어너클 2 | 액션 | 16M | 베어 너클 II : 사투로의 진혼가 (114p) | |
| GM 8077 JG | 꾸러기대모험 (치키치키보이스) | 액션 | 8M | 치키치키 보이즈 (106p) | |

HARDWARE

1988's SOFT

1989's SOFT

1990's SOFT

1991's SOFT

1992's SOFT

1993's SOFT

1994's SOFT

1995's SOFT

1996's SOFT

OVERSEA SOFT

| 제품번호 | 소프트명 | 장르 | 용량 | 본서 소개 정보 | 비고 |
|---|---|---|---|---|---|
| GM 8078 JG | 마징사가 | 액션 | 8M | 마징사가 (116p) | |
| GM 4080 JT | 램파트 | 시뮬레이션 | 4M | 램파트 (111p) | |
| GM 8081 JT | R.B.I.4 야구 | 스포츠 | 8M | R.B.I.4. 베이스볼 (111p) | |
| GM 8082 JT | T.M.N.T. (티 엠 앤 티) | 액션 | 8M | T.M.N.T. 리턴 오브 더 슈레더 (113p) | |
| GM 8083 JT | 데저트 스트라이크 | 슈팅 | 8M | 데저트 스트라이크 : 걸프 작전 (120p) | |
| GM 8084 JT | 더 킥복싱 | 스포츠 | 8M | 더 킥복싱 (115p) | |
| GM 4085 JG | 타즈메니아 | 액션 | 4M | 태즈매니아 (113p) | |
| GM 8086 JT | 사신 드락소스 (리스키우즈) | 액션 | 8M | 사신 드락소스 (115p) | |
| GM 8087 JG | 골든액스 3 | 액션 | 8M | 골든 액스 III (124p) | |
| GM 4088 JG | 도라에몽 | 액션 | 4M | 도라에몽 : 꿈도둑과 7명의 고잔스 (117p) | |
| GM 4089 JG | 코끼리 구출대작전 | 액션 | 4M | 코끼리! 코끼리! 코끼리! 레스큐 대작전 (120p) | |
| GM 1690 JT | 스프래터 하우스 3 | 액션 | 16M | 스플래터하우스 PART III (117p) | |
| GM 8091 JG | 돌핀 | 액션 | 8M | 에코 더 돌핀 (125p) | |
| GM 8092 JT | 타이니툰의 모험 | 액션 | 8M | Tiny Toon Adventures: Buster's Hidden Treasure | 일본 미발매 |
| GM 1293 JT | 페이틀 퓨리 (아랑전설) | 액션 | 12M | 아랑전설 : 숙명의 싸움 (119p) | |
| GM 4096 JT | 울트라맨 | 액션 | 4M | 울트라맨 (118p) | |
| GM 8097 JT | 스노우브라더스 | 액션 | 8M | 스노우 브라더스 (121p) | |
| GM 8098 JG | 엑스렌자 | 액션 | 8M | 엑스랜자 (121p) | |
| GM 8100 JT | 슬랩파이트 | 슈팅 | 8M | 슬랩 파이트 MD (122p) | |
| GM 4101 JT | 스틸타론즈 | 시뮬레이션 | 4M | 스틸 탤런즈 (124p) | |
| GM 8103 JT | LHX 어택쵸퍼 | 시뮬레이션 | 8M | LHX 어택 초퍼 (122p) | |
| GM 4104 JT | 제임스폰드 2 | 액션 | 4M | 제임스 폰드 II : 코드네임 로보코드 (122p) | |
| GM 8105 JT | 파워몽거 | 시뮬레이션 | 8M | 파워 몽거 (123p) | |
| GM 93023 JG | 캡틴아메리카 | 액션 | 8M | Captain America and the Avengers (179p) | 일본 미발매 |
| GM 93024 JT | 킹 오브 몬스터스 | 액션 | 8M | 킹 오브 더 몬스터즈 (135p) | |
| GM 93025 JT | 엘리미네이트 다운 | 슈팅 | 8M | 엘리미네이트 다운 (123p) | |
| GM 93026 JG | 인어공주 | 액션 | 4M | Ariel: The Little Mermaid | 일본 미발매 |
| GM 93027 JG | 테일스핀 | 액션 | 4M | TailSpin | 일본 미발매 |
| GM 93028 JT | 로켓나이트 어드벤쳐스 | 액션 | 8M | 로켓 나이트 어드벤처즈 (127p) | |
| GM 93029 JG | 쥬라기 공원 | 액션 | 16M | 쥬라기 공원 (128p) | |
| GM 93031 JT | 쿨스팟 | 액션 | 8M | 쿨 스팟 (142p) | |
| GM 93034 JT | 뮤탄트 리그 풋볼 | 스포츠 | 8M | 뮤탄트 리그 풋볼 (129p) | |
| GM 93035 JT | 죠단 대 버드 농구 | 스포츠 | 8M | 조던 VS 버드 : ONE on ONE (131p) | |
| GM 93036 JT | T.M.N.T.토너먼트파이터 | 액션 | 16M | T.M.N.T. 토너먼트 파이터즈 (135p) | |
| GM 93037 JG | 용호의 권 | 액션 | 16M | 용호의 권 (140p) | |
| GM 93038 JT | 스트리트파이터 2' 플러스 | 액션 | 24M | 스트리트 파이터 II 대시 플러스 (131p) | |
| GM 93039 JG | 소닉스핀볼 | 액션 | 8M | 소닉 스핀볼 (136p) | |
| GM 93040 JG | 동글이퇴치작전 (뿌요뿌요) | 퍼즐 | 8M | 뿌요뿌요 (112p) | 북미판 기준 |
| GM 93041 JG | 이터널챔피언 | 액션 | 24M | 이터널 챔피언즈 (141p) | |
| GM 93042 JG | 환타지스타 4 | RPG | 24M | 판타지 스타 4 : 천년기의 끝에서 (137p) | |
| GM 93043 JT | 정글스트라이크 | 시뮬레이션 | 16M | 정글 스트라이크 (137p) | |
| GM 93044 JG | 샤이닝포스 2 | RPG | 16M | 샤이닝 포스 II : 고대의 봉인 (132p) | 대화집 포함 |
| GM 93046 JG | 컬럼스 3 | 퍼즐 | 4M | 컬럼스 III : 대결! 컬럼스 월드 (132p) | |
| GM 93047 JT | 배틀매니아 대응양 | 슈팅 | 8M | 배틀마니아 다이긴죠 (138p) | |
| GM 93048 JG | 홀이와 똥이 2 | 액션 | 16M | ToeJam & Earl in Panic on Funkotron | |
| GM 93049 JG | 알라딘 | 액션 | 16M | 알라딘 (133p) | |
| GM 93050 JG | 바람돌이 소닉 3 | 액션 | 16M | 소닉 더 헤지혹 3 (151p) | |
| GM 94001 JT | 타임도미네이터 | 액션 | 8M | 타임 도미네이터 (146p) | |
| GM 94002 JG | 버쳐레이싱 | 레이싱 | 16M | 버추어 레이싱 (144p) | |
| GM 94003 JT | 하이퍼덩크 | 스포츠 | 8M | 하이퍼덩크 더 플레이오프 에디션 (144p) | |
| GM 94004 JT | 페이틀퓨리 2 (아랑전설 2) | 액션 | 24M | 아랑전설 2 : 새로운 싸움 (152p) | |
| GM 94005 JG | 베어너클 3 | 액션 | 24M | 베어 너클 III (145p) | |
| GM 94007 JG | 아웃런너 | 운전 | 16M | 아웃러너즈 (150p) | |
| GM 94008 JG | 월드히어로즈 | 액션 | 16M | World Heroes (183p) | 제품번호 중복, 일본 미발매 |
| GM 94008 JG | 건스타 히어로즈 | 액션 | 8M | 건스타 히어로즈 (129p) | 제품번호 중복 |

| 제품번호 | 소프트명 | 장르 | 용량 | 본서 소개 정보 | 비고 |
|---|---|---|---|---|---|
| GM 94009 JT | 로보캅대 터미네이터 | 액션 | 16M | 로보캅 VS 터미네이터 (151p) | |
| GM 94011 JT | 척록 2 | 액션 | 8M | 척락 II (153p) | |
| GM 94012 JG | '94 USA 월드컵축구 | 스포츠 | 8M | World Cup USA 94 | 일본 미발매 |
| GM 94013 JG | 섀도우런 | RPG | 16M | Shadowrun | 일본 미발매 |
| GM 94014 JT | 슈퍼스트리트파이터 2 | 액션 | 40M | 슈퍼 스트리트 파이터 II (153p) | |
| GM 94015 JT | FIFA인터내셔널 축구 | 스포츠 | 16M | FIFA 인터내셔널 사커 (152p) | |
| GM 94016 JT | 로켓나이트 어드벤처스 2 | 액션 | 8M | 스파크스터 : 로켓 나이트 어드벤처즈 2 (157p) | |
| GM 94017 JT | 콘트라 하드코어 | 액션 | 16M | 혼두라 더 하드코어 (156p) | |
| GM 94018 JT | 타이니튠의 모험 2 | 스포츠 | 8M | Tiny Toon Adventures: ACME All-Stars | 일본 미발매 |
| GM 94019 JG | 쥬라기공원 램피지 | 액션 | 16M | Jurassic Park: Rampage Edition | 일본 미발매 |
| GM 94020 JT | 메가봄버맨 | 액션 | 8M | Mega Bomberman (182p) | 일본 미발매 |
| GM 94021 JG | 소닉과 너클스 | 액션 | 18M | 소닉 & 너클즈 (158p) | |
| GM 94022 JT | 톰과 제리 | 액션 | 8M | 톰과 제리 (162p) | |
| GM 94023 JG | 스토리 오브 도어 | 액션 | 24M | 스토리 오브 도어 : 빛을 계승하는 자 (161p, 199p) | 한글화 소프트 |
| GM 94024 JG | 신창세기 라그나센티 | RPG | 16M | 신창세기 라그나센티 (152p, 199p) | 한글화 소프트 |
| GM 95001 JG | 리스타 | 액션 | 16M | 리스타 더 슈팅스타 (165p) | |
| GM 95002 JT | NBA 라이브농구 '95 | 스포츠 | 16M | NBA Live 95 | 일본 미발매 |
| GM 95003 JT | FIFA 축구 '95 | 스포츠 | 16M | FIFA Soccer 95 | 일본 미발매 |
| GM 95004 JG | 라이트 크루세이더 | RPG | 16M | 라이트 크루세이더 (169p, 199p) | 한글화 소프트 |
| GM 95005 JT | 미키 매니아 | 액션 | 16M | 미키 매니아 (168p) | |
| GM 95006 JT | 라이온킹 | 액션 | 24M | 라이온 킹 (161p) | |
| GM 96001 JG | 소닉 3D 블러스트 | 액션 | 32M | Sonic 3D Blast | 일본 미발매 |
| GM 96002 JG | 버추어 파이터 2 | 액션 | 32M | Virtua Fighter 2 (172p, 185p) | 일본 미발매 |

## ■ CD-알라딘보이용

| 제품번호 | 소프트명 | 장르 | 본서 소개 정보 |
|---|---|---|---|
| GD 0001 JT | 란마 1/2 | 어드벤처 | 란마 1/2 백란애가 (120p) |
| GD 0002 JG | 파이널 파이트 CD | 액션 | 파이널 파이트 CD (118p) |
| GD 0003 JG | 바람돌이 소닉 CD | 액션 | 소닉 더 헤지혹 CD (130p) |
| GD 0004 JG | 성마전설 3x3 아이스 | RPG | 성마전설 3×3EYES (125p) |
| GD 0005 JG | 스위치 | 시뮬레이션 | 스위치 (119p) |
| GD 0006 JT | 울프차일드 | 액션 | 울프차일드 (116p) |
| GD 0007 JT | 아네트여 다시한번 | 액션 | 아네트여 다시 한 번 (118p) |
| GD 0008 JT | 재규어 XJ-220 | 운전 | 재규어 XJ220 (117p) |
| GD 0009 JG | 다크위저드 | 시뮬레이션 | 다크 위저드 : 되살아난 어둠의 마법사 (133p) |
| GD 0010 JT | 나이트 스트라이커 | 슈팅 | 나이트 스트라이커 (122p) |
| GD 0011 JT | 데버스테이터 | 슈팅 | 데바스테이터 (121p) |
| GD 93012 JT | 아커스 I·II·III | RPG | 아쿠스 I·II·III (125p) |
| GD 93013 JT | 실피드 | 슈팅 | 실피드 (126p) |

# 메가 드라이브
## 퍼펙트 카탈로그

1판 1쇄 | 2019년 9월 30일
감　　수 | 마에다 히로유키
옮 긴 이 | 조기현
발 행 인 | 김인태
발 행 처 | 삼호미디어
등　　록 | 1993년 10월 12일 제21-494호
주　　소 | 서울특별시 서초구 강남대로 545-21 거림빌딩 4층
　　　　　www.samhomedia.com
전　　화 | (02)544-9456(영업부) (02)544-9457(편집기획부)
팩　　스 | (02)512-3593

ISBN 978-89-7849-606-3 (13690)

Copyright 2019 by SAMHO MEDIA PUBLISHING CO.

이 도서의 국립중앙도서관 출판예정도서목록(CIP)은
서지정보유통지원시스템 홈페이지(http://seoji.nl.go.kr)와
국가자료종합목록시스템(http://www.nl.go.kr/kolisnet)에서
이용하실 수 있습니다.
(CIP제어번호 : CIP2019034692)